中国社会科学院创新工程学术出版资助项目

新时期中国共产党文化创新研究

Xinshiqi Zhongguogongchandang
Wenhuachuangxin Yanjiu

李春华　著

中国社会科学出版社

图书在版编目(CIP)数据

新时期中国共产党文化创新研究/李春华著.—北京：中国社会科学
出版社，2012.10
ISBN 978 - 7 - 5161 - 1936 - 5

Ⅰ.①新…　Ⅱ.①李…　Ⅲ.①中国共产党—文化事业—建设—研究
Ⅳ.①G120

中国版本图书馆 CIP 数据核字(2012)第 307964 号

出 版 人	赵剑英	
选题策划	田　文	
责任编辑	陈　琳	
责任校对	李　莉	
责任印制	李　建	

出　　版	中国社会科学出版社	
社　　址	北京鼓楼西大街甲 158 号（邮编 100720）	
网　　址	http://www.csspw.cn	
	中文域名:中国社科网　　　010 - 64070619	
发 行 部	010 - 84083685	
门 市 部	010 - 84029450	
经　　销	新华书店及其他书店	

印　　刷	北京市大兴区新魏印刷厂	
装　　订	廊坊市广阳区广增装订厂	
版　　次	2012 年 10 月第 1 版	
印　　次	2012 年 10 月第 1 次印刷	

开　　本	710 × 1000　1/16	
印　　张	17.5	
插　　页	2	
字　　数	288 千字	
定　　价	55.00 元	

凡购买中国社会科学出版社图书,如有质量问题请与本社联系调换
电话:010 - 64009791

序

文化创新:破解时代主题的重大挑战

中国社科院国家文化安全研究中心主任、教授、博导　**侯惠勤**

"文化创新研究"是一个极具冲击力的话题,有两个原因让人们不敢轻易踏入这一研究视域:一是文化的历史积累性决定了文化的演进往往通过"返本开新"、而不是"推陈出新"的方式,使得人们在视尊重文化传统、尊重文化经典为当然的情况下,创新这一于其他视域毫无争议的价值却在是否适用于文化上乃呈现出众说纷纭、莫衷一是的局面,甚至维护传统、否定创新的"文化保守主义"取向还往往能占据上风;另一是文化的地域依附性决定了文化的多样性和差异性,使得人们难以确立判断文化先进落后、精华糟粕的标准,这就很容易经由文化多元主义走向文化相对主义,并最终否定文化优劣的客观存在。在上述两种情况下,都不可能真正提出"文化创新"这一研究课题。问题的复杂性还在于,维护文化的多样性、保护弱小文化和保护落后以致腐朽文化的界限何在?而坚持先进文化的引领和批判、抵制文化霸权的一致性又在哪里?因此,提出"文化创新研究"这一命题的前提就是,不同类型文化之间的可比性以及文化总是不断前进的方向性,而确立一元化文化发展的客观坐标则是关键。从这个意义上说,马克思主义的唯物主义一元历史观仍然是迄今最为有效地回答了上述前提性问题的思想理论。

从马克思主义的观点看,观念文化由于反映并维护一定的经济基础、表达并引领特定的阶级诉求,故必有先进落后之分、健康腐朽之别、雅俗旨趣之异,因此,推动文化的发展与推动生产力发展和社会进步有着内在一致性,文化发展的根据及其判断标准归根到底来自不断更新着的生产方式。对我们而言,发展社会主义先进文化之所以是推动我国经济社会发展和实现中华民族伟大复兴战略任务,就在于其先进性有着确切的内涵:

　　一是坚持马克思主义的指导地位，具有高度的文化自觉和文化自信。社会主义先进文化体现了当代中国的社会性质和政治理念，这就是不断推进中国特色社会主义，实现社会主义现代化和中华民族的伟大复兴，因而必然是坚持马克思主义的指导地位，具有高度自觉性的文化类型。马克思主义揭示了人类社会发展规律，指明了走出资本主义文明困境、实现无产阶级和人类解放的出路，是迄今仍不可超越的先进理论。中国共产党把马克思主义基本原理与我国具体国情和时代特征相结合，不仅开创了中华民族伟大复兴的壮丽事业，也开创了社会主义先进文化繁荣发展的道路。只有以马克思主义为指导，才能够弘扬优秀民族文化传统、有效吸收世界优秀文化营养、充分发掘人民群众文化创造潜能、立足人民火热实践和生活创新、努力满足人民不断增长的文化需求。因此，坚持马克思主义的指导地位，是坚持社会主义先进文化前进方向的第一要义。

　　二是面向现代化、面向世界、面向未来，具有科学前瞻性和历史包容性。社会主义先进文化体现了当代历史和人类文明的发展趋势，这就是引领由现代化所推动的世界一体化潮流，促进世界多种文化的交融发展，因而必然是拥有文化制高点的先导性文化。虽然现代化从资本主义国家开始，但是由于其现代化的过程也是资本的殖民化过程，其对生产力的包容和对文化发展的包容都是有限度的。因此，资本主义在逐步成为先进生产力的桎梏的同时，也越来越成为"文化帝国主义"、成为各民族文化融合发展的桎梏。只有社会主义先进文化能够真正面向现代化、面向世界、面向未来。

　　三是以民族的、科学的、大众的为基本属性，具有深厚的生活基础和创新活力。如果说各种文化的交融发展是当今的潮流，那么，这一潮流的根基则在于各民族人民的生活实践。各种文化的交融发展不是文化的单一化、而是多样性的融合，世界性和民族特性将在这一过程中并行不悖。文化发展的规律和历史规律密不可分，首先表现为客观普遍性，因此，遵循科学的态度去认识和推进文化建设，就成为先进文化的重要特征。社会主义先进文化的生命力就在于其忠实传承和弘扬民族优秀文化，努力表现人民群众生气勃勃、健康向上的火热生活，不断揭露愚昧迷信、鞭挞腐朽丑恶、革除陈规陋习。

　　正是循着上述思路，辟出了一条从似乎无法厘清的思想泥潭中脱出的路径，选取了一个现实性、学术性、思想性俱强的研究视角，形成了一个意义重大的研究选题,取得了该研究视域的一些有新意的突破,启发了值得继续深入探讨的相关重大问题的思考,这是《新时期中国共产党文化创新研究》一书给我的总体印象。在这一总题目下,探讨了文化创新的一般理论问题或曰文化创新的"元问题",特别是对文化创新的基本类型归纳,即"突破性创新"、"融合性创新"、"渐进性创新"、"二度创新"、"普及性创新"等。尽管这一概括的准确性还可探讨,但作出了这种概括则在目前的研究中还不多见。此外,在一系列文化创新的观点和思想中概括出了"社会主义先进文化"、"社会主义核心价值体系"和"社会主义的文化生产力"等"三大理论成果",并具体阐述了这"三大理论成果"的创新意义,可以视为对党在新时期文化创新的较为完整的概括。再就是既突出马克思主义先进文化在社会主义文化中的指导地位这一文化创新的本质要求,又反映了文化创新中坚持"百花齐放,百家争鸣"这一文化繁荣发展的方针,较全面概括了党的文化创新的重大实践成就,为我们呈现出了文化创新的百花园中争奇斗艳、繁华盛世、欣欣向荣的喜人景象。

当然,作为国内第一部专门研究中国共产党文化创新的成果,其内容还有较大的拓展空间。从根本上说,对新时期党的文化创新的研究关键是国家意识形态的建设和创新,"社会主义先进文化"、"社会主义核心价值体系"和"社会主义国家的文化生产力"本质上都是当代中国国家主流意识形态的载体。这就需要着力研究当代意识形态的新走向和新特点、研究文化创新如何回应意识形态的新变化、研究文化创新和国家文化安全的内在联系。此外,由于文化在当代战略地位的提升,因而文化创新不仅是意识形态建设的创新,还在一定程度上涉及经济发展、社会建设和生态文明建设的创新,需要从"五位一体"的建设总格局上把握。而从内在深化上说,则不仅要对党的文化创新的重大理论成果进行概括,还应对党在文化理念、文化范畴、文化规律、文化批判及文化价值功能等问题进行系统的阐述,以便形成中国特色社会主义文化理论体系的完整阐发。总之,要进一步深化和拓展研究领域,才能更好地回答"中国共产党的文化创新"这一重大课题。

毫无疑问,多样性是文化、学术健康发展的正常生态,因而当我们试图对于"文化创新"作出有力度的阐释时,就不仅要关注当下的文化实践,还要关注各种文化学派、流派的思想观点和动向,善于从各种看似相互冲突、互不相容的文化观念、文化产品中汲取营养,以汇成奔腾不息的先进文化潮流。作为这方面研究的专著，应当且可以从中大有作为。当然，如果要求一部专著来做到，那肯定是过于苛求了。这只能视为我对于这一研究视域的一种期盼和祝愿，也是读了眼前这部著作后的一种信心，希望该著作是一个好的开头，相信会有更多关于文化创新的优秀成果涌现。

　　以上感想，聊以为序。

题　　记

　　面对科学技术迅猛发展和综合国力剧烈竞争，面对世界范围各种思想文化相互激荡，面对小康社会人民群众日益增长的文化需求，全党必须从社会主义事业兴旺发达和民族振兴的高度，充分认识文化建设的重要性和紧迫性。

——中国共产党十五大报告

　　当今世界，文化与经济和政治相互交融，在综合国力竞争中的地位和作用越来越突出。文化的力量，深深熔铸在民族的生命力、创造力和凝聚力之中。全党同志要深刻认识文化建设的战略意义，推动社会主义文化的发展繁荣。

——中国共产党十六大报告

　　当今时代，文化越来越成为民族凝聚力和创造力的重要源泉、越来越成为综合国力竞争的重要因素，丰富精神文化生活越来越成为我国人民的热切愿望。要坚持社会主义先进文化前进方向，兴起社会主义文化建设新高潮，激发全民族文化创造活力，提高国家文化软实力，使人民基本文化权益得到更好保障，使社会文化生活更加丰富多彩，使人民精神风貌更加昂扬向上。

——中国共产党十七大报告

　　全党必须深刻认识到，社会主义先进文化是马克思主义政党思想精神上的旗帜，文化建设是中国特色社会主义事业总体布局的重要组成部分。没有文化的积极引领，没有人民精神世界的极大丰富，没有全民族精神力量的充分发挥，一个国家、一个民族不可能屹立于世界民族之林。

——中国共产党第十七届六中全会《决定》

目　录

上　篇
新时期中国共产党文化创新的前提语境

中　篇
新时期中国共产党文化创新的重大理论成果

下　篇
新时期中国共产党文化创新的实践成就

导　　论

　　以文化改革发展为主题的党的十七届六中全会，是党的文化发展史上一个里程碑，必将开启党的文化创新的新阶段。全会做出推动社会主义文化大发展大繁荣的战略部署，标志着中国共产党人对文化的认识达到一个新高度、新水平。同时，也向全党提出了"更加自觉、更加主动地推动文化大发展大繁荣"的新要求。增强文化自觉意识、提高文化创新能力，对于推动文化大发展大繁荣具有重要意义。高度的文化自觉是文化大发展大繁荣的前提。而文化自觉不仅仅是一种思想观点和文化意识，而且是一种文化实践，是一种批判的实践、创造的实践。思想意识自觉的根本目的是为了行动上的自觉，文化自觉不是为了自觉而自觉，而是为了增强文化自信、实现文化的自我更新与自我发展。

　　文化是人自身及人类社会存在的重要方式。文化不仅是一个民族身份的外在标志，而且是一个民族的内在灵魂，是一个民族血脉之所系、生存之根基、发展之源泉。纵观人类历史的发展，一个民族的觉醒首先是文化的觉醒，一个国家的昌盛离不开文化的支撑。随着人类社会的发展，文化的作用越来越明显。当今时代，"文化"已不仅仅进入政府重视、学术研究、民众关心的视野，而且成为政党关注的话题。"坚持什么样的文化方向，推动建设什么样的文化，是一个政党在思想上精神上的一面旗帜。"[①]一定的政党都以一定的文化作为自己的思想旗帜和精神力量，这种文化反映这个党的理想信念、价值追求和精神气质。文化是一个政党对自身价值理性的自我认知，是一个政党政治理想的重要内容，也是实现其政治理想的重要途径。尽管如此，在当今世界政党特别是执政党中，具有这种"文化自觉"的并不多。只有中国共产党，明确地把文化建设作为加强自身建

---

①　江泽民：《论"三个代表"》，中央文献出版社 2001 年版，第 158 页。

设和提高执政能力的重要组成部分。正如美国卡尔敦大学教授赵启光先生在评价"三个代表"重要思想时所说的："在整个世界上，没有一个国家的执政党把代表先进文化的前进方向作为自身的立党之本，中国共产党是第一个，这一点非常令人钦佩。"① 中国共产党的这种"文化自觉"，既是当今时代发展以及国际国内形势变化的客观原因所使然，也是经历了90年风雨历程的中国共产党更加成熟的体现。

改革开放以后，我们党明确提出文化建设，是从党的十五大开始的。因此，可以把改革开放30多年来党的文化发展划分为两个发展时期：一是从1978年党的十一届三中全会到1997年党的十五大召开，以政治思想教育为核心的精神文明建设为主要内容；二是从1997年党的十五大召开至今，我们党在强调精神文明建设的同时，明确提出文化建设，提出国家综合实力和文化软实力。尽管江泽民同志指出"有中国特色社会主义的文化，就其主要内容来说，同改革开放以来我们一贯倡导的社会主义精神文明是一致的"②，但"精神文明建设"与"文化建设"还是有一定区别的。因此，在这个意义上说，党的十五大是改革开放新时期，我们党对文化认识发生转折的标志，是新时期我们党文化创新的开端。十五大以后，我们党提出了一系列文化建设与发展的重要观点，极大地丰富和发展了马克思主义文化思想和文化理论，推进了中国特色社会主义的文化理论与实践的发展。

一　问题缘起：理论意义与实践意义

深入研究党的文化创新，具有极其重大的理论意义和现实意义。从理论上看，系统深入党的思想文化创新问题，是建构中国共产党思想文化创新理论的需要，是丰富和发展马克思主义文化理论的需要。从实践上看，对党的思想文化创新的研究，可以为中国现实文化发展提供理论支持和理论指导，从而大力推进先进文化建设，推进文化大发展大繁荣，不断满足人们日益增长的精神文化需求，促进社会和谐发展，推进全面建设小康社会的进程。

---

① 赵启光：《全球化时代的先进文化》，《光明日报》2001年8月21日第8版。
② 《中共十五大文件汇编》（上），人民出版社2000年版，第35页。

（一）文化创新：中国共产党理论创新的重要组成部分

党的理论创新是对实践经验和实践成果的理论表达。随着党的理论创新的不断深化，中国特色社会主义理论体系的不断完善，也对文化建设理论的创新提出了新的更高的要求。从理论高度和学术深度的结合上深入研究党的文化创新理论，系统阐发党在新世纪对文化建设的一系列观点和政策，从实践层面升华到理论高度，从经验层面提升到科学层面，进一步探索文化发展和文化创新的一般规律，构建中国特色社会主义文化理论体系，对于丰富和完善党的理论创新，使党的理论创新更加系统完整，具有极其重要的意义。

理论创新是社会变革的先导，是引导社会前进的强大动力。任何一个政党的发展都离不开其政治主张与政治理论，它们是政党向世界举起的一面旗帜。政治理论蕴涵了政党立论立言的科学根据，蕴涵了政党的实践活动的合法性来源，集中体现和展示政党的性质、宗旨和目标，表明政党在世界上存在的意义和价值。理论就是政党的形象、政党的灵魂、政党的生命。它可以使政党从无到有、从小到大、从弱到强、从一个胜利走向另一个胜利。能不能进行理论创新，善不善于进行理论创新是一个马克思主义政党成熟与否的主要标志。

一个成熟的政党，大都重视并善于进行理论创新，勇于突破陈规，不断形成新的理论认识。"创新是一个民族的灵魂，是一个国家兴旺发达的不竭动力，也是一个政党永葆生机的源泉。"[1] 理论创新是马克思主义政党区别于其他政党的标志之一。一部中国共产党的历史，既是中国革命、建设和改革的实践史、探索史和发展史，也是马克思主义理论在实践中不断创新、丰富和发展的历史。其中，文化创新是党的理论创新的重要组成部分，在党的整个理论创新中占有重要地位。党的文化创新的实质是思想文化创新。思想文化是党的旗帜，思想文化创新引领着党的其他理论创新，是党的其他理论创新的方向。党的理论创新包含着经济、政治、社会、建党理论等丰富内容，并且党的诸多理论创新都必须坚持马克思主义先进思想文化的指导。因此，党的文化创新，不仅是党的理论创新的重要组成部分，而且处于统领性和方向性的重要地位。

---

[1]　江泽民：《论"三个代表"》，中央文献出版社2001年版，第46页。

改革开放 30 多年来，当代中国共产党人把马克思主义的基本原理同中国建设和改革的具体实践相结合，坚持以马克思主义为指导，高举邓小平理论和"三个代表"重要思想的伟大旗帜，深入落实科学发展观，着眼于党和国家事业发展的全局，立足于国内外形势的发展变化，不仅创造出指导中国建设和改革的新思想、新理论，而且创造性地提出了关于社会主义文化建设的一系列重大的理论阐述、决策部署和重要论述，在文化建设的一系列重大问题上提出了许多新论断、新观点、新思想，内涵丰富、新颖独特、思想深刻，文化创新取得了丰硕的成果，充分反映了党的新一代领导集体的智慧和理论创新能力。以党的十五大为标志，我们党的文化思想发展可以划分为两个时期：一是从 1978 年到 1997 年，文化发展以精神文明建设为主导；二是从 1997 年中共十五大召开至今，文化发展则更加重视文化软实力的提升以及满足人民群众的基本文化权益。这一发展历程表明，改革开放以来，执政党和全社会的文化自觉意识明显提高，文化建设的着力点已从强调政治思想教育转变为政治思想教育和满足人民群众的文化需求并重，文化的内涵和外延进一步扩大，对文化的认知达到新的高度。

党的十一届三中全会后，以邓小平为代表的第二代中央领导集体，在改革开放和现代化建设过程中，系统地提出了社会主义精神文明建设理论。以江泽民为代表的第三代中央领导集体，提出了中国特色社会主义文化建设的思想理论。1991 年 7 月 1 日，江泽民同志在庆祝中国共产党成立70 周年的大会上的讲话中，首次明确提出了有中国特色社会主义的经济、政治、文化是有机统一、不可分割的整体。1997 年党的十五大对"中国特色社会主义文化"进行了深刻的阐述，逐步形成了中国特色社会主义文化理论。党的十六大特别是党的十七大以来，以胡锦涛同志为总书记的党中央，突出强调了加强文化建设、提高国家文化软实力的重要性，对兴起社会主义文化建设新高潮、推动社会主义文化大发展大繁荣作出全面部署。刚刚闭幕的党的十七届六中全会进一步强调，全党必须深刻认识到，社会主义先进文化是马克思主义政党思想精神上的旗帜，文化建设是中国特色社会主义事业总体布局的重要组成部分，要坚持中国特色社会主义文化发展道路，努力建设社会主义文化强国。从邓小平提出的关于精神文明建设理论，到江泽民提出的"先进文化"和"中国特色社会主义文化"思想，再到以胡锦涛总书记为代表的党中央提出的"社会主义核心价值体系"、

"社会主义荣辱观"及"和谐文化"等重大战略思想，标志着我们党在文化理念、文化范畴、文化规律、文化价值功能以及文化建设等问题上实现了重大突破，形成了中国特色社会主义文化理论体系，极大地丰富和发展了马克思主义文化理论，是指导新时期建设社会主义文化的强大思想武器，充分反映了我们党对当今时代发展趋势和文化发展方位的科学把握，体现了我们党在新的历史条件下的高度文化自觉。

（二）文化创新：消解文化研究中的意识形态话语与学术话语的鸿沟

通过对党的文化创新的研究，使党的文化理论更加系统完整、富有学术内涵和理论深度，从而使党的文化理论不仅在党的理论建设上占有重要地位，而且在学术研究领域也能占领制高点，实现党的文化创新与现代文化学术研究的有效沟通与整合，使中国特色社会主义文化既体现鲜明的意识形态特征，又体现文化丰富的非意识形态特征；既体现中国特色、中国风格和中国气派，又可以加强与国际学术界的文化研究沟通与对话，吸收借鉴一切人类文明成果的有益成分，从而增强我们在文化研究中的国际话语权。

任何思想创新都意味着话语的更新，文化创新也包含一定的话语转换。但是，"话语看似纯粹是思想的表达形式，其实是经过选择和包装的历史内容；不同的话语，展示了不同的世界面貌，而'流行话语'则往往潜藏着话语霸权"①。新自由主义代表哈耶克认为："只要我们在说话时，使用的是错误理论建构的语言，我们就会不断发生错误，并使这些错误成为永恒的东西。"② 中国共产党的话语体系和理论视野及实践视野，马克思主义在中国的传播及其在中国意识形态的指导地位，无不影响着中国学界的文化研究。从五四运动以来围绕中国现代化道路选择问题而展开的文化争论，到毛泽东反帝反封建的新民主主义文化论，革命话语始终是中国文化的主流话语，并成为一套强势话语系统。③ 因而，中国学界的文化研究，一直带有较浓厚的意识形态性。所谓意识形态，在其最宽泛的意义上而言，是指一个社会、民族、国家乃至政党用以规范指导公众言行的思想体

---

① 侯惠勤：《意识形态的变革与话语权》，《马克思主义研究》2006 年第 1 期。
② 哈耶克：《不幸的观念》，刘戟锋等译，东方出版社 1991 年版，第 151 页。
③ 洪晓楠：《文化哲学思潮简论》，生活·读书·新知三联书店 2000 年版，第 54 页。

系。按照葛兰西、阿尔都塞等"西方马克思主义"的说法，现代社会，意识形态的斗争已经代替了传统的革命，成为不同的阶级争夺接班人的主要战场。不言而喻，人文社会科学都具有很强的意识形态性。人文社会科学研究的意识形态功能决定了它的语言必须具有"战斗性"，必须具有鲜明的政治性，因此，其语言的表述方式往往是结论性的，缺乏必要的论证。① 但是，"如果把理论变成带有着神圣光环的空幻意愿，实践也就只能成为盲目贯彻信仰的一种虔诚行动"②。中国文化的主流话语中的强势话语，容易造成文化研究中的"泛政治化"倾向。"泛政治化"现象在中国有其深刻的历史根源。在中国古代社会，一切思想均具有伦理化的特征，伦理与政治不可分离，道德理想与政治理想并无严格区别。儒家思想被"圣化"为统治阶级的思想，便是封建社会的政教合一、德政融和的体现。中国共产党成立后，"政治工作是一切工作的生命线"的思想，"文化大革命"的一切"以阶级斗争为纲"，使"泛政治化"达到了登峰造极的地步。包括文化研究在内的人文科学研究，受其影响而缺乏相对的稳定性和科学性。改革开放后，尽管以"以阶级斗争为纲"为指导思想的时代已经结束了，但"泛政治化"的倾向至今仍在某种程度上影响着包括文化研究在内的学术研究，客观上造成了意识形态研究与学术研究的鸿沟，影响了文化研究的科学性和学术性，也影响了文化研究与国际文化研究的沟通与对话。"将结论性的语言转换成学术语言：一方面，要厘清这些结论的历史意义，也就是要弄清楚这些结论的来龙去脉；另一方面，要提供这些结论的逻辑理路。也就是说，要将意识形态的语言转换成学术语言。"③ 当然，在这一转化过程中，也要防止由一个极端走向另一个极端，在克服"泛意识形态化"的同时避免"非意识形态化"。近年来在人文学术研究中，在反思以往"泛政治化"倾向的过程中，出现了由"泛政治化"走向"去政治化"的倾向。这是自20世纪90年代以来，中国社会科学研究领域乃至文艺作品中普遍存在的现象。文化研究也出现了淡化和疏远思想性、政治性或意识形态性，谋求所谓的"人类共有的价值观念"的倾向。淡化意

① 孙玉良：《转换话语体系进一步加强思想政治理论课的有效性》，《思想政治教育研究》2010年第1期。
② 高清海：《找回失去的"哲学自我"》，北京师范大学出版社2004年版，第12页。
③ 孙玉良：《转换话语体系进一步加强思想政治理论课的有效性》，《思想政治教育研究》2010年第1期。

识形态性，文化研究将失去鲜明的特色和存在的价值，走向被其他学科"同化"和"自我消亡"的道路。

党的文化研究是建立在当代中国社会对马克思主义主流意识形态建设的需要基础之上的，有效参与、推进或服务于马克思主义主流意识形态建设与发展，是党的文化建设与发展的根本主题。因此，党的文化研究必须牢牢把握其政治性和意识形态性。深入研究党的文化创新理论，就是要解决如何在克服"泛意识形态化"的同时避免"非意识形态化"的难题，既突出党的文化研究鲜明的意识形态性，同时增强党的文化理论的科学性和学术性，为实现意识形态的语言转换成学术话语，加强党的文化研究与文化学术研究的对话与沟通，体现党的文化研究的意识形态性与科学性的统一。

（三）文化创新：巩固党的执政安全与意识形态安全

文化的实质和核心是意识形态和价值观问题。党的文化建设是关系到中国特色社会主义事业会不会变质、能不能发展、有没有前途的千秋大业，是决定我国在跨世纪发展中能不能实现宏伟战略目标的根本大计。正是从这样的高度来认识文化建设的战略地位，我们党提出要"大力发展先进文化，支持健康有益文化，努力改造落后文化，坚决抵制腐朽文化"[①]。

执政安全是关系到执政党生存与发展的基本问题。世纪之交，世界各国一些长期执政的老党、大党相继丧失执政权。1988 年的东欧剧变，八国共产党丢失政权；1991 年的苏联解体，一个拥有 1500 万党员、执政 72 年的苏联共产党丧失政权；1993 年，执政 38 年的日本自民党下台；2000 年，墨西哥连续执政 71 年的革命制度党丧失政权……这些长期执政的老党、大党丧失政权，致使各国政府吸取国外执政党执政的经验教训，向执政党提出了执政安全问题。执政安全是指执政党在对国家权力的掌握、控制和行使过程中没有危险、不受威胁，是执政体系良性运转的状态，是巩固其执政地位的要件之一。国际环境对执政党执政安全的影响，已经由外部势力通过直接的军事武装干预来改变执政党的执政地位，转变为外部势力通过政治、经济、文化的渗透影响来逐渐改变执政党的执政地位。

进入新世纪以来，国际形势复杂多变，中国正处于社会转型期，各种

---

① 《江泽民文选》第 3 卷，人民出版社 2006 年版，第 559 页。

因素的深刻变化给党的执政安全建设带来了严峻挑战。加强党的执政安全包括加强政治安全、经济安全、社会安全等多方面，同时也包括文化安全。文化是意识形态的基础和前提，意识形态作为人类文化行为的特殊表现形式，具有强烈的国家意识、集团价值和制度模式的因素，由此构成文化的核心和灵魂，对文化的表现形式和内容具有制约和规范作用。意识形态渗透和文化侵略是资本主义颠覆社会主义国家政权的主要战略手段、战略目标，从而也是影响我们党执政安全的最危险因素。因此，意识形态安全成为文化安全的核心内容，意识形态安全状况是衡量文化安全程度的一个主要尺度。意识形态安全对于维护和巩固执政党的执政安全具有极其重要的意义。毛泽东同志曾精辟地指出："凡是要推翻一个政权，总是先要做意识形态方面的工作。革命的阶级是这样，反革命的阶级也是这样。"20 世纪 90 年代以来，人类经历着新旧世纪的交替，世界格局经历着重大调整，国际形势跌宕起伏、国际社会复杂多变，世界发生着前所未有的大变动和大转折。各种文化思潮的相互激荡在经济全球化的推动下进一步加剧，呈现着吸纳与排斥、冲突与融合、渗透与抵御的复杂态势。在这种复杂的国际国内形势下，我们党执政的文化安全受到来自各方面的威胁，既有伴随全球化而来的西方资本主义意识形态渗透对中国主流价值观的解构，也有国内改革发展深化带来的文化多元多样多变的新特点，还有我们党自身思想建设中存在的问题。因此，维护党执政的文化安全，成为社会主义国家执政党重要的历史使命，关系到党的思想文化的先进性、关系到马克思主义主流意识形态指导地位的巩固，关系到无产阶级政党的生死存亡，最终关系到党执政地位的巩固。对此，我们必须有足够清醒的认识。加强党执政的文化安全，就是要巩固马克思主义在社会主义文化中的指导地位。能否维护马克思主义在社会主义文化中的指导地位，是党的执政地位是否牢固以及执政能力高低的前提条件。而党执政的文化安全在很大程度上依赖于党的文化创新。党的意识形态建设、社会主义文化创新能力，对党的执政安全有着内在、深刻的影响。因此，加强党的文化创新研究，可以为巩固党执政的文化安全提供理论支撑，为社会主义意识形态建设提供理论指导，不断增强党的思想理论工作的创造力、说服力、感召力。

（四）文化创新：推动社会主义文化大发展大繁荣

文化建设的实践需要文化理念的自觉，文化的繁荣与发展需要科学理论的指导。有什么样的文化理念和文化理论，就会有什么样的文化发展战略，就会有什么样的文化发展实践。只有深入研究当前文化建设中的紧迫课题，才能为文化建设的实践提供理论指导，从而促进社会主义文化的大发展大繁荣。

党的十五大以来，特别是十六大以来，中国共产党顺应发展社会主义市场经济对文化建设的新要求，在文化改革和发展的实践中初步形成了符合科学发展观要求的新的文化发展理念。正是在党的文化创新理论的指导下，在文化建设实践中，中国坚持社会主义先进文化前进方向，遵循社会主义精神文明建设的特点和规律，适应社会主义市场经济发展的要求，明确政府与市场在文化建设中的职能，调动政府和市场两个积极性，形成用不同思路推进文化事业、文化产业发展的途径，在实践中探索出了一条中国特色社会主义文化发展道路，不断推动中国特色社会主义文化走向全面繁荣。

通过深入研究党的文化创新思想来把握党的文化创新的实质和规律。党的文化创新的实质是思想文化创新。它强调坚持马克思主义先进文化在社会主义文化中的指导地位，强调文化的意识形态属性。因而，文化创新在实践层面必须体现这一本质要求。马克思主义理论研究与建设工程的实施，是繁荣和发展中国哲学社会科学空前的重大举措，对于提升文化软实力、确保文化安全起到了重要作用；以全国"道德模范"评选活动和《感动中国》节目为典型的文化建设，为培育社会主义道德文明风尚发挥了重要作用，社会面貌发生了可喜的变化。

当今社会，人类从整体上告别了物质匮乏的时代，开始由物质型社会向精神文化型社会转变；人的生存方式发生巨大变化，人类整体上开始由谋生走向乐生的时代。进入新世纪，伴随中国进入小康社会，人的精神文化需求迅速增长，而我们的有效供给明显不足。我们党作为代表最广大人民群众利益的政党，必然把不断满足人民日益增长的精神文化需求作为自身的责任和使命。深化党的文化创新研究，有助于把握当前人民群众精神文化需求的现状和发展趋势，把握人民群众的精神文化需求变化的新特点和新规律，从而推进文化事业的发展，提高公共文化产品和服务供给能力，丰富群众特别是基层群众文化生活；推进文化产业的发展，生产出丰富的文化产品满足人民群众日益增长的多样化、多层次、多方面文化需求，在构建社会主义和谐社会的进程中，不断提高人们的生活质量和幸福指数。同时，也有助于坚持社会主义先进文化的前进方向，牢牢把握经济效益与社会效益的关系，始终把社会效益放在首位，避免片面追求经济效益而忽视社会效益的偏颇，用社会主义核心价值体系引领文化建设，抵制文化发展中的"三俗"倾向，用高尚的文化情操陶冶人，以先进的文化鼓舞人，以科学的文化教育人，构筑新世纪中国人的灵魂和精神家园。

二　研究现状：思想资源与存在问题

对于中国共产党的思想文化研究，主要是在党的十五大提出"中国特色社会主义文化"这一命题之后。特别是党的十六大以后，理论界对党的文化创新的研究不断深化，提出了很多有价值的成果，为本书的研究提供了大量可资借鉴的资源。同时，目前学术界对党的文化创新问题的研究尚待加强。

（一）思想资源

1. 改革开放以来中国学术界出现的"文化热"，对本书研究具有启发借鉴意义

伴随着改革开放的进程，学术界对文化研究持续地保持热度，先后出现两次"文化热"。第一次"文化热"出现在 20 世纪 80 年代，带有明显的改革开放的时代特征，其内容主要是对"十年浩劫"的反思和对于中国未来的现代化宏伟大业的前瞻。而 20 世纪 90 年代初发展起来的第二次"文化热"，是以对传统文化的肯定为特征的，形成了所谓的"国学热"。

认真反思、总结和审视这些研究成果，对于研究党的文化创新具有重要的启发借鉴意义。一方面，这些文化讨论和文化研究立足于中国的现实，不仅要超出传统的文、史、哲研究的学科范围和领域，而且超出文化学者的书斋研究和课堂教学的有限天地，对改革中遇到的各种问题进行深刻的文化反思，促进文化观念的更新，发挥思想解放的作用。另一方面，也为我们文化研究提出了一系列值得思考的问题，诸如：应当用什么标准来指导文化研究、来衡量文化的优劣？怎样看待"文化热"中的政治斗争？如何建构社会主义文化？

对"文化热"的反思我们可以看出，在文化大讨论和文化研究中存在的"虚无主义"、"自由化"、"复古化"、"非理性化"等倾向，使文化研

究难以健康发展。第一次"文化热"中存在的"重破轻立"的倾向，即重文化批判轻文化创造的非科学的倾向，使文化讨论的主调逐渐演变成否定传统文化；而第二次"文化热"在形式上是以重视传统文化为出发点，实际上是对第一次文化热所出现的倾向反其道而行之，既是对那些对传统文化采取虚无主义态度和做法的一种批评，也存在着对精华和糟粕缺乏认真、盲目鼓吹儒家文化的现象，任意拔高儒学在当前政治、经济、思想、文化中的地位，千方百计论证儒家思想可以指导发展现代经济，可以指导国家的社会政治生活，可以铸造井井有条的伦理道德规范，并将亚洲以"四小龙"为代表的一些国家和地区的崛起视为儒家文化的结果。由一个极端走向了另一个极端。① 这些倾向提示我们，完全脱离政治的纯学术研究是不存在的，"文化热"不仅是一般的文化论争，而且是关系到要不要党的领导，要不要走社会主义道路的政治斗争；不仅是对待历史、对待传统的问题，而且更重要的是对待改革、对待现实的问题。文化研究必须坚持以马克思主义为基础和指导，必须解决好传统和现代的关系、中国文化和外来文化的关系，真正实现汲取其精华，扬弃其糟粕。文化研究必须坚持先进文化的方向，无论对传统文化还是西方文化，先进与落后、精华与糟粕的区分，只能是有利于改革开放、有利于经济发展、有利于社会进步、有利于人的发展。

2. 对中国共产党关于文化问题的研究，为本书研究提供了重要思想资源

研究党的文化理论，是当前中国文化研究的一个特殊领域和重要组成部分。它既与学术研究中的文化研究存在密切联系，同时又存在着区别。党的文化研究突出特点是思想文化研究。我们党对文化的关注，固然包括提供文化产品、满足民众精神文化需求这一具体层面，但更深层的是涉及党的生存命运的战略高度，是从巩固党的意识形态高度上进行的研究。近年来，对党的文化研究呈现出多维态势，既有纵向的历史过程的梳理和经验总结，也有对重大问题的深入研究，并取得了丰硕的研究成果。

一是对中国共产党文化的内涵的研究。刘文江的《中国共产党文化研究》（中共党史出版社 2005 年版），依照毛泽东同志关于文化的概括，提出了"中国共产党文化"概念，认为这一概念应包括党的思想、理论、路

---

① 苏双碧：《从"文化热"到"国学热"的反思》，《北京日报》2006 年 8 月 28 日第 17 版。

线、方针、政策，涵盖党领导中国革命、建设、改革开放的伟大实践，涵盖党自身建设的理论和实践等内容。其研究扩大了中国共产党研究的领域，开辟了中国共产党研究的新视野、新角度，可谓是中国共产党研究的新探索。周熙明、李文堂的《中国共产党的文化使命》（江苏人民出版社2006年版），是一部关于中共文化使命的思想建设论著，涉及马克思主义文化观、中国共产党的文化使命、民族精神、思想道德建设、国民教育、文化产业、国际竞争等内容。曹泳鑫的《中国共产党人文化使命研究》（上海人民出版社2011年版），研究分析中国共产党90年的文化追求，梳理中国共产党对待传统文化、西方文化、现代文化的态度、观点，特别是分析改革开放以来中国共产党新的文化观和核心价值体系建设。

二是对中国共产党文化发展的历史追溯与经验总结。郑师渠的《中国共产党文化思想史研究》（中央党校出版社2007年版）、俞思念的《社会主义文化建设的历史理论与实践》（中国社会科学出版社2008年版）、李方祥的《中国共产党的传统文化观研究》（中共党史出版社2008年版）、胡光宇的《中国共产党文化建设》（人民出版社2011年版）等，从文化建设的角度，回顾了中国共产党建党90周年来，特别是改革开放以来文化建设的曲折历程，从不同角度回顾、总结中国共产党文化理论与实践发展及其经验教训。通过这些研究可以看出，中国共产党最重要也是最值得关注的特点或特色之一，就是始终重视文化问题、富有文化思想。

三是对党的文化创新的重点和热点问题的研究。党的十五大以来，特别是十六大、十七大以来有关文化的研究成果：党的十五大以后，围绕"社会主义初级阶段文化纲领"、"有中国特色的社会主义文化"和"三个代表"重要思想；党的十六大以来提出了一系列关于文化创新的思想，如"加强党的执政能力建设"、"社会主义核心价值体系"、"和谐文化"；党的十七大指出"在时代的高起点上推动文化内容形式、体制机制、传播手段创新，解放和发展文化生产力，是繁荣文化的必由之路"，首次明确把文化作为"国家软实力"，提出"推动社会主义文化大发展大繁荣"、"兴起社会主义文化建设新高潮"等命题。我们党每次对文化的创新思想，都成为理论研究的重点和热点。一方面，党的文化创新思想的提出，推进了文化理论专题研究的深化；另一方面，文化理论专题研究的深化，促使党的文化研究更具有理论支撑和学术基础，使党的文化更具有感召力和影响力。

　　依据笔者收集到的资料，主要代表性成果有：黄楠森、龚书铎、陈先达的《有中国特色社会主义文化研究》（山东人民出版社1999年版）、于幼军的《社会主义初级阶段文化论》（人民出版社1999年版）、肖桂清等的《中国特色社会主义文化论》（中共党史出版社2006年版）、冯天瑜的《中国特色社会主义文化建设研究》（武汉大学出版社2008年版）等，对"中国特色社会主义文化"的形成、内容及意义等基本问题作了研究。黄力之的《先进文化论》（生活·读书·新知三联书店2002年版）、王文章的《中国先进文化论》（文化艺术出版社2004年版）等，从不同视角对"先进文化"进行了研究。韩震的《社会主义核心价值体系研究》（人民出版社2007年版）、闫纪建等的《社会主义和谐文化建设论纲》（河南大学出版社2009年版）、陶国相的《科学发展观与新时期文化建设》（人民出版社2008年版）、陈胜云的《中国特色社会主义文化实践论》（生活·读书·新知三联书店2009年版）等，对"社会主义核心价值体系"、"和谐文化"进行了研究。侯惠勤的《马克思意识形态理论与当代中国》（中国社会科学出版社2010年版）一书，廓清了国内外一些人在意识形态问题上散布层层迷雾，是一部系统而深刻阐明马克思主义的意识形态理论学术专著，对于具有鲜明特点的党的思想文化研究，具有重要指导意义。社会科学文献出版社从2000年起，每年推出的文化产业蓝皮书，是文化产业研究的重要成果，既反映了年度产业发展状况，又有产业分析与理论概括。

　　3. 关于文化创新的研究，为本书研究提供了直接的思想资源

　　自从江泽民提出"创新"及"文化创新"概念以来，学界对此进行了研究，取得了一些成果。如，《求是》杂志总编室编写的《〈三个代表〉与创新》（长春出版社2003年版）、王文生主编的《江泽民教育发展与创新思想研究》（西安交通大学出版社2006年版）、肖智林的《江泽民军事创新思想研究》（军事科学出版社2004年版）、唐之享的《江泽民教育创新思想研究》（湖南人民出版社2003年版），都是从某一侧面、对某一问题进行专门研究。只有夏东民的《江泽民创新思想研究》（甘肃人民出版社2004年版），在"导论"中论述了江泽民创新思想的一些基本理论问题，但书中大部分主要是论述江泽民在一些具体问题上的实践创新。2008年社会科学文献出版社出版的周一平的《新时期创新思想论》，研究探讨了新时期中国共产党创新思想的理论渊源和现实基础，创新思想的形成与

发展，创新思想的内容与框架，创新思想的要素与条件、原则与方法等问题，可谓是较系统地研究创新理论的专著，其中的一些观点具有启发意义。俞思念的《社会主义现代化与文化创新》（人民出版社 2006 年版），从现代化与传统文化的关系上对文化创新进行哲学思考和研究。钟晓毅、雷铎等的《敢为天下先：海洋文化广东创新三十年》（暨南大学出版社 2008 年版），探索海洋文化在广东 30 年的创新，系统地阐述了开放、创新、拼搏、诚信、和谐等精神，而这些精神就是广东海洋文化在新时期的结晶，是海洋精神的最新表现形式。徐岿然的《思辨理性的符号迷失与文化创新的大实践境遇》（吉林大学出版社 2009 年版），主要是从哲学的、理性的、思辨的视角剖析中西文学之精要，认为文化复兴与创新必须走中西融合，以马克思主义实践哲学为指导，实践与理性互相融通的道路。干春松的《超越激进与保守——张岱年与综合创新文化观》（中州古籍出版社 2009 年版），以张岱年先生的综合创新文化观为对象，梳理了 20 世纪中国文化发展过程中的如激进西化派、国民党的意识形态和文化保守主义、调和派等几种有代表性的文化观点，指出张申府和张岱年先生从 20 世纪 30 年代开始提倡的"创造的综合"超越了简单的中西对峙，无论从文化观念和方法论上均有很大的突破。该书有助于我们全景式地了解中国近一百年来的文化历程，并触发我们对于中国未来文化发展方向的思考。

（二）尚待解决的问题

据笔者能够收集到的信息得知，目前对党的文化理论的研究成果虽然较多，但专门从文化创新的角度进行研究的成果还未见到。在已有的研究成果中，虽涉及文化创新，但仍不够系统和深入。存在的主要问题有：

1. 对文化创新的一般问题（元问题）缺乏深入研究

时下，在学术研究中无人不谈创新，尤其在文化艺术领域。但究竟什么是创新？创新应遵循怎样的原则？并不十分清楚。在文化研究中也是如此，对什么是文化创新、文化创新有何特点和规律等基本问题亟待深入研究。在上述成果中，对"创新"问题有一定的研究，但对"文化创新"的一般理论问题还没有专门系统的研究。

2. 关于中国特色社会主义文化观基本内涵的认识尚待明确

有学者认为：文化生产力、文化软实力及文化创新力是中国特色社会主义文化观的核心和灵魂。笔者认为，文化生产力、文化软实力及文化创新力——这些只是中国特色社会主义文化观的重要内容，也可以说是改革开放以来文化观的重大变革，但以此来规定的中国特色社会主义文化观基本内涵，恐怕不妥，概括为"核心和灵魂"，恐怕更有待斟酌。其实，文化生产力，包括文化软实力及文化创新力——都只不过是繁荣文化的一种途径和手段，是载体、是形式，它似乎不能成为中国特色社会主义文化观基本内涵，更不能成为核心和灵魂。

3. 对党的文化创新的研究缺乏系统性

目前对文化问题的研究专著和文章都很多，但都侧重于某一问题的研究。如对"先进文化"、"社会主义荣辱观"、"社会主义核心价值体系"、"文化生产力"及"和谐文化"的专门研究成果较为丰富，但尚未实现这些观点之间的有机整合，未能从整体上反映党的文化创新的整体思维，影响了对党的文化创新的必然性和重大意义的认识。

4. 对党的文化创新的标志性成果研究不够

马克思主义在中国的发展，产生了两大成果：一是毛泽东思想，二是中国特色的社会主义理论体系，这是马克思主义中国化的两大成果。但在改革开放之后，特别进入新世纪以来，党的文化创新的理论标志应是什么？这些成果的创新意义究竟在哪里？最能体现党的文化创新的具有标志性成果是什么？这些问题都有待深入研究。

三　逻辑线索：核心内容与基本结构

（一）核心内容

本书以党的十五大以来的思想文化发展为基本线索，以党的十五大、十六大、十七大我们党关于文化建设与发展的重要观点和论述为主要内容，着重研究新时期我们党文化创新的标志性理论成果以及文化创新的重大实践成就。

（二）基本结构

本书包括导论和上、中、下三篇。

上篇："新时期中国共产党文化创新的前提语境"，共分为三章，阐述新时期中国共产党文化创新的三重语境。一是理论语境。对文化创新的概念界定、文化创新的基本类型以及文化创新的基本规律等最一般理论问题的探讨，构成了新时期党的文化创新的理论语境。二是历史语境。中国共产党的几代领导集体对文化问题艰辛探索，取得了丰富的实践经验和理论成果，构成了新时期党的文化创新的历史语境。三是现实语境。中国共产党的文化创新，既是应对经济全球化浪潮和世界新科技革命挑战的必然选择，更是中国特色社会主义建设的必然而迫切的要求，因此，新时期国内外形势的变革和中国特色社会主义实践，构成了新时期党的文化创新的现实语境。

中篇："新时期中国共产党文化创新的重大理论成果"，共分为三章，阐述新时期中国共产党文化创新的重大理论成果。新时期，我们党在社会主义文化建设的问题上，提出了一系列极具创新意义的观点和思想，主要体现在中共十五大、十六大、十七大有关文化的论述中。在这些丰富的新观点和新思想中，"先进文化"、"社会主义核心价值体系"和"文化生产力"的提出，可谓是新时期党的文化创新的重大理论成果。

下篇："新时期中国共产党文化创新的实践成就"，共分为三章，阐述新时期中国共产党文化创新的重大实践成就。从党的十五大、经过十六大、再到十七大期间，文化发展呈现出阶段性特征。党的文化创新强调坚持马克思主义先进文化在社会主义文化中的指导地位，文化创新在实践层面充分体现了这一本质要求。在文化创新的百花园中，摘取九朵鲜花，从不同侧面展现文化领域缤纷多彩、姹紫嫣红、欣欣向荣的璀璨风采和喜人景象。

四   本书特色：研究方法与创新之点

（一）研究方法

任何学术研究都要有一套核心价值理念，一套规则体系，一套话语系统，遵循一定的学术范式和基本规则。研究方法是分层次的，其中最重要的就是方法论，即哲学意义上的根本方法论，其次才是具体的可操作的研究方法和工具等。马克思的唯物史观为哲学社会科学研究提供了根本的科学方法论。

首先，以唯物史观为理论基础和基本方法论。在方法论上坚持唯物史观，是一切社会科学研究，尤其是哲学社会科学研究必须坚持的基本方法论原则。坚持唯物史观来研究文化创新，最主要的就是坚持物质生产活动是人类的最基本实践活动，是人类社会乃至文化存在和发展的最终决定力量。在当代社会，文化的作用比以往任何时代都要突出。文化研究也成为当前学术研究的"显学"。但无论如何，文化的发展仍然是由社会的物质生活条件所决定的。本书对于党的文化创新研究，坚持以唯物史观科学方法论为指导，以避免陷于唯心主义的"文化决定论"。

其次，历史与逻辑相统一的方法。运用历史与逻辑辩证统一的方法，以党成立以来的文化思想发展为基本线索，把新世纪党的文化创新与党的文化创新历史紧密联系起来考察，以逻辑的形式再现党的文化创新的历史进程，从理论的形态上抽象党的文化创新各阶段的相互关系，从而揭示党的文化创新的内在的逻辑联系和发展的规律，揭示新世纪党的文化创新在党的文化创新整个历史过程中的地位，揭示新世纪党的文化创新的新趋势、新特点和新功能。

再次，以点带面，点面结合，既把握整体，又突出重点。新世纪党的文化创新的理论与实践成果极为丰富，本书不可能面面俱到。因此，本书力争在整体上再现新世纪党的文化创新的全貌，在理论上具有系统性，同时，又突出这一时期重要的理论与实践成果，并阐释其划时代的意义。在理论成果中，首先全面概括了这一时期的理论成果，重点突出了"三大创新成果"；在实践成果中，首先概括了实践的整体面貌，突出有代表性的实践重要成果。

最后，坚持一般、特殊、个别相结合的方法，将"文化创新"、"党的文化创新"、"新世纪党的文化创新"三个层面结合起来。毛泽东曾运用一般、特殊、个别的"三分法"分析中国革命战争，他说："我们不但要研究一般战争的规律，还要研究特殊的革命战争的规律，还要研究更加特殊的中国革命战争的规律。"在这里，战争、革命战争、中国革命战争，是从本质上对同一对象属性由抽象到具体加以把握的三个层次和环节。运用一般、特殊、个别"三分法"的辩证思维方法，在研究当代中国共产党文化创新问题时，既要研究文化创新的一般，也要研究中国共产党文化创新的特殊，更要研究新世纪党的文化创新的个别，最终揭示新世纪党的文化创新特点和规律。

（二）创新之点

1. 提出了新时期党的文化创新的开端和逻辑起点问题

"新时期"通常是指改革开放以来的这段时间。但改革开放以后，我们党明确提出"文化"问题是从党的十五大开始的。因此，本书以党的十五大为标志，把改革开放以来党的文化思想发展分为两个时期。这种区分明确了新时期党的文化创新的开端和逻辑起点，对于把握两个阶段的特征具有一定意义。

2. 探讨了文化创新的"元问题"或"形而上"问题

本书探讨了文化创新视角下的文化内涵、文化创新的内涵、类型、特点及其和规律等问题，为进一步研究党的文化创新奠定了逻辑前提。特别是本书对"文化创新的类型"所做的研究，把文化创新归纳为"突破性创新"、"融合性创新"、"渐进性创新"、"普及性创新"等类型，在目前研究中具有开创性意义。

3. 提出了十五大以来党的文化创新的三大标志性理论成果

党的文化创新是由一系列新观点和新思想构成的文化理论体系，其中的每一个新观点和新思想，都是对以往的转变和超越，都是文化创新的重要组成部分。但依据不同的观点和提法在整个文化发展中的地位和中国文化实践中的作用是有所区别的。本书突破了目前研究中普遍采取的以"文化概念、文化地位、文化作用、文化发展规律"为基本框架的教科书模式，在党的文化创新的一系列丰富的新观点和新思想中，将"先进文化"、"社会主义核心价值体系"、"文化生产力"概括为十五大以来党的文化创新的三大标志性理论成果，并对三大标志性成果的创新意义进行了较深入的研究。

4. 回顾与梳理了十五大以来党的文化创新的实践成就

概括了从党的十五大、经过十六大、再到十七大期间文化发展过程及呈现出阶段性特征，从总体上回顾了文化创新的实践成就。重点回顾了实施马克思主义理论研究与建设工程、"全国道德模范"评选活动和央视《感动中国》节目等突出主旋律的思想文化创新成果，并在文化创新的百花园中，摘取了"国家舞台艺术精品工程"、"高雅艺术进校园"、"农家书屋"、"孔子学院"等具有代表性的实例，从不同侧面展现文化领域缤纷多彩、姹紫嫣红、欣欣向荣的喜人景象。

上　篇

新时期中国共产党文化
创新的前提语境

　　文化创新总是在一定历史条件下的创新，从来不存在脱离了具体时空的抽象的文化创新。新时期中国共产党的文化创新，是在明晰了文化创新的一般理论前提下、继承中国共产党关于文化的思想和理论、立足中国特色社会主义建设实践而进行的文化创新。因此，"新时期中国共产党文化创新"，至少有三重语境：首先是理论语境。创新是文化的灵魂与生命，是文化的存在之本和发展之源。然而，何谓创新？何谓文化创新？这是我们首先要解决的问题。具体包括文化创新的界定、文化创新的类型以及文化创新的规律等最一般的理论问题。这是文化创新的"元问题"或曰文化创新的"形而上"问题，只有在"形而上"的问题解决之后，才能进一步探讨其他问题。因而这些问题构成了我们研究党的文化创新的逻辑前提。其次是历史语境。中国共产党诞生以来对文化发展的探索及成果，构成了新时期党的文化创新的历史语境。中国共产党成立以来始终把文化建设放在重要地位，始终代表中国先进文化的前进方向，努力建设和弘扬反映革命、建设和改革要求的新文化，为建设民族的、科学的、大众的文化做出了不懈的努力。中国共产党的几代领导集体对文化问题艰辛探索，取得了丰富的实践经验和理论成果，成为新时期党的文化创新的直接理论来源。再次是现实语境。新时期中国共产党的文化创新，根源于新的历史条件下内外形势的变化和中国特色社会主义实践。中国共产党是以马克思主义先进文化为指导思想的政党，马克思主义唯物史观揭示了社会变迁和实践需要是文化创新的终极原因。文化创新与社会变革具有同步性，是社会变革在思想文化上的反映。党的文化创新首先来自文化自觉，但文化自觉并非主观臆断。新时期中国共产党的文化创新，既是应对经济全球化浪潮和世界新科技革命挑战的必然选择，更是中国特色社会主义建设的必然而迫切的要求。

第 一 章

新时期中国共产党文化创新的理论语境

文化创新总是在一定历史条件下的创新，从来不存在脱离了具体时空的抽象的文化创新。中国当前的文化创新有其特殊的语境，它面向经济全球化的宏观背景，立足中国特色社会主义建设实践，主要是指党的文化观念的转变、国家文化政策的调整、文化体制的改革、社会文化的繁荣发展等等。尽管如此，文化创新仍然要首先明晰一系列基本理论问题，仍然要遵循文化创新一般规律和基本原则。文化的本质内涵、文化创新的界定、文化创新的类型以及文化创新的规律等问题，构成了文化创新的最一般问题或基本理论问题，即文化创新的"元问题"或曰文化创新的"形而上学"问题。这些基本理论问题是研究文化创新的逻辑前提。

一 文化创新语境中的文化概念释义

时下，无论是阳春白雪，还是下里巴人，无人不谈文化，但人们又都说不清什么是文化。"文化"一词甚称是当今社会使用频率最高却又是最具歧义的词汇。文化与我们的生活息息相关，我们无时无刻不以某种方式"遭遇"文化，我们都在以各种方式"文化"着。① 文化渗透到社会生活的各个领域，时时刻刻影响着我们的生活，我们的一切行为无不打上文化的烙印。"但当我们停下来，质询一下文化的含义时，我们常常会有一种茫然失措、无从下手的感觉。"② 对于这种情况，法国文化学家罗威勒（A. Lowrenlelowell）作了很好的描述："在这个世界上，没有别的东西比文

① 衣俊卿：《文化哲学十五讲》，北京大学出版社 2004 年版，第 1—2 页。
② 同上。

化更难捉摸。我们不能分析它，因为它的成分无穷无尽；我们不能叙述它，因为它没有固定的形状。我们想用文字来范围它的意义，这正是像要把空气抓在手里似的；当我们去寻找文化时，它除了不在我们的手里之外，它无所不在。"①

关于文化，文化学家、人类学家、社会学家、经济学家、考古学家和哲学家们从不同的角度对其作出了相应的定义，可谓仁者见仁，智者见智。著名学者殷海光考察了从 1871 年到 1951 年这 80 年间的 164 种关于文化的定义，并从"记述的定义"、"历史的定义"、"规范性的定义"、"结构的定义"、"发生的定义"等角度，挑选 47 个关于文化的定义。胡潇对文化界定进行了方法论的考辨，认为人们对文化的界定大致是沿着"现象描述"、"社会反推"、"价值认定"、"结构分析"、"行为取义"、"历史探究"、"主题立意"、"意识解读"八种"思维路线"进行的，不同的"基本思路"必然形成不同的文化定义。每一种文化定义都服从和服务于自身的理论体系，都必须放在自身的理论体系中去理解和认识。② 这样来看，所谓的"文化一般"或曰"文化的元问题"又是不存在的。

学术研究上的"千万次"的追问，终究还是未能解开这个"斯芬克司之谜"。也许这本身就是答案：从不同的目的和方法出发，想要对于一个涵盖整个生活领域、内容极其丰富、并且随着社会历史演进而不断发展变化的现象求得一个统一的、公认的结果是不可能的。尽管如此，当我们把文化问题作为一个理论问题来研究的时候，"我们对文化的含义必须有一个比较合理因而比较统一的理解，这是文化研究和文化建设必须首先解决的前提，否则研究与建设都无从谈起"。③ 对文化的理解固然有文化现象本身复杂多变的因素，也有立场和方法的问题。因此，坚持马克思的唯物史观，才是破译文化密码的钥匙。马克思唯物史观认为，物质生产活动是人类的最基本实践活动，只有从物质实践活动出发，从人的社会关系出发，才能理解文化产生的全过程，理清各种文化成分之间的关系，才能对于文化这个有机统一整体作出科学的规定。

有人统计，到目前为止，关于"文化"的定义达到 200 多种。但得到

---

① 转引自殷海光《中国文化的展望》，生活·读书·新知三联书店 2002 年版，第 26 页。
② 参见胡潇《文化的形上之思》，湖南美术出版社 2002 年版，第 29—40 页。
③ 黄楠森：《论文化的内涵与外延》，《北京社会科学》1997 年第 4 期。

大家普遍认同的是把文化分为广义文化和狭义文化。笔者也倾向于目前广义与狭义的理解，它实际上基本涵盖了目前对文化的所有释义。

广义的"文化"，或称"大文化"，是一个综合性极强的概念，指在社会历史实践中人类所创造的一切物质财富和精神财富的总和，涉及社会生活的诸多方面和领域，既指人类的物质财富，又包括精神财富；既是一种社会生活方式，又是一种价值体系，即一切打上人类活动印记的事物或所有被"人化"的事物。一般认为广义文化包括物质文化、政治文化、行为文化、精神文化四种类型。《中国大百科全书》①的社会学卷说："广义的文化是指人类创造的一切物质产品和精神产品的总和。"哲学卷说："广义的文化总括人类的物质生产和精神生产的能力、物质的和精神的全部产品。"并指出："历史学、人类学和社会学通常在广义上使用文化概念。"综合各种观点可以看出，广义的"文化"涵盖面非常广泛，包括四个层次：一是物态文化层，由物化的知识力量构成，是人的物质生产活动及其产品的总和，是可感知的、具有物质实体的文化事物。二是制度文化层，由人类在社会实践中建立的各种社会规范构成，包括社会经济制度、婚姻制度、家族制度、政治法律制度、家族、民族、国家、经济、政治、宗教社团、教育、科技、艺术组织等。三是行为文化层，以民风民俗的形态出现，表现在日常起居、人际交往、风俗习惯等社会生活之中，具有鲜明的民族特色和地域特色。四是精神文化层，由人类社会实践和意识活动中经过长期孕育而形成的价值观念、审美情趣、思维方式等构成，是文化的核心部分。

广义的"文化"将人类所创造的一切都归结为文化，究竟有何意义？笔者认为，意义至少在于两点：

其一，文化的"人化"特性。广义的文化着眼于人类卓立于自然的独特的生存方式，将文化理解为人类区别于其他动物的"类特性"。从这个意义上来说，文化就是"人化"。其实，从语义学考证，"文化"一词的原初的含义就是"人为"的意思。汉语中"文化"的"文"同"纹"，意指各色交错的纹理。《易经》中有"物相杂，故曰文"的记载，即凡自然

---

① 在众多的文化诠释中，笔者认为，《不列颠百科全书》（国际中文版）和《中国大百科全书》（中国大百科全书出版社 2001 年版，全书共 20 卷）、《中国百科大词典》（中国大百科全书出版社 1999 年版，全书共 10 卷）具有综合性和权威性，对于我们理解"文化"具有参考价值。

的物体一旦有了人的意识、意志的印记，就成了非自然的、"人为"的"文物"，体现人的活动的创造性特点。而来自西方的"culture"（文化），其原意是人对自然物的加工和改良，包含着人类通过人为的努力摆脱自然状态的意义。因此，所谓"文化"就是人类独有的现象，是人类生命活动的基本规定及其产物。文化与人相同一，离开了人，无所谓文化；离开了文化，人也就还原为动物。正如德国著名文化人类学家米切尔·兰德曼所说："谁想知道什么是人，那么他也应该，而且首先应该知道什么是文化。"① 动物和它的生命活动是直接同一的，它本身就是这种生命活动，是一种自然本能的活动。"人则使自己的生命活动本身变成自己的意志和意识的对象。他的生活活动是有意识的。"② 人类的意识通过物质实践活动不断地作用于自然界，同时也不断地作用于自身，经历亿万年的积累，才创造了光辉灿烂的人类文化。人本质上是一种文化的存在，人的世界就是文化的世界，文化构成了人的生存方式和发展方式。文化是"人化"和"化人"的统一体。一方面，文化是人对自然的超越和改造，它是一个自然人化的过程；另一方面，文化又是人对本能的超越与提升，文化体现了人区别于动物的根本特征。

其二，文化的"社会化"特性。文化是人创造的社会性存在，是与人类社会同生共在的特有现象，是人类社会与自然界区别的体现。文化是人创造的，而人的活动一开始就是社会性的，社会实践是人的存在方式，也是文化产生的基础。正如马克思指出的："社会生活在本质上是实践的，不是从观念出发来解释实践，而是从物质实践出发来解释观念的东西。"③文化在本质上不过是人类实践以及由此而产生的其他实践方式。"从直接生活的物质生产出发来考察现实的生产过程，并把与该生产方式相联系的、它所产生的交往形式，即各个不同阶段上的市民社会，理解为整个历史的基础；然后必须在国家生活的范围内描述市民社会的活动，同时从市民社会出发来阐明各种不同的理论产物和意识形式，如宗教、哲学、道德等等，并在这个基础上追溯它们产生的过程。"④ 文化是在人的社会关系中

① 转引自［苏联］鲍戈莫洛夫主编《现代资产阶级哲学》（中译本），上海译文出版社 1982 年版，第 470 页。
② 《马克思恩格斯全集》第 42 卷，人民出版社 1979 年版，第 96 页。
③ 《马克思恩格斯选集》第 1 卷，人民出版社 1995 年版，第 60 页。
④ 同上书，第 92 页。

形成的，通过语言、符号、媒介物、物质实体等载体在一定社会中传递的。文化标示着人类生活的样式，是维系社会共同体的灵魂，也是不同社会相互区分的标志之一。通常我们说游牧文化、农耕文化、工业文化或者大陆文化、海岛文化、基督教文化、儒家文化，等等，都是区分性质各异的不同社会或地域的重要标准或者标准之一，是不同社会的人的不同的生活方式及其活动成果的表征，也是社会发展的程度和特征的标志。

　　狭义的文化则特指"精神文化"或"观念文化"，是指人类社会的精神文化层面或领域以及与其相适应的制度体制和组织机构，指物质生活之外的精神现象、精神生活，包括社会的思想、道德、科技、教育、艺术、文学、宗教、传统习俗等，其核心和实质是社会的价值体系。对文化的这种理解，是把文化界定为人类社会大系统中的一个子系统，即与经济、政治相对的人类精神文化生活系统，而没有把社会的物质财富及经济和政治活动都包括进来。精神文化是人类智慧长期积累和凝聚的结果，是人类社会发展进步的精神动力，也是人类社会进步发展在精神领域的一个重要表征和标志。《中国大百科全书》的社会学卷说："狭义的文化专指语言、文学、艺术及一切意识形态在内的精神产品。"哲学卷说："狭义的文化指精神生产能力和精神产品，包括一切社会意识形式，有时又专指教育、科学、文学、艺术、卫生、体育等方面的知识和设施，以此与世界观、政治思想、道德等意识形态相区别。"这两个定义基本上是一致的，不同的只是后一个定义把精神产品又分为两类，一类是意识形态，另一类是非意识形态，认为更狭义的文化指非意识形态的精神产品。黄楠森先生将"精神文化"概括为"十二种现象"：科学技术、经济思想和经济理论、政治法律思想和理论、语言文字、道德伦理观念、善恶标准和道德伦理理论、宗教现象、文学艺术、哲学和社会学说、教育和教育思想、新闻出版事业、公共文化设施及其活动、民间文化，① 基本涵盖了狭义文化的外延。

　　狭义的"文化"也称"精神文化"，具有如下特征：

　　第一，狭义的"文化"既是人类对社会生活的反映，也是社会生活的一个重要组成部分或领域。很多学者都把文化作为对社会现实的反映。前苏联学者阿尔诺尔多夫认为："文化是人与人之间社会关系的反映……这是历史上发展着的、由人们的创造性活动建立起来的精神价值和规范的体

---

　　① 黄楠森：《论文化的内涵与外延》，《北京社会科学》1997 年第 4 期。

系，同时，它也是由物质生产方式决定的，就本质而言，它是具有社会意义的人类创造的过程，这一过程的目的在于掌握世界和改造世界。"① 毛泽东在著名的《新民主主义论》一文中曾明确指出："一定的文化（当作观念形态的文化）是一定社会的政治和经济的反映，又给予伟大影响和作用于一定社会的政治和经济。"② 马克思似乎没有专门给文化下过完整的定义，但他从唯物史观出发，认为要"从市民社会出发来阐明各种不同的理论产物和意识形式，如宗教、哲学、道德等等，并在这个基础上追溯它们产生的过程"③。他赞同施托尔希"把'内在财富即文明要素'同物质生产的组成部分——物质财富区别开来，'文明论'应该研究文明要素的生产规律"。④ 其实，文化不是外在于社会生活之外被动反映社会生活的意识形态，文化是社会生活的一个重要组成部分，它甚至就是全部的社会生活，社会生活本身就是文化，文化"既是剧作人，也是剧中人"。"文化不只是对社会生活的一种反映，它本身就是社会生活的一个内容，或完全体现在这一生活之中"⑤；《不列颠百科全书》认为，每一个人类社会有它自己特定的文化或社会文化体系，并在某种程度上与其他体系相重叠。文化渗透到社会生活的各个领域，大到社会体制、社会风尚的形成，小到个人的个性气质、生活方式及精神境界的培养，因而，文化的存在与发展，就是社会和人自身的存在和发展。

第二，狭义的"文化"既包括精神现象，也包括物质现象。在几百种文化定义中，大多数学者都是从精神层面来界定文化的。19 世纪英国人类学家爱德华·泰勒的文化定义被《不列颠百科全书》视为对"文化"的"经典性"与"学术界公认"的解释："文化是一个复杂的整体，其中包括知识、信仰、艺术、法律、风俗，以及作为社会成员之个人所习得的任何其他能力和习惯。"这个定义侧重于意识形态和行为模式，着重文化作为一个精神文化的综合体的基本含义，是当今很多文化人类学家所赞同和倾向的观点。从词源意义上看，中国的"文化"从始至终都具有感性的精

---

① 转引自［苏］尼·瓦·贡恰连科主编《精神文化》，戴世吉等译，求实出版社 1988 年版，第 6 页。

② 《毛泽东选集》第 4 卷，人民出版社 1991 年版，第 624 页。

③ 《马克思恩格斯选集》第 1 卷，人民出版社 1995 年版，第 92 页。

④ 《马克思恩格斯全集》第 26 卷 1 册，人民出版社 1972 年版，第 295 页。

⑤ 胡潇：《文化的形上之思》，湖南美术出版社 2002 年版，第 40 页。

神意义，而拉丁文的"cultura"从16、17世纪后，逐渐引向精神生产活动，并继而被指为对人类心灵、知识、情操、风尚的化育。《不列颠百科全书》与《中国百科大辞典》相比较，它们对"文化"释义的共同点均认为"文化"的主要方面是精神内容的。《不列颠百科全书》对"文化"的解释为：文化是"习惯"与"能力"，是"人类知识、信仰和行为的整体"，文化的发展要依照人类学习知识和将知识一代代传承下去的能力而定；认为"文化"是人类知识的统称，而信仰和行为是有着精神价值取向的对人类知识的学习与沿继。这显然是将文化理解为精神形态存在。在"文化"的外延上，《不列颠百科全书》也只是纳入了这样的内容——语言、思想、信仰、风俗习惯、禁忌、法规、制度、工具、技术、艺术品、礼仪、仪式等。《中国百科大辞典》认为，"文化"通常被认为是一般知识，在中国历史上是文治、教化的总称，现在是社会成员"个体"出生后所学到的为群体所共行的、稳定的精神遗产。《现代汉语词典》对文化的三种解释之一是：人类在社会历史发展过程中所创造的物质财富和精神财富的总和，特指精神财富，如文学、艺术、教育、科学等。

狭义的"文化"即"精神文化"，作为以人类物质实践为基础而形成的人类生活方式及其成果在精神上的反映，体现人类智慧和道德的进步状态，主要包括：政治思想、法律思想、道德观念、宗教观念、文学艺术、哲学理论等社会意识形式；社会的教育、科学、艺术、卫生、体育等各项事业的发展规模和发展水平；社会的理想信念、道德情操、社会风尚、风俗习惯、生活方式、组织纪律性以及人际关系的和谐状况，等等。同时，狭义的"文化"也包括与社会的精神文化相一致的制度体制、组织机构等物质关系和物质实体，是一种文化因素与物质因素交织渗透的综合性存在。如以物质形态存在的图书馆、博物馆、剧场、文化宫、文化活动室等文化设施，以制度形态存在的文化体制机制、公共文化管理体系等，体现着文化生产关系即物质关系。另外，卫生和体育，都是改造人体的活动，而人体是一种物质，这无疑是物质活动；但它们无疑包含着丰富的文化因素，即精神因素，如医药学、医疗道德、体育学、体育艺术等。也许把卫生、体育归属于文化现象更合适一些。①

第三，狭义的"文化"既包括具有鲜明阶级性或意识形态性的社会意

---

① 黄楠森：《论文化的内涵与外延》，《北京社会科学》1997年第4期。

识形式，也包括非阶级性或非意识形态性的社会意识形式（思想和观念）。如果把文化与经济、政治并列起来，显然文化与意识形态不能相等，因为意识形态只是精神领域的一小部分，所以文化大于意识形态。马克思唯物史观认为，社会意识是社会生活的精神方面，是社会存在在精神领域中的反映，是精神现象的总和，包括社会的人的一切意识要素和观念形态。具体指政治、法律思想、哲学、艺术、道德、宗教等意识形态和人们的风俗习惯、社会心理，等等。社会意识形态作为思想上层建筑或观念上层建筑，与该社会的经济结构、政治结构相对应。因此，在阶级社会中，具有强烈的阶级性和鲜明的意识形态性，是一定社会经济和政治的直接反映，并又给予该社会的经济、政治以巨大的影响作用。统治阶级的思想是该社会占统治地位的思想。同时精神文化又包括自然科学知识和技术、语言和文字、形式逻辑等非阶级性或非意识形态性的意识形式。这部分意识形式直接反映的是社会生产力及其发展水平，而不直接反映社会的经济基础，不属于社会的上层建筑，因而不具有阶级性或意识形态性。《中国百科大辞典》认为，"文化"通常被认为是一般知识。《现代汉语词典》也是这样，认为文化就是：运用文字的能力及一般知识：学习文化、文化水平。都是泛指人们常识中理解的"有没文化"，即是"知识渊博"、"有教育"、"有教养"的意思，没有明显的阶级性或意识形态性。另外，民间文化也是一个具有综合性的文化领域，例如民间文艺活动、节日活动、旅游活动、娱乐活动，等等。这些活动带有自发性、通俗性和素朴性，为广大群众所喜闻乐见，因而广泛地流行于民间的文化，对群众具有潜移默化的作用和强大的影响力。但是这些活动虽良莠混杂，包含着一些不健康的东西，需要对其加以正确而有效的引导，但其中的内容大量的是不带有明显的阶级性或意识形态性的。

　　第四，狭义的"文化"明确了文化的内核是价值观。文化是由多种元素构成的一个复杂的综合体系，在文化综合体系中每个因子占有不同的地位起着不同的作用。其中核心价值观在文化中处于基础和核心的地位，核心价值观是文化体系的内核或核心。人们经常说的"文化"，无论是交往礼仪、风俗习惯、法律条例、管理制度，还是精神文化产品，都只是文化的外显形态或表现形式，而文化的根本是核心价值观。20世纪美国文化人类学家爱尔弗雷德·克罗伯和克莱德·克鲁克洪，对当时西方的160多个关于文化的定义进行梳理与辨析的基础上，给出了一个综合性的文化定义：“文化包括各种外显的或内隐的行为模式，它们借符号的使用而被学到或被传授，而且构成人类群体的出色成就，包括它们在人造器物中的体现；文化的核心是传统观念，尤其是价值观念。”① 这一文化定义，在国际上具有代表性并对后人的文化观产生很大的影响，不仅是因为它将文化区分为显形的文化和隐形的文化两种形态，而且将文化的核心理解为传统观念，尤其是价值观念的理解。而价值观从来都是一个复杂的体系，一套价值观体系本身有自己的核心，是一定价值观念体系的核心内容。纵观历史发展，我们不难看出，核心价值观作为文化的内核，在很大程度上决定了一个社会的文化存在状况；反过来说，一个社会文化状况是否健康有序、和谐繁荣，是这个社会价值观是否混乱和茫然的体现，也是这个社会生活是否动荡不安的重要原因。

文化创新中的文化，主要是指狭义的“文化”即“精神文化”。这是因为：只有把文化界定为“精神文化”，才可以避免对文化理解的泛化倾向，才能使文化创新具有可操作性。“我认为，应该指出，对文化做狭义的理解是具有更广泛性的趋势，而且从文化理论和文化建设来讲，应该使用狭义的理解，狭义的文化是严格意义的文化，即人类的精神现象和精神产品。”② 将人类创造的一切都冠以“文化”之名，文化就成了无所不包的无法感知的抽象存在。这就是我们经常说的，“什么都是，也就什么都不是了”。陈独秀也曾说：“有一班人并且把政治、实业、交通都拉到文化里面了，我不知道他们因为何种心理看到文化如此广泛，至于无所不包！若再进一步，连军事也拉进去了，那变成了武化运动了，岂非可怪只有怪了吗？”③ 他力主文化“是文学、美术、音乐、哲学、科学这一类的事”。他提出的就是狭义的“文化”。当我们把人类的一切创造物都称其为文化时，只是一个考古学用语，特指同一个历史时期的不依分布地点为转移的遗迹、遗物的综合体，如仰韶文化、龙山文化。④ 我们只有把文化理解为具体的文化，才能使文化创新具有可操作性。如果把文化界定为人类所创造的一切物质财富和精神财富的总和，那么文化创新就意味着整个人类文

---

① 转引自傅铿《文化：人类的镜子——西方文化理论引论》，上海人民出版社1990年版，第2页。

② 黄楠森：《论文化的内涵与外延》，《北京社会科学》1997年第4期。

③ 陈独秀：《文化运动与社会运动》，《新青年》1921年第9卷第1号。

④ 《现代汉语词典》，商务印书馆2006年版，第1427页。

明的跃迁；而这不是文化创新所能够涵盖和独立承担的。只有把精神文化理解为既包括意识形态性和非意识形态性在内的社会意识形式，才可以防止文化创新的"唯意识形态化倾向"；只有把精神文化理解为既是社会生活的反映也是社会生活的一个组成部分，把精神文化理解为包括与之相适应的制度和各种物质设施在内的物质存在，才能合乎逻辑地将繁荣基层群众文化生活、文化体制改革、公共文化体系建设等作为文化创新的重要内容；只有把精神文化的内核归结为核心价值体系，才能理解核心价值体系的变革对文化创新的重大意义。

二 文化创新的基本内容与基本类型

时下，"创新"与"文化"一样，也是使用频率较高但却最具歧义的词汇。尽管人们对创新概念的界定也是仁者见仁、智者见智，但研究文化创新必须首先明确其内涵，这是前提，否则，讨论将无法进行。

（一）创新与文化创新

"创新"一词起源于拉丁语，原意有三层含义：更新、创造新的东西、改变。它是以新思维、新发明和新描述为特征的活动过程及其结果，是利用已有资源或要素创造新事物进而替代旧事物的人类行为。根据韦氏词典的定义，创新有两点含义：引入新概念、新东西和革新。也就是说，前所未有的"革故鼎新"和对已有的东西的再创造抑或"拿来主义"，都是创新。创新在中国传统哲学中就是"生"的范畴。《周易·系辞下》云："天地之大德曰生"，所谓"生"，就是"世界"并非本来如此，亦非一直如此，而是生生不息、日新月异。现在我们所使用的"创新"（innovation）一词，最早是由美籍奥地利经济学家约瑟夫·阿罗斯·熊彼特在其1912年德文版《经济发展理论》一书中提出的。他把创新定义为"新的生产函数的建立"，即"企业家对生产要素之新的组合"。当前国际社会对于"创新"（这里还是理解为 Innovation）的定义比较权威的有两个：一是2000年联合国经合组织（OECD）《在学习型经济中的城市与区域发展》报告中提出的："创新的涵义比发明创造更为深刻，它必须考虑在经济上的运用，实现其潜在的经济价值。只有当发明创造引入到经济领域，它才成为创新"；二是2004年美国国家竞争力委员会向政府提交的

"创新美国"计划中提出的："创新是把感悟和技术转化为能够创造新的市值、驱动经济增长和提高生活标准的新的产品、新的过程与方法和新的服务。"① 以上对创新的理解都是偏重于创新在经济和社会发展中的价值和作用。

在马克思主义看来，创新是人的本质的体现。人的本质在于实践性，人与动物活动的根本区别在于创造性。创新是人类特有的认识能力和实践能力，在本质上是人类"认识世界和改造世界"的创造性实践活动，即人类特有的能动的、对象性的、革命性的实践活动，是人类主观能动性的高级表现形式。"创新"就是在尊重客观规律的基础上，发挥人的主观能动性，扬弃旧事物，促成事物量变的中断，使事物发生质变和飞跃；就是在求异的前提下，发现前所未闻的规律，发明前所未用的技术，实施前所未有的举措，创造前所未见的事物。可见，创新的实质是进取，是推动人类文明进步的激情；创新的反面是因循守旧。因此，"创新"这一概念已经超出了经济学的范畴，而成为一个更高层次和具有更大普遍性的哲学范畴，成为涉及社会各个层面的复杂的系统工程，一切冲破旧观念、淘汰旧技术、改革旧体制，培育新观念、发明新技术、创建新体制的活动及其结果，都可称为"创新"。

早在 1978 年 12 月的中共中央工作会议上，邓小平同志就指出："一个党，一个国家，一个民族，如果一切从本本出发，思想僵化，迷信盛行，那它就不能前进，它的生机就停止了，亡党亡国。"② 邓小平同志以这种方式强调了创新的极其重要性。江泽民多次指出："创新是一个民族的灵魂，是一个国家兴旺发达的不竭动力，也是一个政党永葆生机的源泉。"③ 这是江泽民同志总结 20 世纪世界各国政党，特别是共产党兴衰成败的历史经验和教训得出的科学结论。创新是人类的特性，是我们时代的潮流和特征，是引导社会前进的强大力量；创新是一个民族进步的灵魂，是推动民族进步和社会发展的不竭动力。一个民族要想走在时代前列，就一刻也不能没有理论思维，一刻也不能停止理论创新。可以这样说，人类历史就是创新的过程，正是有了我们祖先的创新，人类才脱离了茹毛饮血

① 葛霆：《要准确理解"创新"的概念及其本质》，《中国科学院院刊》2005 年第 6 期。
② 邓小平：《解放思想，实事求是，团结一致向前看》，载《邓小平文选》第 2 卷，人民出版社 2004 年版，第 143 页。
③ 江泽民：《论"三个代表"》，中央文献出版社 2001 年版，第 46 页。

的洪荒时代，才使人类自立于天地之间，成为万物之灵。人类社会从低级到高级、从简单到复杂、从原始到现代的进化历程，就是一个不断创新的过程。不同民族发展的速度有快有慢，发展的阶段有先有后，发展的水平有高有低，究其原因，民族创新能力的大小是一个主要因素。

"创新"是江泽民同志 2000 年 6 月 20 日在西北五省区党建工作和西部开发座谈会上讲话中提出的。他指出："创新，包括理论创新、体制创新、科技创新及其他创新。"[①] 在庆祝建党八十周年大会上的讲话和十六大报告中，又进一步明确提出了"文化创新"的概念。由此，文化创新成为社会创新体系的重要组成部分。

创新是超越已有事物的发展水平和创造新事物的思维活动、实践活动及其结果。那么文化创新就是依据社会实践的要求，在继承民族文化传统和吸收外来民族文化的基础上，对原有的文化价值观念、文化知识体系、文化思维方式和文化体制的思维解构活动及其结果，是社会文化系统整体转换或部分质变，是一种既适应现代化又具有本民族特色的新型文化的生成过程。社会文化是由诸多要素组成的复杂体系，各要素之间相互作用和影响，其中每个要素的变化都会直接或间接地影响和作用于其他要素而不同时期发生不同程度的改变，特别是核心要素和关键要素的变革会引起其他要素甚至整个文化系统的改变。社会文化系统包括：文化观念、文化理论、文化价值观、文化思维方式、文化内容和形式、文化体制和机制、文化政策、文化环境，等等。在文化创新中，每个部分或要素的地位和作用是不同的，其中文化理念创新是先导、文化内容创新是灵魂、文化形式创新是关键、文化价值观变革是根本。文化创新就是对原有的文化系统（包括上述任何方面）的解构与超越，就是新的文化系统（包括上述任何方面）的建构，形成一套整体性的文化创新联动系统，构建起具有本土特色、朝气蓬勃、持续前进、内涵深刻的社会文化体系。文化创新重在于"新"，即发前人未发之感，说前人未说之话，论前人未论之题。文化的繁荣关系到民族的兴衰，而文化的繁荣全在于创新。因为只有不断创新，才能促进文化的繁荣、使文化焕发生机、历久弥新、充满活力、日益丰富。

文化创新的实质是人类独有的创造力的最明显体现。人与动物先天的不足和劣势，同时造就了优越于动物的优势，那就是人必须去创造才能生

---

①　江泽民：《论"三个代表"》，中央文献出版社 2001 年版，第 46 页。

存。从文化哲学的维度上看，文化的创新过程就是人的文化创造过程。文化是人类独有的生存方式，文化本质上就是人类在改造世界包括改造人自身的对象性活动中所展示出的人的本质、力量、价值尺度及其成果。人之所以进行文化创造，乃是因为人要满足自身的需要。人满足需要的方式与动物明显不同：动物总是现成地从自然界中直接获得满足，而人的需要则必须通过劳动创造活动间接地满足。动物是被规定的存在，动物的生存是直接的自然过程；人却通过劳动创造活动挣脱了自然界的直接规定，开始了自己创造自己、自己规定自己的属于自己的生活过程，成为一个自由的存在。生物人类学家阿尔诺德·格伦认为，人与动物的最大区别是未特定化（unspecialization）。动物在体质上比人特定化，其本能图式设计得相当精致和完美，能适应每一种特定的生活条件，因此，动物是一种"自足"的存在。而人在体质上是未特定化的，人在形态学上存在着诸多缺陷，因此人是一种"匮乏"的存在。人的未特定化的生理缺陷一方面使人成为一种"易受损害的、易遭受危险的"生物，以至格伦将他称为"被剥夺的存在"；但另一方面，人的这种否定性的生理缺陷却与肯定性的更高能力联系在一起。这就是说，人靠先天本能无法满足自身的需要，因此，人必须通过后天的文化创造弥补先天本能的不足。动物先天本能的优势成为其后天发展的劣势，而人先天本能的劣势则变为后天发展的优势。人的未特定化的生理特点使人成为一种未完成的、未决定的存在，因此，人必须自我完成、自我决定。正是这种本能上的劣势激发了人的创造性，使文化得以生成。本能上的劣势使人得不到满足，而创造性则使人永不满足，所以，人是一种"贪得无厌"的动物。正如弗里德里希·威廉·尼采所言："与任何一种动物相比，人更不安全，更富于变化，更不确定；与其他所有动物相比，人需要更大胆，更变化，更固执地反对命运。人是自身的伟大体验者，永远没法满足，永远不能达到。人为彻底驯服动物、自然和神始终不渝地斗争，人是永远不畏的人，是永远具有未来的人，是由于自身的推动力而无法再发现平静的人。于是人的未来无情地劈开现在，如同刺刀刺进肉中。"①

如果说，文化人类学家主要是从人的先天本能的劣势来求证人的文化

---

① ［德］弗里德里希·威廉·尼采：《论道德的谱系》，周红译，生活·读书·新知三联书店1992年版，第69页。

创造本性；那么，马克思则着重从人的生物学基础的优越说明文化创造的必然性。马克思认为，人区别于动物的本质特征就在于人是自由自觉的存在物。"一个种的全部特性、种的类特性就在于生命活动的性质，而人的类特性恰恰就是自由的自觉的活动。"① 自由就是人类自己生产自己，自己创造自己的存在方式。人之所以是自由的，是因为人是有意识、有目的、有理性的存在物。人能够把自身和外在世界区分开来，在认识外在世界的基础上改造外在世界。"通过实践创造对象世界，即改变无机界，证明了人是有意识的类存在物，也就是这样一种存在物，它把类看作自己的本质，或者说把自身看作类存在物。……动物只是按照它所属的那个种的尺度和需要来建造，而人却懂得按照任何一个种的尺度来进行生产，并且懂得怎样处处都把内在的尺度运用到对象上去；因此，人也按照美的规律来建造。"② 由此可见，无论是从人的先天本能的劣势还是优势来看，人都要进行文化创造。正是由于人的文化创造，社会发展才绵延不绝，永无止境。因此，文化的创新和发展，从根本上讲，就是人的思想、行为的发展和创新，就是人的素质能力和精神风貌的提升，就是人的知、情、意等能力素质的提升及作为其外在体现的实践活动的创新和活动产品、成果的创新。文化创新就意味着在动态变化的外部环境和社会发展进程中，人的知识、思维方式、价值观念、审美方式、精神心理状态、精神风貌、文化素质和智力等在不适应社会变迁、环境改变的情况下，从旧文化形态向新文化形态转变，从而克服已有文化的历史局限性。

（二）文化创新的基本内容

江泽民在党的十六大报告中，明确提出了"文化创新"的问题，指出要"立足改革开放和现代化建设的实践，着眼于世界文化发展的前沿，发扬民族文化的优秀传统，汲取世界各民族的长处，在内容和形式上积极创新，不断增强中国特色社会主义文化的吸引力和感召力"③。胡锦涛在党的十七大报告中明确指出了文化创新的内容："在时代的高起点上推动文化

---

① 《马克思恩格斯全集》第42卷，人民出版社1979年版，第96页。

② 同上书，第96—97页。

③ 江泽民：《全面建设小康社会，开创中国特色社会主义事业新局面——在中国共产党第十六次全国代表大会上的报告》，载《十六大以来重要文献选编》（上），中央文献出版社2005年版，第29—30页。

内容形式、体制机制、传播手段创新。"① 文化创新包括文化理念更新、文化价值观转变、文化内容、文化方式和文化体制等极为丰富的内容。

1. 理念创新是先导

即在文化观念突破与超越，就是在对文化认识上的与时俱进。"理念"一词源于东西方文化，均早已有之。但无论是中国宋代程朱理学的"理"，古希腊柏拉图的"理念"，还是德国古典哲学家黑格尔的"绝对观念"，都把"理念"当做先于事物的唯一真实的存在，而具体事物只不过是理念的产物。这种客观唯心主义的"理念"论，颠倒了事物的客观存在与人们对事物的主观认识、事物的个性与共性之间的关系，把人们对事物共性的认识即"理念"，视为决定事物具体存在的第一性的东西，错误地认为变化不定的个体事物之所以相对地具有某种性质，只是由于模仿或分离开个体事物而绝对存在的"理念"。依据马克思主义的观点，"物质生活的生产方式制约着整个社会生活、政治生活和精神生活的过程。不是人们的意识决定人们的存在，相反，是人们的社会存在决定人们的意识"②。"事物的'理念'不过是对客观存在的事物一般属性的反映，而一定社会的文化理念（cultural idea）不过是人们对该社会的经济和政治的反映，它既是一定社会的时代精神和民族精神的集中体现，也是人们的思想意识和价值观念的具体体现。不是人们的文化理念决定社会的存在和发展，而是人们的社会存在决定人们的文化理念。"③

社会变革固然是文化创新的总根源，但社会变革不会自发地带来文化的创新。文化创新是个自觉的过程，文化创新的前提是文化自觉，即意识到文化创新的必要性，自觉地解放思想、突破落后观念的束缚，进行文化理念的变革。理念创新的是创新的前提和先导，任何创新无不从理念创新开始。只有认识上的突破，才有行动上的进步。就如同我们在改革开放之前早已有了改革开放的要求，但只是在十一届三中全会以后，在解放思想、打破思想束缚之后，改革开放才真正在实践中开始进行。在这意义上，物质决定意识之具有根源的意义，人类的任何实践活动都是在意识的直接指导下进行的，文化创新也始于理念的变革。

---

① 胡锦涛：《高举中国特色社会主义伟大旗帜，为夺取全面建设小康社会新胜利而奋斗》，人民出版社2007年版，第32页。

② 《马克思恩格斯选集》第2卷，人民出版社1995年版，第32页。

③ 罗文东：《中国特色社会主义文化理念论》，中国法制出版社2003年版，第40—41页。

创新是对既定现实的摆脱，是对传统的、常规的、套路的突破，是对墨守成规、因循守旧、僵化落后的思想、观念的扬弃，因此，创新首先要实现观念上的更新，尤其是价值观念的更新。观念和思维支配着人的行为活动，只有观念和思维获得了变革和更新，人的行为才有可能发生质的改变，进而才有可能对关乎人类和民族文化的一系列关键性问题获得一种合乎未来发展的认识。因而，文化认识上的转变是根本性的转变，文化理念的创新对文化创新具有先导性作用，文化创新首先是文化理念的更新和新的文化意识形成，文化理念创新就是从对文化的教条主义理解中解放出来，从各种对文化片面性和狭隘性的理解和认识中解放出来。唯物史观认为，文化观念与其他观念一样是特定历史时代文化现实的反映，随着时代的发展必然要发生变化，因而不存在永恒的和抽象的文化观念和文化理念。因此，依据时代的发展需要，实现文化观上的变革或革命，就是文化时代性的体现，就是文化观念和文化理念上的与时俱进。

理念创新在整个文化创新中处于先导地位，是文化变革和社会变革的前提。观念和思维支配着人的行为活动。只有观念和思维获得了更新，人的行为才有可能发生质的改变，进而才有可能对关乎人类和民族文化的一系列关键性问题获得一种合乎未来发展的认识。要实现观念上的创新，最重要的是解放思想，与时俱进，培养民族的自信心和全球的战略眼光以及面向未来的意识。由于时代背景与历史条件的剧变，民族文化中一些原有的文化元素，尤其是观念、意识及思维与行为方式，已不适应目前时代发展的需要，这就要求我们必须以世界先进文化的水准来重新审视本民族的文化，根据时代精神与时代需要，以现代的文化理念对传统文化优异资源进行创造性重释与重构，全面推进传统文化的现代转型，尽快跟上当今世界文化快速发展的步伐。历史告诉我们，任何一个技术创新活跃、经济繁荣的时代，都需要重大的人文创新来导引，需要文化的繁荣。世界历史表明，先进文化往往是社会变革的先导，而社会的持续发展则离不开先进文化的支持。西方近代科学的起源、西方市场体制的确立以及社会生活的各领域变革，首先是基于文化领域的变革和创新。正是近代文艺复兴、宗教改革和启蒙思想运动为人权、人的自由平等、为独立的人格观念的确立奠定了良好的基础。伴随思想解放，人在科学认识方面的主体创造性、技术理性、科学技术水平和生产力获得了较快发展，促进了社会分工进一步发展，而在社会分工体系中不同人的商品自愿交易、等价交换和自由平等的原则观念，加之新兴资产所凭借技术进步带来的物质实力最终促成国家在政治法律上赋予每一个体独立的地位和权利，使个人成为独立的活动主体和利益主体。这样，包括一定文化产品在内的各类商品的生产、管理、交换和传播都被纳入法制化、制度化的市场交往关系和市场体制中。这样，在西方现代化社会转型的历史进程中也就生成了法制化、制度化的市场取向及其适应这种取向的文化体制。新的文化体制的生成或者说文化体制改革首先需要文化因素、观念因素的变革和创新。制度、人们的行为方式、活动机制都是价值观念的产物，是文化的产物。文化是一切管理制度、经济体制、政治体制和文化体制赖以贯彻实施的平台。近代文化史上，马克斯·韦伯看到了宗教精神在社会生活中所具有的巨大组织力量，对宗教思想和经济行为之间关系做了研究，认为应从宗教思想里寻找影响资本主义发展的精神根源。在资本主义时代，马克思主义是站在时代前列，代表人类进步文化的前进方向的文化。一方面，马克思主义是关于人类社会发展规律的科学；另一方面，马克思主义是对资本主义时代一切进步文化的总结和合乎科学研究逻辑的发展，是对人类历史上一切进步文化的科学继承。马克思主义是无产阶级认识世界、改造世界、实现自我解放的强大思想武器。

在中国历史上，文化理念的变革极大地推动了社会的变革和发展。先有先秦诸子百家的思想自由和学术争鸣，然后才有两汉农业文明的成熟；先有魏晋时代的思想解放与自由，才有唐宋明社会经济的繁荣；先有宋明理学和人性学说的矛盾冲撞所爆发的巨大思想力量，才有康乾盛世。有了"五四"新文化运动的文化论战，才有了马克思主义先进思想文化的传播，才有了中国革命的胜利；有了真理标准大讨论带来的思想大解放，才开启了改革开放新时期。在文化对社会作用的认识上，都有许多有价值的思想观点。尽管中国近现代史上的"文化热"，这些思想单纯从文化层面解释社会发展，把文化精神作为社会发展的决定性因素，把当代社会发展的根本问题归结为文化问题，是违背唯物史观的基本观点的，但他们都注意到了文化精神在社会发展中的重要作用。

2. 内容创新是灵魂和核心

内容创新即是在文化所涵载和表达的思想内容以及精神价值上的突破与变革，特别是对思想导向和精神价值的肯定与崇尚。胡锦涛在党的十七大报告指出："在时代的高起点上推动文化内容形式、体制机制、传播手

段创新，解放和发展文化生产力，是繁荣文化的必由之路。"在上述的
"文化内容形式、体制机制、传播手段创新"三个方面中，内容创新作为
文化创新的本质要求居于首要的核心地位，而体制机制和传播手段创新既
是文化创新的内在要求，同时也是为内容创新提供体制保证和传播手段服
务的重要方面。内容创新就是要通过具有原创性、独特性、个性化特征的
创意活动，创作和生产出具有深刻的思想、独特的题材、独特的视角、独
特的体裁、独特的内容、独特的结构的文化作品和文化产品；并以此扩大
文化作品在国内外的影响力、提高文化产品的竞争力；内容创新的宗旨，
是要使文化作品和文化产品有思想、有内涵、有品位，能够吸引文化消费
者，满足广大人民群众的精神文化需求。

在当代世界文化产业发展中，很多国家（如日本）将文化产业称为内
容产业，提出"内容为王"，正说明了内容建设和内容创新在文化发展中
所具有的核心地位。内容创新是文化创新的本质特征。思想内容是文化创
新的内在灵魂，文化创新的根本要求就是生产出思想内容与艺术魅力相统
一的精神文化产品。任何形式的文化，都要言之有物而不是徒有虚名。因
此，文化创新不论用什么方法、走何种路径，都应当把思想引导和精神提
升放在首位，都应当是对人的情感、精神和思想的艺术表达，都必须充分
赋予作品以思想养分与精神内蕴，也都应当是对人生和社会的形象化审美
观照。一部作品要给观众和读者以有益的启迪，要让观众和读者产生审美
的心理共鸣，最重要的是靠优秀的思想、优秀的文化和优秀的价值观吸引
人、引导人和陶冶人。所以，坚持"内容为王"，就是要在继承民族优秀
文化传统，积极吸收借鉴世界优秀文明成果的基础上，以新的内涵来提升
艺术品格，使之具有更加鲜明的时代特色、地域特色和生活特色。文化产
品的最大特点，就在于它要以情愫感染人、以思想引导人、以道德提升
人、以精神鼓舞人，导引灵魂走上正路，并由此而决定了文化创新必须始
终把着力点放在追求内容、思想和精神的充实、丰富与崇高上。否则，即
使形式再亮丽，技术手段再先进，表现手法再离奇，也可能一时吸引人的
眼球，但都不会产生内在的激情与感人的力量，不会给人以深入持久的启
迪。因此，文化创新一定要坚持内容第一、思想为纲、精神至上；坚持形
式服从和服务于内容，方法为表达思想和体现精神所用。同一素材的作
品，由于对其挖掘的思想内涵和注入的精神元素不同，便会产生完全不同
的效果。这正是电影《泰坦尼克号》要比同一题材的《冰海沉船》更加感

人、更加动人心魄、扣人心弦的原因所在。因此，在文化创新中，注重内容的创新，赋予文化产品以先进的思想与崇高的精神，这正是文化的灵魂和核心，是文化创新的最大关注点和最佳切入点。

3. 价值观变革是根本

如前所述，价值观是文化的核心和本质。文化，指一个特定社会或历史时期所特有的各种各样价值观信仰习俗常规习惯和做法①。价值观是一定社会在长期的社会生活实践中育化出来价值观念总和和道德情操等因素构成，包括价值取向、价值认同、价值标准、评价、理想以及创造等，是文化整体的核心部分。价值观上的突破当然就是文化上的根本变革。价值和文化须臾不离，互为表里，价值是文化的灵魂和精髓，文化是价值的历史和现实的存在方式，价值观决定着信仰与行为，决定着某一文化的精神价值任职、价值判断与价值取向。价值通常通过文化才能有效地影响一切社会组织和个人的思想和行为。一个社会保持或更新、抑制或倡导某种价值观，文化在其中总是全方位地发挥着制约、引导、催化等作用。因此，价值更新必然要使文化变革。民族之间的差异并不在于外在的服饰、饮食、语言和习惯，而根本在于内在的价值观，在于价值观的不同。任何社会的存在和发展，都需要有一定的社会价值体系的强力支撑。价值观是一个民族的思想观念、行为习惯、交往方式等各方面的评价标准和理想取向，是维系民族的协调性和统一性的深层的无声的力量。不同历史阶段和条件下的社会实践形成不同的社会关系体系和结构，要求着不同物质和功能的价值系统。一定价值系统的转型和重构是社会实践的转型发展所要求的，新的社会实践也规定新的价值系统的发展方向。从社会的横向来说，文化创新是在既定的传统价值体系的基础上进行改造与整合，使新文化建构形式在保持时代性的同时也保持了民族性和连续性。在西方，文艺复兴作为一次人类历史上最伟大的变革，是一场空前的反封建思想文化革命运动，而其引起的是一场价值观的革命。文艺复兴是文化的新生，是新的精神力量的形成。在反对宗教神学的神性、血统和禁欲主义思想革命中，形成了一种尊重人性、崇尚金钱和知识、重视现世生活、纵欲主义和相信自然秩序的新价值观。中国一百多年来的现代化进程表明，民族文化价值体

---

① ［英］约翰·B. 汤普森：《意识形态与现代文化》，高铦等译，译林出版社 2005 年版，第136 页。

系的转型和更新，是中国现代化的关键和标志。改革开放以来，中国的社会变革开始呈现出全方位展开的基本态势，其间引发了社会价值观全面、深刻、复杂的变化。这种前所未有的社会价值观念的变化的基本走向是基于价值观念冲突进行整合或自觉建构，形成与社会主义市场经济相适应的社会价值观念体系，具体表现为从一元价值观向一元价值观与多元价值观互动的变化、从整体价值观向整体价值观与个体价值观融合的变化、从理想价值观向理想价值观与世俗价值观共存的变化、从精神价值观向精神价值观与物质价值观并重的变化等几大变化。在社会价值观念方面的多元变化及其冲突中提出了社会主义核心价值体系，这是当代中国共产党人文化创新的最突出体现。

4. 形式创新是关键

即是文化表现方式和创作方法的创新突破和革新，是探索和发现具有时代气息、健康向上、新颖别致的传播、展现和弘扬文化的有效途径和载体。内容与形式不可分割。一旦主题和思想内容确定，恰当的表现形式就成为关键环节。正如一个满腹经纶的人因表达方式的缺陷未能展示出其内在价值，一个善良的愿望却因不适当的方式而事与愿违一样。文化形式的创新就是追求形式上的完美，追求表达方法和实现路径的艺术化，这一追求过程也是文化本质体现。因为文化作为人的情感、精神和思想的表达，本身即应该具有完美的形式。失去完美的形式，内容的表达和展现也必然受到影响和限制。人类之所以优越于动物，进而创造人类文明，不仅仅是因为人类能够创造和使用工具，更重要的是人类能够把创造智慧和文化物化起来，传承下去。文化创新与文化的物化形态和传播方式密切相关，特别是 20 世纪以来，文化的"进步"和"发展"，在很大程度上受到文化传播技术的影响。马克思主义在中国的传播，在很大程度上依赖于现代出版业的发展。在今天，随着互联网等新媒体技术的发展，文化的传播手段越来越多样化，数字电视、数字电影、网络出版、网络游戏和动漫等已成为现代文化的重要形式。当然，对形式和方法的创新追求，永远都不是"单纯"的和"唯一"的，而必须与其所涵载和表达的思想内容相呼应、相融合、相一致，并有助于和有益于思想内容和精神价值的彰显与表达。离开思想内容和精神价值而过分刻意地追求形式创新，必然导致文化产品及文化活动的形式怪异和内容虚脱、方法畸变和精神猥琐、手段吊诡和思想紊乱。任何介体和载体都只有在能够使其所承载和引荐的思想内容充分加以展示与传达时，它才会变得有价值和有意义。在当今时代，面向全球文化的竞争，民族文化在融入文化全球化的进程中要不断更新自己的文化样式，实现新的融合。仅有"模仿"、"引进"是不够的，我们的文化应当有自己鲜明的特点，应当有自己的原创，有自己的文化话语、思想创造和文化精品。新的民族文化的形式应该既体现着民族特色，又具有鲜明的时代特征，尽力追求民族性与时代性的完美统一。为达此目的，就应该解放思想，打破狭隘的地域和民族自我封闭的孤立状态，破除一切束缚人们思想发展的教条主义观念，允许并敢于对民族文化的表现形式进行大胆的尝试与创新，努力创建出一种既尊重传统，又与时代同步前进；既体现着民族精神，又反映着时代心声的新型文化。

（三）文化创新的基本类型

创新是我们时代的特征。"创新"与"文化"一样也因此成为人们使用频率较高的概念，尤其是在科技领域、企业发展、学术研究等。基于不同的分析角度，产生了各种类型的创新。如"自主创新"、"渐进性创新"、"维持性创新"、"破坏性创新"，等等。在这里我们依据文化的特点对文化创新类型作如下分析。

1. 突破性创新

也称"原发性创新"或"颠覆性创新"，是在文化的思想、理论、学说、观点、形式等各方面带有根本性的突破与变革，是创新程度、创新难度、创新影响最大的创新，在马克思主义的科学体系中，唯物史观和剩余价值学说，是马克思原创性的两大发现和创新。突破性或根本性创新固然也离不开前人的基础，需要人类已有的思想成果的积累。但它提出了全新的思想和理论，批判甚至推翻了一些原有的思想和结论，是一种带有全局性的、根本性、颠覆性的突破，因而在人类历史上具有划时代意义。在自然科学领域，爱因斯坦提出的相对论，超越和突破了牛顿力学，创造全新的概念和学说，则是科技的原创性创新。马克思主义创始人，站在人类历史发展高度，致力把人类社会发展的基本规律和"眼前的历史运动中的真实关系"揭示出来，创立了唯物史观和剩余价值学说，二者被称为马克思的"两大发现"，就是原创性、突破性的理论创新。突破性或根本性创新根本上来说是社会发展的要求，一般是在社会历史的重大转折时期，解决该领域一定时代和一定实践迫切需要解决的带根本性、方向性的问题的结果。马克思主义产生于无产阶级革命的需要，毛泽东思想和中国特色社会主义理论体系产生于中国革命、建设和改革的需要。也正因为如此，突破性或根本性创新的难度最大，不仅需要客观条件，而且需要有非凡探索精神和杰出的创造才能，耗费创新主体的心血和精力也最多。马克思主义创始人终生致力于无产阶级科学理论的创造和建设，马克思写作《资本论》耗费了 40 年的精力和心血，直到逝世后，才由恩格斯整理出版后续内容最终完成。突破性或根本性创新对社会乃至人类历史的影响和贡献也是划时代的。孔孟儒家学说原创后影响了中国几千年；马克思主义影响了人类历史的发展，毛泽东思想作为中国化的马克思主义，从根本上改变了中国社会发展的历史进程。

2. 融合性创新

也称"集成创新"或"综合性创新"、"依托性创新"或"采借性创新"，就是将已有各相关成果融合会聚，或借鉴、参照已有的典范作品的基础上进行新的文化创造活动及结果。文化创新并不排斥模仿和借鉴，也离不开对已有资源的学习借鉴。由张岱年先生所创立"综合创新"既是 20 世纪中国具有代表性的文化观，同时也是一种文化创新方法。当今时代发展的突出特点就是各个领域密切联系，其表现之一就是学科的交叉与融合，许多新型科学的出现正是多种学科交叉融合的结果，因而叫做"边缘性科学"、"交叉科学"或"综合性科学"。融合性或综合性文化创新，是在既有各种思想、学说、理论、观点或艺术形式的基础上，发现各种思想观点或艺术形式内在的逻辑关系或不同的特点和优势，将其整合、杂交、推陈出新，构建新的系统的思想理论或综合的艺术形态。当然这种创新不是毫无联系的各种要素生硬、机械的拼凑，而是符合文化思想内容和形势要求的有机结合，融会贯通、优势互补，浑然一体、恰到好处。突破性或根本性的文化创新因其主客观条件限制是很难的因而是稀有的，融合性或综合性创新是最常见。融合性或综合性创新是文化创新的一般形态，许多文化创新，都是吸取各学各派之长而发生的。尽管构成要素是已经存在的，独立出来都不具有新意，但重新融会在一起而产生的新事物确是前所未有的，因而是一种新质的诞生。进行综合创新，既要批判继承前人的文化成果，更要善于总结新的实践经验。批判是文化创新的前提，实践则是文化创新的源泉，各种对立思想理论的矛盾，各种艺术形式和内容取舍，只有借助实践的力量才能解决。只有通过批判继承和社会实践，才能有效地将前人的优秀文化成果的诸要素综合统一起来，构成新的文化创造。中国历史上的宋明理学作为精致的儒学，则是以原始儒学为基础，在吸收外来的佛学思想和本土道家、道教思想之后，进行综合创新而形成的新的理论形态。许多艺术形式也是综合创新的结果。如京剧是中国戏剧的国粹，而这一剧种，是清朝时期四大徽班相继进京演出，使徽调在北京同汉调等剧种合流，逐渐演变而成的。当今时代科学技术的发展以及信息交流的有利条件，也为这种创新开辟了广阔的道路，积极探索多门类、立体化、多元素聚合的表现手法，大胆推动不同风格和流派的交融发展，许多文化作品大胆创新，将魔术、杂技、舞蹈、音乐、电影等艺术手法巧妙地融为一体，使古老的艺术品获得新生、使新的形式赋予了厚重的文化内涵，传统与现代结合、中西交相辉映。极大地增强文艺作品的亲和力、吸引力和感染力，引起人们的兴趣，吸引群众的目光。

3. 渐进性创新

原本是指企业依照原来的路径与方向进行的技术或产品的改进。在文化创新上，渐进性创新是对文化的思想、理论、学说、观点等方面的非根本性的创新，在创新程度、创新难度以及创新影响力上都弱于突破性创新。表现为在原有思想理论或艺术成果的基础上，进一步拓展、补充、丰富、完善，增添重要的新因素、新原理、新结论，使已有文化的理论成果和艺术成就更加完善，更强烈反映实践和时代的要求，从而开拓新的理论或艺术境界。任何思想理论都有产生发展和成熟的过程，是一个由相对到绝对的过程，每一次向绝对的迈进，都是对原有思想理论的丰富和完善，也可以说就是一个创新的过程。发挥性或完善性创新实际上是原有思想和理论的进一步发展，虽不具有突破性，但在原有的基础上深化丰富完善，必然与原有的理论有所不同，在整体上有所提升，因而也是文化创新的重要形式。通常的情况是一种科学理论和学说的完善，一种艺术尝试的成熟，需要很多代人的不懈追求和努力，最后才发展成为比较完善的理论学说和艺术成果。而突破性创新也是必不可少的，并且时刻都在进行着。一旦已有文化成果停止了创新和发展，自我封闭，也将意味着它的终结。由于任何文化成果都是时代的产物，都不可避免带有时代特有的底色，随着时代的变迁，背景和重点的转换，都会使其适用性、针对性、意义与价值大打折扣。而创新是它们的根本出路。通过创新，进行修正、补充和完善，改造同客观实际不相符合的认识、思想、观念或内容与形式，实现自我超越，这样任何思想理论和艺术形态才能保持其旺盛的生命力。

4. "二度创新"

也称"二度创造"或"再创造"。在人类的创造性活动中，一般都要经过两次创造才最终得以完成。"一度创新"就是人类对于事物反映的观念模型，它是人类的特有的属性。人类的任何行为，都要进行"原始创造"，即在人的头脑中形成计划、方案、设想，如社会规划、理论模型、产品设计、工程组织方案等。马克思说："蜘蛛的活动与织工的活动相似，蜜蜂建筑蜂房的本领使人间的许多建筑师感到惭愧。但是，最蹩脚的建筑师从一开始就比最灵巧的蜜蜂高明的地方，是他在用蜂蜡建筑蜂房以前，已经在自己的头脑中把它建成了。劳动过程结束时得到的结果，在这个过程开始时就已经在劳动者的表象中存在着，即已经观念地存在着。"① 但"一度创新"，只是形成了抽象的"观念模型"，要使其发挥最终目的和作用，必须进行"再创造"即"二度创造"。"二度创新"是"一度创新"的实现、完成与提升，是对原有的理论或艺术成果的进一步丰富和发展。马克思主义普遍性原理只有在同中国实际相结合，中国化的马克思主义才能指导中国的实践，因此，作为中国化马克思主义的两大成果——毛泽东思想和中国特色社会主义理论体系，便是中国共产党人的对马克思主义的"二度创新"。当然是尊重老祖宗的原则下的创新，而不是打着创新和发展的旗号随心所欲和另立炉灶。马克思主义中国化的实质是从一般抽象的理论形态转化为中国革命与建设的具体实践形态，这是一个"观念的东西"转化为"实在的东西"的过程。教师在教学中对于如何使用教材，就存在着"二度创造"的问题，即教师在尊重教材、准确解读教材的基础上进行再创造而形成的个性化教学文本。教师只有不被既定教材所束缚，在教材的基础上创新生成适合实际教学的文本即"教师文本"，才有可能产生创造性的阅读教学活动，才是对现代先进教学理念的最佳行为诠释，也才有可能收到良好的教学效果。"二度创新"广泛地存在于文化活动之中，特别是音乐、舞蹈、时装表演等表演类艺术之中。如音乐的演奏或演唱、文学的朗诵、戏剧表演，等等。因为这类艺术作品必须通过表演才能存在。作曲家写下乐谱，这是"一度创造"；但乐谱只是一个文本，要让音乐作品成其为作品，必须经过演奏或演唱。演奏或演唱，是对乐谱的"演绎"。

---

① 《马克思恩格斯全集》第23卷，人民出版社1972年版，第202页。

演绎之为演绎，即是指在表演中包含着"解释"。根据文本而去让作品感性真实地存在，是只有通过一定意义上的创造才是可能的。"二度创新"不是"一度创新"的简单再现，而是需要深刻体悟"一度创造"的内在含义，是"一度创造"深刻蜕变的创新结果。它使无声的乐谱有声化、平面的设计立体化、想象的模型物质化。使原来作者只能在"心"听到的音乐、在脑海中看到的服装效果、观念中的设计蓝图，变成了形象的、可触摸的、实实在在的作品。当然"二度创造"必须尊重原创，忠实于原作，提升原作；至少也应该是在精神上和气质上忠于原作，而绝不能是打着改编名作的旗号而随心所欲，另立炉灶，完全不顾及原作的主题、结构、情节、人物等主要特点和基本走向，乃至于把改编弄成了胡编，把写稿弄成了恶搞，把创作弄成了伪诈。特别是在情感体验和精神向度上，这些改编作品都不同程度地达到了既忠于原作而又高于原作的创新目标。

5. 普及性创新

也称运用性创新，是文化成果具体的运用、普及到社会过程中的创新，是文化理论与文艺作品走向实践过程的创新。任何思想理论和文化艺术都需要被运用、被普及，才能显示其作用和力量。思想理论的存在根本目的在于应用于实践，而由理论到实践的过程需要一个中间转换环节，这就是使思想理论具体化、大众化、普及化、通俗化，而这一过程并不是简单的重复，是一种再创造的过程，会出现对事物的新感知、新视界、新认识，进一步丰富原有的理论或艺术成果。马克思主义理论大众化的过程也属于普及性创新。毛泽东、邓小平善于在实际工作中把马克思主义哲学的基本原理转化为诸如从实际出发、实践出真知、群众路线等思想方法和工作方法，这就是运用、普及中的创新，为马克思主义理论增添了新鲜活泼、生动管用的新内容。20 世纪 30 年代"左联"领导的"左翼"的文艺大众化设想，最终停留在"抽象的理论幻想"层面，终归是纸上谈兵；而40 年代延安开展的文艺大众化运动，却成为如火如荼的现实，从话语到实践的转换。在这一过程中。政党对文艺直接干预的政治之力、"大众"诉求基础的转变与对象的明确、知识分子大众化维度的增加，固然是延安文艺大众化实现的决定力量，但在这一过程中，延安宣传部组织发起以创造"老百姓所喜闻乐见的中国作风和中国气派"的"民族形式"则为中国文艺大众化的转变发挥了重要的历史转折点作用。创新不是容易的，但也绝不是高不可攀、深不可测。事实二，在具体的实践、生活过程中，只要是有心人，也可以作出贡献和创新。历史上的许多文化创新成果，就是由普通劳动者所创造的。运用性或普及性创新的程度可能并不十分巨大，但却非常灵活，可在常规中进行，是创新的重要环节。不断从生活、实践中汲取营养，常变常新，常创常新，这正是许多文化成果永葆生机活力之所在。在当今时代，大众文化的兴起和文化产业的发展，对于文化的应用与普及起到了重要作用，实际上也属于应用性或普及性文化创新。

三　文化创新的基本原则与一般规律

文化创新不仅要有满腔的热情，还必须遵循文化创新的原则和规律，否则，就会导致行动上的随意性、盲目性。文化创新的规律，实际上涉及文化创新的特点、原则与途径，是对"怎样进行文化创新"的另样回答。文化是一个非常复杂的现象，对文化创新规律可从不同层次、不同角度作出多种多样的概括。列宁指出：规律就是"本质的关系或本质之间的关系"。① 因此，在文化创新中遵循的规律，也就是处理好影响文化创新的一系列重要关系。文化是一个非常复杂的现象，对文化创新规律可从不同层次、不同角度作出多种多样的概括。从宏观层面考察，依据中国目前的实际情况看，增强文化自觉、推进文化创新，主要是处理好以下几个方面的关系，即遵循以下原则和规律。

1. 文化创新与社会变革的一致性，体现文化创新的实践性

坚持社会实践第一是文化创新的根本规律。文化创新来自文化自觉，但文化自觉并非主观臆断。社会变迁和实践是文化创新的总根源。文化创新必须坚持实践第一，把实践作为文化创新的最终源泉。实践的观点是马克思主义认识论首要的观点。任何一个时期的文化都是历史的产物，推进文化建设必须立足于现实的经济社会条件。人类改造客观世界和主观世界的实践，是文化的源泉。文化是时代的产物，它必然随着时代的发展而发展、随着社会的变迁而变迁。文化创新与社会变迁相互作用，文化创新与变革，实质上首先是文化观念、价值观念的革命与创新。而这种变革，一般来说只能产生于社会大变革期；社会的大变革，也往往是文化发生大变革和获得蓬勃生机的历史契机，这是文化发展的必然规律。任何文化的发

---

① 《列宁全集》第 55 卷，人民出版社 1990 年版，第 128 页。

展总是在一定的时空背景下展开的，不可能超越历史阶段，更不是空中楼阁。迄今为止，人类经历了原始社会、奴隶社会、封建社会、资本主义社会、社会主义社会等社会形态，也孕育了与之相适应的文化形态。文艺复兴作为一种文化运动来说，正是资本主义代替封建主义的社会大变革的必然产物，而文艺复兴所形成的新型文化，恰恰是资产阶级上升期人文主义价值观念和文化观念的逻辑结果。纵观近百年的中国历史，中国文化一直在经历着痛苦的裂变。但真正可以成为大裂变并集中反映了新旧文化的严重冲突和新文化在这种冲突中成长、崛起的，只有两次：第一次是五四运动，第二次应是当今的改革开放。两次文化大裂变都是历史的必然，五四新文化运动发生在半封建半殖民地的旧中国，是深重的社会危机和民族危机所引发的一场政治、思想、道德和整个文化领域的大变革；当前的文化变革发生于改革开放的新时期，是改革开放和经济体制的转型所引发的一次文化的大变革。

　　2. 文化创新与解放思想的一致性，体现文化创新的自觉性

　　社会变革固然是文化创新的总根源，但社会变革不会自发地产生文化创新。文化创新是个自觉的过程，文化创新的前提是文化自觉，即意识到文化创新的必要性，自觉地解放思想、突破落后观念的束缚，进行文化变革。"文化自觉"的含义应该包括了对自身文明和他人文明的反思，对自身的反思往往有助于理解不同文明之间的关系。它指生活在一定文化历史圈子的人对其文化有自知之明，并对其发展历程和未来有充分的认识。换言之，是文化的自我觉醒，自我反省，自我创建。费孝通先生曾说："文化自觉是一个艰巨的过程，只有在认识自己的文化，理解并接触到多种文化的基建上，才有条件在这个正在形成的多元文化的世界里确立自己的位置，然后经过自主的适应，和其他文化一起，取长补短，共同建立一个有共同认可的基本秩序和一套多种文化都能和平共处、各抒所长、连手发展的共处原则。"① 文化自觉，主要指一个民族、一个政党在文化上的觉悟和觉醒，包括对文化在历史进步中地位作用的深刻认识，对文化发展规律的正确把握，对发展文化历史责任的主动担当。文化自觉是一种内在的精神力量，是对文明进步的强烈向往和不懈追求，是推动文化繁荣发展的思想基础和先决条件。文化自觉就是要解放思想，突破与超越传统农耕文化观

---

　　① 费孝通：《反思·对话·文化自觉》，《北京大学学报》1997年第3期。

和西方文化观，破除"古教条"和"洋教条"的束缚，在全社会大力提倡自立意识、效率意识、民主法制意识和开拓创新精神，提倡竞争意识与惜时观念的增强、强调个人利益与集体利益的兼顾、奉献与索取的统一等，是文化观念创新的重要内容。

　　3. 文化创新与对传统文化的继承与超越的统一，体现文化创新的民族性

　　继承与创新不但不矛盾，而且是创新的内在规律和必须遵循的原则。历史的发展具有延续性，文化的发展具有传承性。任何时代的文化，都离不开对传统文化的继承；任何形式的文化，都不可能摒弃传统而从头开始。继承传统、推陈出新，是文化创新的基础，也是文化创新的重要内容，人类文化发展是一条永不间断的河流，每一次文化创新都是注入文化之河的新鲜血液。因此，人类已经积累的传统文化为文化创新提供了肥沃的土壤，文化创新正是在传统文化沃土之上的继承和发展，离开了人类已经积累的丰厚文化，漠视对传统文化的批判性继承，文化的创新就失去根基。传统文化不仅为文化创新提供前人积累的相关成果，也为文化创新营造环境、氛围和土壤。正如达尔文晚年在谈到自己的科学发现时所说："作为一个科学家，我的成功，不管它有多大，是取决于种种复杂的思想品质和条件的。其中最为主要的是：热爱科学；在长期思考任何问题方面，有无限的耐心；在观察和收集事实资料方面，勤奋努力；还有相当好的创造发明本领和合理的想法。"创新固然离不开个体的思想品质和主观条件，但更离不开人类长期积累的文化财富和社会条件。毛泽东明确指出继承民族文化遗产的重要性，他说："学习我们的历史遗产，用马克思主义的方法给以批判的总结，是我们学习的另一任务。我们这个民族有数千年的历史，有它的特点，有它的许多珍品。对于这些，我们还是小学生。今天的中国是历史的中国的一个发展；我们是马克思主义的历史主义者，我们不应当割断历史。从孔夫子到孙中山，我们应当给以总结，承继这一份珍贵的遗产。这对于指导当前的伟大的运动，是有重要的帮助的。"[①] 因此，任何文化创新都不是空穴来风、无中生有，而是或直接或间接、或物化或意化地从以往的文化积累中萌动、生发出来的。不必说对各种要素的融合性创新，或是对经典作品的模仿、借鉴、参照，或是对已有艺术定评

---

　　① 《毛泽东选集》第 2 卷，人民出版社 1991 年版，第 533—534 页。

的作品进行改编的再创造，前提必须是已经存在着原本的对象，具有明显的继承性；就是突破性或原创新性类型的创新也是如此，正如达尔文的物种起源学说与他的前辈包括他的同时代人在植物学、动物学、矿物学等领域所取得的理智进步的继承关系；马克思主义与人类文明成果特别是19世纪自然科学的三大发现、英国政治经济哲学、德国古典哲学、法国空想社会主义的继承关系。当然，继承传统的同时更要注重创新。"传统并不仅仅是一个管家婆，只是把它所接受过来的忠实的保存着，然后毫不改变地保持着并传给后代。它也不像自然的过程那样，在它的形态和形式的无限变化与活动里，永远保持其原始的规律，没有进步。"① 只有在继承传统的基础上超越传统，才能真正推进文化的发展。

4. 文化创新与吸收和借鉴外来文化的统一，体现文化创新的世界性

吸收与借鉴其他民族的优秀文化也是文化新的内在规律和必须遵循的原则。文化创新的内容之一，就是要求文化的发展具有世界性。人类民族的多样性必然导致文化的多样性，而每个民族的文化都是自身长期历史积淀的智慧结晶，都有自身存在的价值和理由，都是人类文明的宝贵财富和珍贵遗产，也是任何民族和国家文化创新与文化发展都不能离开或抛弃的重要资源。人类文化史表明，文化发展是在各民族文化的交流、碰撞甚至冲突中进行的。只有吸收与借鉴其他民族的优秀文化，一个民族、一个国家的文化才能发展起来，并进入世界先进行列。在这个意义上说，文化发展的世界性，也就是开放性。在文化发展的百花园中，各民族文化被推向前进，总是不能突破"越是世界的，越具有民族性；越是民族的，越具有世界性"的定律。即博采各民族、各国家文化之长，将本国本民族文化发展之根深深地扎入世界文化土壤中，保持文化创新的旺盛活力。开放性地发展本国本民族之路，是领先于世界文化发展的成功之路。在古代世界，东方的中国文化与西方的罗马文化，被誉为人类文明史上的双璧。即使在那种交通不便、信息不通的条件下，两个伟大国家和民族的文化发展态势也是开放型的，在较长的历史时期，两种优秀文化都尽可能地吸收了世界文化之长。文化史家认为，罗马文化和中国文化虽然打上了民族文化的深深烙印，但它们毫无疑义地属于世界文化了。这就是说，其文化形态是民族的，但其文化内容却是世界的，因为它来源于世界诸多民族的文化

---

① ［德］黑格尔：《哲学史演讲录》第1卷，商务印书馆1983年版，第8页。

养料。

任何一个民族、一个国家的文化要发展起来，并进入世界先进行列，都不能闭关自守，故步自封；否则，就是死路一条。关起门来发展文化，没有出路。在中国封建社会后期，由于闭关锁国政策，文化创新能力受到极大扼制，中国文化的发展不仅落后于世界先进水平，而且在近代社会饱受殖民文化、奴化文化的欺凌。历史的经验教训值得记取，否则就会重蹈覆辙。总之，文化创新，离不开面向世界，离不开向人类优秀文化学习，这是人类历史发展的经验所反复证明的客观真理。特别是在今天人类已进入全球化的时代，一切国家和民族的发展都必然被纳入国际体系之中，其文化发展也必然具有世界意义。从近代社会开始，人类社会的联系性就得到大大增强，一切闭关锁国都为国际性的联系所取代。"资产阶级，由于开拓了世界市场，使一切国家的生产和消费都成为世界性的了。……过去那种地方的和民族的自给自足和闭关自守状态，被各民族的各方面的互相往来和各方面的互相依赖所代替了。物质的生产是如此，精神的生产也是如此。各民族的精神产品成了公共财产。民族的片面性和局限性日益成为不可能，于是由许多种民族的和地方的文学形成了一种世界的文学。"① 19世纪40年代马克思预见的世界历史图景早已经成为现实。全球化时代为吸收和借鉴世界先进文化提供了难得的机遇，把握人类文化发展的前沿，善于学习、科学扬弃，在新的历史条件下进行文化创新，是当代人类文化发展的普遍规律。

---

① 《马克思恩格斯选集》第1卷，人民出版社1979年版，第26页。

第 二 章

新时期中国共产党文化创新的历史语境

中国共产党始终把文化建设放在重要地位，始终代表中国先进文化的前进方向，努力建设和弘扬反映革命、建设和改革要求的新文化，为建设民族的、科学的、大众的文化做出了不懈的努力。从新民主主义文化理论到社会主义文化理论，从社会主义精神文明建设理论到中国特色社会主义文化理论，党的文化理论一脉相承，不断创新发展，不仅取得了文化建设的巨大成就，而且对文化建设规律的认识不断深化。中国共产党的历史，是马克思主义理论在实践中不断创新、丰富和发展的历史，也是党的文化理论不断创新的历史。党的几代领导集体对文化问题艰辛探索，取得了丰富的实践经验和理论成果，成为新时期党的文化创新的直接理论来源。

一 新民主主义文化的创立：中国共产党文化创新的标志

马克思主义的文化选择是中国共产党文化创新的萌芽与开端。我们党历来重视文化建设与创新，从诞生之日起，就把思想文化建设摆在重要位置，致力于传播马克思主义先进文化，运用其指导中国革命实践，并在研究国情和不断总结经验教训的基础上，逐步确立了适合于中国国情的新文化建设基本纲领，这就是新民主主义的文化纲领。

自19世纪中叶中国闭锁的国门打开以来，中国处在社会及文化的现代转型大变革之中。百余年来，中国文化在改良与革命、战争与建设相交替的复杂而悲壮的进程中，经历了对欧美模式、苏俄模式的学习、选择与扬弃，锲而不舍地探寻着前行之路。人类社会的发展是历史规律性与主体选择性的有机统一，实践选择理论与理论选择实践是辩证的统一。政治是文化的表现，"文化的背后是政治"。① 先进文化的创造，总是和政治经济的变迁交汇一起，整体推进，互为印证。中国近代的文化选择，不仅与中西文化的激烈冲突和强烈碰撞相伴随，而且紧紧与中华民族的命运联系在一起，与中华民族反抗帝国主义侵略的艰苦卓绝的斗争联系在一起，与寻求和探索民族独立和民族振兴的发展道路联系在一起。在这个意义上说，中国近代的文化选择就是对民族发展道路的选择，其根本目的是为了救亡图存、富国强兵、振兴中华。探索民族解放道路的曲折过程，实际上就是寻找"改变"世界的思想武器，寻求拯救中华民族的"主义"和"道路"。正如在 1921 年初，毛泽东在与新民学会会员讨论怎样研究学术问题时所说的："所谓研究主义，是研究哲学上文学上政治上经济上以及各种学术的主义，当然没有另外的主义。"② 毛泽东特别强调对社会的改造，在他看来，研究各种"主义"绝不仅仅是学术上的，而是要在对各种名目的"主义"的比较研究中，最后确立一种社会改造方法。中国近代史上，各阶级代表的理想追求，实际上都是其改造社会的政治主张在思想文化上的反映。

在中国共产党成立之前，中国近代史上不同的文化选择引发了不同的社会实践，但其努力先后以失败告终。君主立宪制、改良主义终因封建主义的顽抗而失败；资产阶级革命和资本主义道路终因中国资产阶级自身的软弱性和帝国主义的干涉而半途而废。正在中国人陷于彷徨、苦闷的时候，爆发了俄国十月革命，昭示了新的理想目标和建国方案，十月革命给苦闷彷徨的中国人带来了希望，那就是走俄国人的路，搞社会主义。经过新文化运动的论战和十月革命实践的影响，马克思主义成为中国先进文化最终的选择。选择马克思主义先进文化，成为中国共产党文化创新的逻辑起点。

1949 年 9 月 16 日，毛泽东在为新华社写的对于美国国务院白皮书和迪安·艾奇逊信件的评论《唯心历史观的破产》一文中宣告："自从中国人学会了马克思列宁主义以后，中国人在精神上就由被动转入主动。从这时起，近代世界历史上那种看不起中国人，看不起中国文化的时代应当完结了。伟大的胜利的中国人民解放战争和人民大革命，已经复兴了并正在复兴着伟大的中国人民的文化。"③ 1921 年中国共产党成立，无产阶级有

---

① 陈晋：《毛泽东与先进文化论纲》（上），《党的文献》2002 年第 1 期。
② 中国革命博物馆、湖南省博物馆：《新民学会资料汇编》，人民出版社 1980 年版，第 19 页。
③ 《毛泽东选集》第 4 卷，人民出版社 1991 年版，第 1516 页。

了自己的政党，共产党以马克思三义为指导思想，领导中国革命，中国的新民主主义文化逐步建立起来。中国共产党不仅是中国革命的领导者，也是近代中国先进思想文化的继承者和中国新文化的创立者和领导者。文化建设是整个革命事业的一个重要组成部分、一条重要战线，它的作用是其他战线无法替代的。新民主主义革命时期，以毛泽东为主要代表的中国共产党人，以马克思主义为指导，依据半殖民地半封建社会的基本国情和中国社会阶级的思想状况，紧紧围绕着中国革命的中心任务，制定了科学的文化纲领和一系列有关文化建设的方针政策，并运用于新民主主义革命的实践，党在各个时期的文化实践取得了显著成效，为中国革命的胜利提供了重要保证。

　　毛泽东新民主主义文化思想是中国新民主主义革命时期我党的指导思想，也是中国革命取得胜利的强大思想武器，代表了当时中国先进文化的发展的方向。1940 年《中国文化》杂志在延安创刊，毛泽东在其创刊号上发表了《新民主主义政治与新艮主主义文化》即著名的《新民主主义论》一文。他说这"算作《中国文化》出版的态度"，并"说明一下中国政治和中国文化的动向问题"。① 在《新民主主义论》中，他从政治、经济、文化的理论框架来考察中国的文化，首次提出了"新民主主义的文化"的概念，对新民主主义文化思想进行了详尽的阐述。在这篇文章中，毛泽东对新民主主义文化的范畴、领导阶级和领导思想、性质、定义、内涵等方面都作了明确的界定和表述，是新民主主义文化观的最集中体现。这篇著作以及《改造我们的学习》、《在延安文艺座谈会上的讲话》、《文化工作中的统一战线》、《论人民民主专政》等其他重要著作，集中反映了毛泽东的新民主主义文化观。

　　毛泽东对文化的内涵作了深刻的规定，他说："一定的文化（当作观念形态的文化）是一定社会的政治和经济的反映，又给予伟大影响和作用于一定的政治经济；而经济是基础，政治则是经济的集中的表现。这是我们对于文化和政治、经济的关系及政治和经济的关系的基本观点。"② "自周秦以来，中国是一个封建社会，其政治是封建的政治、其经济是封建的经济。而为这种政治和经济之反映的占统治地位的文化，则是封建文

---

① 《毛泽东选集》第 2 卷，人民出版社 1991 年版，第 662 页。
② 同上书，第 663—664 页。

化。……至于新文化，则是在观念形态上反映新政治和新经济的东西，是替新政治新经济服务的。"毛泽东坚持政治、经济和文化的辩证统一。他指出："不但有新政治、新经济，而且有新文化。"① 毛泽东特别强调文化在社会发展中的特殊地位和重要作用。1944 年 3 月，毛泽东指出："文化是反映政治斗争和经济斗争的，但它同时又能指导政治斗争和经济斗争。文化是不可少的，任何社会没有文化就建设不起来。"② 并且认为："如果不发展文化，我们的经济、政治、军事都要受到阻碍。"③ 毛泽东论述的文化是一种以意识形态为中心的文化，一经形成便具有反作用，表现为先进的革命文化具有推动历史前进的积极作用；落后的封建文化则阻碍历史的进步和发展。毛泽东非常重视革命文化的功能和作用，指出先进的"革命文化，对于人民大众，是革命的有力武器。革命文化，在革命前，是革命的思想准备；在革命中，是革命总战线中的一条必要和重要的战线"④。文化建设是整个革命事业的一个重要组成部分，是一条重要战线，它的作用是其他战线无法替代的。因此，"我们要战胜敌人，首先要依靠手里拿枪的军队。但是仅仅有这种军队是不够的，我们还要有文化的军队，这是团结自己、战胜敌人必不可少的一支军队"⑤。他把革命文化喻为武器，强调文化应发挥传播革命理论和思想的重大作用，应发挥传播革命理论和思想，启发、教育、提高人民大众的革命觉悟的作用，应发挥开辟文化战场、冲锋陷阵、克敌制胜的作用。

毛泽东对新民主主义文化的内涵作了精辟的表述："所谓新民主主义的文化，一句话，就是无产阶级领导的人民大众的反帝反封建的文化。"⑥ 这一表述与中国共产党新民主主义革命的政治纲领完全一致，进一步体现了新民主主义文化为新政治、新经济服务的上层建筑属性。⑦ 这一论断指明了中国革命文化发展的根本方向，成为新民主主义文化的建设纲领。新民主主义文化是民族的，即具有民族特性的文化。毛泽东强调新民主主义文化应有"民族的形式、新民主主义的内容"。在毛泽东的文化观中，反

① 《毛泽东选集》第 2 卷，人民出版社 1991 年版，第 663 页。
② 《毛泽东文集》第 3 卷，人民出版社 1996 年版，第 109—110 页。
③ 同上书，第 110 页。
④ 《毛泽东文集》第 2 卷，人民出版社 1991 年版，第 708 页。
⑤ 《毛泽东文集》第 3 卷，人民出版社 1991 年版，第 847 页。
⑥ 《毛泽东著作选读》（上卷），人民出版社 1986 年版，第 388 页。
⑦ 《毛泽东选集》第 2 卷，人民出版社 1991 年版，第 708—709 页。

帝应是新民主主义文化的重要内容；民族性应是新民主主义文化的根本形式。这种民族性体现在"它是反对帝国主义压迫，主张中华民族的尊严和独立的"。① 同时他特别强调中国文化应有历史的继承性，因为他推崇的民族特色文化的源和根就是中国传统文化。毛泽东的一生，对中国传统文化的喜爱、尊重和继承是他毕生未变约文化信仰和实践。新民主主义文化是科学的，即具有科学性的文化。毛泽东认为新民主主义文化应是科学的，"它是反对一切封建思想和迷信思想，主张实事求是，主张客观真理，主张理论和实践一致的"②。这种科学的文化观主要体现在，毛泽东坚持、并始终执行指导思想上的唯物论。他在《新民主主义论》中指出："共产党员可以和某些唯心论者甚至宗教徒建立在政治行动上的反帝反封建的统一战线，但是决不能赞同他们的唯心论和宗教教义。"③ 其次是认识上应坚持辩证法。在毛泽东的文化观中，处处体现着"自由是必然的认识和世界的改造"的唯物辩证法的认识论思想。在对待中国历史文化和外国文化上，他主张要继承中国的历史文化和吸收外国的文化，但反对不加区别、全盘接受的作法。他认为："我们必须尊重自己的历史，决不能割断历史。从孔夫子到孙中山，我们应当给以总结，继承这一份珍贵的遗产。"④ 但是与任何事物都有两重性一样，传统文化也有两重性，对于传统文化既不能一概排斥，也不能盲目搬用，"但是这种尊重，是给历史以一定的科学的地位，是尊重历史的辩证法的发展，而不是颂古非今，不是颂扬在对待其他中外任何封建的毒素"。而"必须将古代封建统治阶级的一切腐朽的东西和古代优秀的人民文化即多少带有民主性和革命性的东西区别开来"。⑤ 然后用辩证的思维对其进行一番认真的分析，吸取其有价值的内容，抛弃其糟粕的部分。新民主主义文化是大众的、民主的文化。毛泽东认为文化为什么人服务是一个根本的、重要的原则问题。在《新民主主义论》中指出："这种新民主主义的文化是大众的，因而即是民主的。"⑥ 在服务对象上，"它应为全民族中百分之九十以上的工农劳苦民众服务，并逐渐成为

① 《毛泽东选集》第 2 卷，人民出版社 1991 年版，第 397 页。
② 同上书，第 707 页。
③ 同上书，第 398 页。
④ 同上书，第 534 页。
⑤ 同上书，第 708 页。
⑥ 同上书，第 399 页。

他们的文化"。① 新民主主义文化建设必须考虑到中国广大群众的实际状况和文化需要，并为他们服务。要把普及和提高结合起来，照顾到广大群众的文化水平和文化需要。为了文化普及，为了和民众相结合，语言必须接近群众，文化必须进行改革，必须更好地为广大人民群众所接受。他由此提出文艺工作者应深入群众生活，了解和熟悉群众的感情和语言，以做好服务工作。并进而解释了什么是"大众化"："就是我们的文艺工作者思想感情和工农兵大众的思想感情打成一片。"②

总之，以马克思主义作为指导思想的中国共产党人，在进行革命斗争的过程中，科学理性地将马克思主义与中国实际相结合，站在时代和历史的高度，对中国特殊的文化发展作出了科学的诠释，实现了对"文化保守主义"和"全盘西化"两种极端文化选择的扬弃，创造了中国新民主主义时期的先进文化。在科学的文化纲领和一系列有关文化建设的方针政策的指导下，党在新民主主义革命各个时期的文化实践取得了显著成效，为中国革命的胜利提供了重要保证。在新民主主义文化建设实践上，经历了从农村文化到苏区文化，从抗日文化到延安文化，从新民主主义文化到社会主义文化的发展历程。③ 毛泽东以其富有创见的个性，在新民主主义文化实践上作出了突出贡献。新民主主义文化观是对新文化运动的正确总结，是对近代以来文化论争和文化选择过程中的经验教训做出的科学总结，标志着近代中国文化选择与重构获得了成功，为中国文化的发展指明了方向，对后来中国文化发展产生了极为深远的影响。

二　社会主义文化的初步探索：中国共产党文化创新的历史转折

1949 年中华人民共和国的成立，掀开了中国历史的新篇章，标志着中国历史上一个新时代的开始。而中国革命的胜利，不仅是政治秩序的彻底改变，而且是整个社会的转型与重建，其中包括文化的转型与重建。因此，新中国的成立，揭开了中国文化发展的崭新的一页，马克思主义成为

---

① 《毛泽东文集》第 2 卷，人民出版社 1991 年版，第 708 页。

② 同上书，第 532 页。

③ 陈晋：《毛泽东与先进文化论纲（上）》，《党的文献》2002 年第 1 期。

我们的指导思想和主流意识形态,为社会主义文化的建设开辟了广阔的道路。还在 1940 年,毛泽东就曾宣告:"一切这些的目的,在于建设一个中华民族的新社会和新国家。在这个新社会和新国家中,不但有新政治、新经济,而且有新文化。这就是说,我们不但要把一个政治上受压迫、经济上受剥削的中国,变为一个政治上自由和经济上繁荣的中国,而且要把一个被旧文化统治因而愚昧落后的中国,变为一个被新文化统治因而文明先进的中国。一句话,我们要建立一个新中国。建立中华民族的新文化,这就是我们在文化领域中的目的。"① 1949 年 9 月,毛泽东在中国人民政治协商会议上宣告"中国人从此站立起来了"的同时,还对这个开辟新纪元的历史性转变,作了一个文化方面的描述和畅想:"随着经济建设的高潮的到来,不可避免地将要出现一个文化建设的高潮。中国人被人认为不文明的时代已经过去了,我们将以一个具有高度文化的民族出现于世界。"

新民主主义的前途是社会主义,新民主主义文化的前途就是社会主义文化。社会主义文化就是中国在取得了新民主主义革命胜利后,关于社会主义经济、政治建设的反映,是对新民主主义文化的继承和发展。马克思主义经典作家都十分重视文化建设在整个社会主义建设中的重要地位和作用,并就如何加强社会主义文化建设作出了许多精辟的论述。特别是作为伟大的社会主义建设事业的开创者的列宁,在领导苏联人民进行艰苦的经济建设的同时,对于社会主义文化建设作了很多的重要论述。毛泽东同志作为中国共产党的第一代领导集体的核心,在领导中国社会主义革命和建设过程中,也十分重视文化建设问题。新中国成立之后,中国共产党在领导人民进行大规模经济建设的同时,党和国家对社会主义文化建设进行了开拓性的探索,制定了一系列符合中国实际的文化发展政策,基本上遵循了文化发展的规律,完成了由新民主主义文化向社会主义文化的转变,丰富了人们的思想文化生活,取得了令人瞩目的成就。

由新民主主义到社会主义的过渡,不仅进行了经济上的"三大改造",同时事实上也进行了"文化改造",即对教育领域的改革和对知识分子的改造,提出教育为无产阶级政治服务、教育与生产劳动相结合的教育方针。在 1950 年 6 月党的七届三中全会上,毛泽东就强调要"有步骤地谨慎地进行旧有学校教育和旧有社会文化事业的改革工作,争取一切爱国的

---

① 《毛泽东文集》第 2 卷,人民出版社 1991 年版,第 663 页。

知识分子为人民服务"①。在实际工作中，我们党实行了一系列的教育工作改革措施，在全体国民中进行文化知识的普及和教育，提出党的教育方针，通过开办识字班、扫盲班、农民夜校、职工夜校等形式，学习文化知识。据资料显示，新中国成立不到一年的时间，就有近千万人参加各式、各类的文化学习，为新中国的社会主义建设做好人才的培养和知识的储备。这些都适应了经济建设和工业发展的要求，促进了社会主义改造工作的顺利进行。在《关于正确处理人民内部矛盾的问题》的讲话中，毛泽东指出："我们的教育方针，应该使受教育者在德育、智育、体育几方面都得到发展，成为有社会主义觉悟的有文化的劳动者。"② 他还指出："学习马克思主义，不但要从书本上学，主要地还要通过阶级斗争、工作实践和接近工农群众，才能真正学到。"③ 这些论述都阐明了社会主义教育的根本方针、原则和目的，在实践中产生了巨大的影响力，一场以教育和生产劳动相结合为中心的革命教育在全国范围内迅速开展起来，促进了新中国文化事业的蓬勃发展。

我们党十分重视知识分子的作用，毛泽东强调："无产阶级没有自己庞大的技术队伍和理论队伍，社会主义是不能建成的。"④ "在社会主义社会里，主要的社会成员是三部分，就是工人、农民和知识分子。知识分子是脑力劳动者，他们的工作是为人民服务的，也就是为工人农民服务的。"⑤ "五百万左右的知识分子对于我们这样一个大国来说，是太少了。没有知识分子，我们的事情就不能做好，所以我们要好好地团结他们。"⑥ 为了使知识分子同工人、农民团结一致，必须要加强知识分子的思想改造，"思想改造，首先是各种知识分子的思想改造，是我国在各方面彻底实现民主改革和逐步实行工业化的重要条件之一"⑦。因此，在实践中对"凡是真正愿意为社会主义服务的知识分子，我们都应当给予信任，从根本上改善同他们的关系，帮助他们解决各种必须解决的问题，使他们得以

---

① 《毛泽东文集》第 6 卷，人民出版社 1999 年版，第 71 页。
② 《毛泽东文集》第 7 卷，人民出版社 1999 年版，第 226 页。
③ 同上书，第 273 页。
④ 同上书，第 309 页。
⑤ 同上书，第 270 页。
⑥ 同上。
⑦ 《毛泽东文集》第 6 卷，人民出版社 1999 年版，第 184 页。

积极地发挥他们的才能"①。对知识分子的思想改造，当时主要针对的是资产阶级唯心论，小资产阶级的改良主义，自视清高，不问政治，标榜"客观主义"的超阶级思想，等等。在政治上，主要是逐步解决立场问题，第一步是民族立场，第二步是人民立场，第三步才是阶级立场。其宗旨是解决文化现状和建设社会主义文化不相适应的问题，核心是确立马克思主义在整个文化思想领域的指导地位，并把它普遍地推行和落实到社会主义文化创造的实践当中。在大力倡导知识分子学习马克思历史唯物主义和辩证唯物主义的同时，还专门安排知识分子到农村去参加土地改革，以便在实践中增强对社会变迁的认识，实现立场和态度的转变。1962 年周恩来再次郑重宣布：中国的知识分子是属于劳动人民的知识分子，是工人阶级和劳动人民的一部分。无产阶级同农民阶级、知识分子的联盟，是劳动阶层内部的联盟。这些正确的理论和政策切实改善了知识分子的政治地位和生活待遇，积极调动了广大知识分子的积极性，为发展中华民族的文化事业作出了重要贡献。

在文化建设的指导思想上，毛泽东强调要坚定不移地以马克思主义为指导。毛泽东指出："马克思主义仍然必须在斗争中发展。马克思主义必须在斗争中才能发展，不但过去是这样，现在是这样，将来也必然还是这样。"② 他指出："在'五四'以后，中国产生了完全崭新的文化生力军，这就是中国共产党人所领导的共产主义的文化思想，即共产主义的宇宙和社会革命论。"③ 马克思主义的最根本的理论特征是辩证唯物论和历史唯物论。毛泽东运用辩证唯物主义和历史唯物主义的世界观和方法论，创造性地分析了文化的本质和中国先进文化的战略地位及重大作用。针对一些文艺作品中存在的"狂热地宣传封建文化"封建传统的道德观、价值观、教育观和文化史观的现象，大力倡导学习社会发展史，学习历史唯物主义和辩证唯物主义，学习重新发表的毛泽东的《实践论》、《矛盾论》、《在延安文艺座谈会上的讲话》等，以树立正确的马克思主义社会发展观、历史观、哲学观和文艺观。

在文化建设的方针上，毛泽东提出了繁荣科学和艺术的"双百"方

---

① 《毛泽东文集》第 7 卷，人民出版社 1999 年版，第 225 页。
② 同上书，第 230 页。
③ 《毛泽东选集》第 2 卷，人民出版社 1991 年版，第 697 页。

针，即"百花齐放、百家争鸣"的方针，对社会主义文化建设作出了突出的贡献。在 1957 年 1 月《关于正确处理人民内部矛盾的问题》和 3 月的《在中国共产党全国宣传工作会议上的讲话》中，毛泽东进一步系统地论述了"双百"方针。明确提出："百花齐放"是一种发展艺术的方法，"百家争鸣"是一种发展科学的方法。"双百"方针的提出，意味着只要有利于促进和体现社会的进步，就应该纳入先进文化的格局范围，因而成为团结理论界、学术界和文化界几百万知识分子的情感纽带，是允许和鼓励不同观点、不同流派的文化形态自由发展的正确政策。提出"双百"方针，对中国共产党领导文化建设的方式提出了新的要求，即从"依靠行政命令来实现自己的领导"，转向"提倡自由讨论和自由竞赛来推动科学和艺术的发展"。① "双百"方针的提出，引起了各界特别是知识界、理论界、学术界和文化界的强烈反响，因而极大地解放了人们的思想，各个学术部门都活跃起来，学术文化事业出现了生机勃勃的发展景象，促进了艺术的发展和科学的进步，从根本上保证了社会主义文化事业的繁荣与发展。虽然在 1957 年反右派斗争扩大化和"文化大革命"中，这一方针受到了严重破坏，科学文化事业遭受沉重打击。但这一方针作为我们党对发展社会主义文化的重大贡献，以及在实践上的作用是不可否认的。

在对待传统文化与外来文化的关系问题上，毛泽东提出了"古为今用，洋为中用"、"推陈出新"的方针。1956 年 8 月，毛泽东在《同音乐工作者的谈话》及后来的其他谈话中，阐明了这一方针的基本思想。1964 年 2 月，他在中央音乐学院学生的一封信上作了"古为今用，洋为中用"的批示。"古为今用，洋为中用，推陈出新"，是正确对待中外文化遗产的基本原则，也是中国发展和繁荣社会主义文化事业的基本方针，是正确认识、利用古代和外国文化遗产，建设社会主义新文化的方针。社会主义文化建设，需要从传统文化和外来文化中吸取有益的成分，使之与现代精神相融合，进一步发扬光大。"中国长期封建社会中，创造了灿烂的古代文化，清理古代文化的发展过程，剔除其封建性的糟粕，吸收其民主性的精华，是发展民族新文化，提高民族自信的必要条件；但是绝不能无批判地兼收并蓄，必须将古代一切腐朽的东西和古代优秀的人民文化区别开来，中国现时的新文化也是从古代的旧文化发展而来的，因此我们必须尊重自

---

① 《建国以来重要文献选编》第 9 册，中央文献出版社 1994 年版，第 78 页。

己的历史，决不能割断历史。但是，这种尊重，是给历史以一定的科学地位，是尊重历史辩证法的发展，而不是颂古非今，不是赞扬任何封建毒素。对于群众和青年学生，主要地不是要引导他向后看，而是要引导他们向前看。"① 对待外来文化，"如同我们对待食物一样，必须经过自己的口腔咀嚼和胃肠运动，送进唾液胃液肠液，把它分解为精华和糟粕两部分，然后排泄其糟粕，吸收其精华，才能对每位的身体有益，决不能生吞活剥地毫无批判地吸收。所谓'全盘西化'的主张，乃是一种错误的观点"②。继承借鉴古代和外国一切优秀文化遗产只是手段，创造社会主义新文化才是目的。因此，对古代和外国文化遗产都要加以批判地分析，剔除其封建性糟粕，吸收其民主性精华，并通过吸收、借鉴进行我们的革新创造。

从新中国成立到改革开放，中国文化建设在探索中前进，在曲折中发展。新中国的成立开启了中国文化建设的新航程，文化事业呈现出生机勃勃的景象，形成了新中国文化艺术事业发展的第一个高潮，为文化的发展奠定了基础。以毛泽东为代表的第一代中央领导集体，对社会主义文化建设进行了初步的理论探索，取得了许多有益的理论成果。这些成果为以后的文化建设提供了宝贵经验，为中国社会主义文化的进一步发展打下了坚实的基础。但是，我们也应看到，在这一时期，由于国内外形势的变化以及新中国建设经验的不足，党的文化建设出现了这样那样的问题，遭受到了相当大的挫折，大大延缓了中国社会主义文化建设的进程，给党和人民带来了严重的损失。但总起来说，这一时期的文化建设，尽管"有曲折，有错误，基本方面还是对的"③。

三　社会主义精神文明建设思想：新时期 中国共产党文化创新的前奏

以党的十一届三中全会为起点，中国进入了社会主义事业发展的新时期。中国共产党在领导中国改革开放和社会主义现代化建设的实践中，继承了毛泽东关于文化建设的思想理论，科学地总结了以往文化建设的经验

---

① 《毛泽东著作选读》，人民出版社1986年版，第398—399页。
② 《毛泽东选集》第2卷，人民出版社1991年版，第707页。
③ 《邓小平文选》第2卷，人民出版社1994年版，第296页。

教训，在建设社会主义市场经济和社会转型的过程中，坚持解放思想、实事求是、与时俱进的思想路线，创造性地提出了精神文明建设的理论，丰富和发展了马克思主义的文化理论，使社会主义文化建设的理论与实践进入了新的发展阶段。中国特色社会主义文化理论的形成，经历了从社会主义精神文明建设思想到中国特色社会主义文化理论的发展过程。邓小平同志提出社会主义精神文明建设思想，为新时期党的文化创新奠定了基础。邓小平同志不仅是中国现代化建设和改革开放的总设计师，也是中国新时期社会主义精神文明建设思想的奠基人。邓小平同志从中国的实际出发，把马克思主义的基本原理同中国的具体实际相结合，总结中国社会主义革命和建设正反两方面的经验和教训，吸取世界各国的成功经验，在改革开放和现代化建设过程中，创造性阐述了关于社会主义精神文明建设的思想。

改革开放初期，邓小平同志就指出："我们要在建设高度物质文明的同时，提高全民族的科学文化水平，发展高尚的丰富多彩的文化生活，建设高度的社会主义精神文明。"党的十一届六中全会进一步指出"社会主义必须有高度的精神文明"，并且把党在新的历史时期的奋斗目标概括为"建设高度现代化、高度民主、高度文明的社会主义国家"。在 1980 年 12 月召开的中央工作会议上，邓小平指出："我们要建设的社会主义国家，不但要有高度的物质文明，而且要有高度的精神文明。""没有这种精神文明，没有共产主义思想，没有共产主义道德，怎能建设社会主义？"[①] 并进一步指出，"所谓精神文明，不但是指教育、科学、文化（这是完全必要的），而且是指共产主义的思想、理想、信念、道德、纪律、革命的立场和原则，人与人的同志或关系等等。"[②] 1982 年党的十二大根据邓小平的思想，系统地论述了社会主义精神文明问题，党的十二大报告把社会主义精神文明建设的问题提到战略方针的高度，提到关系社会主义兴衰成败的高度，强调指出："我们在建设高度物质文明的同时，一定要努力建设高度的社会主义精神文明。这是建设社会主义的一个战略方针问题。"社会主义精神文明是社会主义制度优越性的重要表现，"社会主义社会还必须有一个特征，就是以共产主义思想为核心的社会主义精神文明。没有这种

---

① 《邓小平文选》第 2 卷，人民出版社 1994 年版，第 367 页。
② 同上。

精神文明，就不可能建设社会主义"①。党的十三大将"建设富强、民主、文明的社会主义现代化国家"写进了党的基本路线，确立为党在社会主义初级阶段的奋斗目标，其中包括社会主义精神文明。党的十四届六中全会把精神文明建设放到建设中国特色社会主义整个事业的大局中来考察，放到整个世界的大局中来考察，指出："社会主义精神文明是社会主义社会的重要特征，是现代化建设的重要目标和重要保证。建设社会主义精神文明，关系到跨世纪宏伟蓝图的全面实现，关系到我国社会主义事业的兴旺发达。"② 社会主义精神文明建设思想，反映了党对建设中国特色社会主义客观规律的认识不断深化，精辟地回答了建设社会主义精神文明的基本理论问题。

邓小平同志强调"两个文明"一起抓，"两手都要硬"。党的十一届三中全会以后，全党对物质文明建设的重要性达成了共识，中国的社会主义现代化建设蓬勃开展并取得举世瞩目的成就。但同时也出现了另外一种值得注意的情况，这就是社会主义精神文明建设相对滞后，党风、社会风气方面存在不少问题。出现这种情况，一方面是由于市场经济的某些负面效应和对外开放的某些消极影响带来的结果；另一方面是由于某些地方、部门的领导重物质文明，轻精神文明，对社会主义精神文明建设有所放松，出现了邓小平同志所说的"一手硬、一手软"的现象。这种物质文明和精神文明之间的反差，如果长期不能克服，不仅会影响社会的进步，而且对中国的社会发展，对中国的现代化建设和改革开放事业，也会造成严重后果。当中国的社会主义建设处于迷离彷徨，率先带领我们走出困境，走上现代化建设和改革开放的康庄大道的是邓小平；当中国的精神文明面临挑战，第一个向全党、全国各族人民大声疾呼，必须加强社会主义精神文明建设的也是邓小平。正是邓小平同志尖锐地指出：十年来"最大的失误是在教育方面"；正是他反复强调，只有物质文明和精神文明都搞好，才是有中国特色的社会主义；正是他谆谆告诫我们，"不加强精神文明的建设，物质文明的建设也要受破坏，走弯路"，风气如果坏下去，会在另一方面变质，反过来影响整个经济变质；他明确地提出了，必须一手抓物质文明建设，一手抓精神文明建设，"两手抓，两手都要硬"；强调"搞四个现代

①　《十二大以来重要文献选编》上册，人民出版社1986年版，第25、27页。
②　《学习中共十四届六中全会文件》，中共中央党校出版社1996年版，第2页。

化建设，一定要有两手，只有一手是不行的"，"一手要抓改革开放，一手要抓严厉打击经济犯罪，包括抓思想政治工作。就是两点论"。① 社会主义精神文明建设思想的提出，对社会主义经济制度、政治制度的巩固和发展起着巨大的促进作用，它保证了物质文明的社会主义方向。

邓小平阐述了社会主义精神文明建设的根本任务，强调社会主义精神文明建设的主要目标是培育"四有"新人，"搞社会主义精神文明，主要是使我们的各族人民都成为有理想、讲道德、有文化、守纪律的人民"。② 社会主义精神文明建设包括教育科学文化建设和思想道德建设。它的根本任务是适应建设有中国特色社会主义事业的需要，提高整个中华民族的科学文化素质和思想道德素质，促进社会的全面进步。民族素质的提高要通过个人素质的提高，社会的进步要通过社会成员的进步来实现。邓小平同志把社会主义精神文明建设的目标确定为培养有理想、有道德、有文化、有纪律的一代新人，就是抓住了根本。在"四有"当中，邓小平同志认为"有理想"最重要。他指出："现在中国提出'四有'，有理想、有道德、有文化、有纪律。其中我们最强调的，是有理想。根据我长期从事政治和军事活动的经验，我认为，最重要的是人的团结，要团结就要有共同的理想和坚定的信念。我们过去几十年艰苦奋斗，就是靠用坚定的信念把人民团结起来，为人民自己的利益而奋斗。没有这样的信念，就没有凝聚力。没有这样的信念，就没有一切。"③ 可见，理想和信念要解决的是精神支柱和精神动力的问题。过去毛泽东同志讲过人总是要有一点精神的，指的也正是理想和信念。社会成员有没有共同的理想和信念，对于任何一个社会主义国家来说都是重要的，而对于像我们这样一个有 13.7 亿人口的社会主义大国来说尤其重要。有了共同的理想，就能解决思想统一的问题，而要使思想的统一转化为行动的统一，没有纪律不行。纪律是一种行为规范，它不仅约束人们不该做什么，而且提倡人们应该做什么，它的作用是双向的。纪律是实现社会成员共同理想的组织保证。因此，邓小平同志在讲到"四有"时，也很重视纪律的作用。他说："一靠理想，二靠纪律。组织起来就有力量。没有理想，没有纪律，就会像旧中国那样一盘散沙，

---

① 《邓小平文选》第 3 卷，人民出版社 1993 年版，第 306 页。
② 《邓小平文选》第 2 卷，人民出版社 1994 年版，第 408 页。
③ 《邓小平文选》第 3 卷，人民出版社 1993 年版，第 190 页。

那我们的革命怎么能够成功？我们的建设怎么能够成功？"① 又说："要搞四个现代化，使中国发展起来，就要有纪律、有秩序地进行建设。"② 没有共同的理想，会造成思想上的混乱，没有共同的纪律，会出现行动上的无序，都会给建设有中国特色社会主义的事业带来严重危害。其他如"四有"中的有道德、有文化也是很重要的。

邓小平同志论述了建设社会主义精神文明的途径。建设社会主义精神文明要靠全社会共同努力，通过多种渠道，采取各种手段，形成综合效应。在各种途径中，他尤其强调教育和法律这两种手段。他这里所讲的教育是指思想道德教育，或者从更加广泛的意义上讲，就是指党的思想政治工作。我们党历来重视思想道德教育工作，无论过去、现在和将来，这都是我们的真正优势，是我们战胜困难、克敌制胜的精神武器。当前在社会主义市场经济和对外开放条件下，对广大干部和群众进行思想道德教育尤其具有紧迫性。正如他说的，根本的问题在于教育人。要开展持久的、有效的思想道德教育，进行内涵丰富、形式多样的思想政治工作。要坚持用爱国主义、集体主义、社会主义和党的优良传统教育全党和广大人民群众，特别是青少年，使他们逐步具有高度的思想觉悟，高尚的道德情操和崇高的精神境界。思想道德教育要动用各种宣传文化手段，特别是那些传播范围广、传播频率高的传媒手段，为思想道德建设服务，为整个社会主义精神文明建设服务。我们的文艺既是社会主义精神文明的重要组成部分，又是社会主义精神文明建设的重要手段，它担负着为人民服务，为社会主义服务的崇高使命。"以高尚的情操塑造人，以优秀的作品鼓舞人"，是"两为"方针的具体体现。除了运用多种手段外，还必须开展群众性的精神文明建设活动，通过群众喜闻乐见的各种形式，寓教于乐，达到群众自己教育自己的目的。此外，营造一种良好的社会文化氛围，也是进行思想道德建设所必需的。要下力气改进校园文化、企业文化、市场文化、农村文化、城市社区文化等，积极引导这些不同类型的文化沿着健康向上的轨道前进，使社会上各种消极腐败乃至丑恶的东西，各种精神垃圾没有立足之地，还社会一个相对净化的精神环境，这样才能使我们的各种思想道德教育、思想政治工作不致因为受环境的影响被抵消，而切实发挥出应有

① 《邓小平文选》第 3 卷，人民出版社 1993 年版，第 111 页。

② 同上书，第 209 页。

的效应。

按照邓小平同志的观点，维系精神文明的第一个手段是教育，但教育不是万能的。对于大多数人来说，通过教育能够收到良好效果，但对于用教育的途径不能奏效的极少数人来说，用各种强制的办法对他们进行约束，直至采用法律手段予以制裁，这也是维系精神文明所不可或缺的。对那些从事丑恶行当、腐蚀人们心灵、毒化社会环境、屡教不改并且触犯刑律的人，就必须采用法律的手段予以打击。对那些贪污腐化、违法乱纪的干部，无论是谁，该绳之以法的坚决绳之以法。"我们现在搞两个文明建设，一是物质文明，一是精神文明。实行开放政策必然会带来一些坏的东西，影响我们的人民。要说有风险，这是最大的风险。我们用法律和教育这两个手段来解决这个问题。只要不放松，认真抓，就会有办法。"① 只有教育和法律两种手段并用，才能有效地遏制党风、社会风气的继续下滑，才能扶正祛邪，使那些健康的文明的东西不断占领阵地，为中国的社会主义精神文明建设开创出新的局面。

邓小平建设社会主义精神文明思想中蕴涵着文化建设的思想。社会主义精神文明与社会主义文化建设是紧密联系的，先进文化与精神文明建设的目标是一致的。搞好社会主义文化建设是加强社会主义精神文明建设的题中应有之义。社会主义文化建设最重要的内容，就是明确了中国文化建设的方向和文化的性质。邓小平同志指出，中国的文化是社会主义文化，它必须在马克思列宁主义、毛泽东思想指导下，为广大人民服务，为社会主义事业服务。在中国文学艺术工作者第四次代表大会上的祝词中，他进一步指出："文艺工作者要努力学习马列主义、毛泽东思想，提高自己认识生活、分析生活、透过现象抓住事物本质的能力。我们希望，文艺工作者中间有越来越多的同志成为名副其实的人类灵魂工程师。要教育人民，必须自己先受教育。要给人民以营养，必须自己先吸收营养。由谁来教育文艺工作者，给他们以营养呢？马克思主义的回答只能是：人民。人民是文艺工作者的母亲。一切进步文艺工作者的艺术生命，就在于他们同人民之间的血肉联系。忘记、忽略或是割断这种联系，艺术生命就会枯竭。人民需要艺术，艺术更需要人民。自觉地在人民的生活中汲取题材、主题、情节、语言、诗情和画意，用人民创造历史的奋发精神来哺育自己，这就

---

① 《邓小平文选》第 3 卷，人民出版社 1993 年版，第 156 页。

是我们社会主义文艺事业兴旺发达的根本道路。我们相信，我们的文艺工作者一定会坚定不移地沿着这条道路不断前进。"① 邓小平同志的这段话，不仅仅是专门针对文艺工作者说的，而且是面对整个思想文化战线的，"思想战线上的战士，都应当是人类灵魂工程师。在当前这个转变时期，在社会主义精神文明建设和整个社会主义建设事业中，他们在思想教育方面的责任尤其重大。……作为灵魂工程师，应当高举马克思主义的、社会主义的旗帜，用自己的文章、作品、教学、讲演、表演，教育和引导人民正确地对待历史，认识现实，坚信社会主义和党的领导，鼓舞人民奋发努力，积极向上，真正做到有理想、有道德、有文化、守纪律，为伟大壮丽的社会主义现代化建设事业而英勇奋斗。"② 在邓小平社会主义精神文明的理论中，蕴涵着丰富的文化建设思想，党的文化建设思想是其必然的展开与合乎逻辑的发展。在邓小平建设社会主义精神文明思想和理论的基础上，我们党依据时代的发展进一步提出了社会主义文化建设的理论。

---

① 《邓小平文选》第 2 卷，人民出版社 1994 年版，第 211—212 页。
② 《邓小平文选》第 3 卷，人民出版社 1993 年版，第 40 页。

第 三 章

新时期中国共产党文化创新的现实语境

自20世纪下半叶以来，世界格局经历着重大调整，国际形势跌宕起伏、国际社会复杂多变，世界发生着前所未有的大变动和大转折。国内改革发展进入关键时期，既面临着重大的机遇，也面临着诸多矛盾和问题。各种思想文化的相互激荡进一步加剧，呈现着吸纳与排斥、冲突与融合、渗透与抵御的复杂态势。这一背景构成了党的文化创新的基本现实基础。

一 全球化时代西方意识形态渗透对中国主流价值观的冲击

在社会系统的诸多要素中，文化是唯一能够渗透到任何领域、联结国家实力各要素的关键要素。正因为如此，20世纪中下半叶以来，西方国家越来越重视以文化为核心的软实力对全球的无形影响和渗透。经济全球化浪潮无疑给西方势力对中国进行文化和价值观渗透提供了有利条件。

当20世纪帷幕即将落下、21世纪大幕即将拉开之时，"全球化"依然是一个引人注目的名词术语或客观现象。尽管反全球化运动"替代全球主义"也成为一股声势浩大的浪潮，并以1999年在西雅图举行的世贸组织第三次部长级会议的夭折达到高潮。但是，经济全球化的进程并未因此中断，全球化仍然是新世纪大转折中最突出、最显著的特征，也是未来世界演变的总趋势。"21世纪的世界秩序将是一种什么样的结构和意味着什么，虽然还很不确定，但无疑所有的国家、社会、公民、民族、社会集团、非政府组织等正在形成一个相互联结的全球性政治、经济和社会文化的关系网络。全球政治、全球经济、全球社会文化、全球生态环境将形成全球综合性的生活环境，并极大地制约着我们人类的日常生活。"① 因而经济全球化是认识和分析包括文化在内的一切重大问题的现实基础。正如江泽民所说的："我国的现代化建设是在错综复杂的国际环境中进行的。当今世界正在继续发生重大而深刻的变化。国际格局多极化态势更加明显，经济全球化趋势持续发展，世界科技进步一日千里，知识创新速度大大加快，综合国力竞争日益激烈。这一切，为我国跨世纪发展提供了良好的历史机遇，也要求我们勇敢地迎接严峻的挑战。"②

　　经济全球化的实质是资本主义主导的过程，它的负面影响特别是对发展中国家的不利影响是不言而喻的。但它并不是带来所有矛盾和问题的潘多拉的盒子。伴随经济全球化大潮，各种不同的思想文化冲破国家界限、民族藩篱、地域限制，走向世界。经济的全球化使"人类历史上第一次出现了任何东西都可以在世界上任何地方生产和销售到世界各地的现象"③。经济贸易、信息技术和新闻传播在世界各国的文化交流中起着越来越大的作用。经济全球化给中国文化的发展带来了新的机遇，它拓宽了社会主义文化建设的新视野，打开了文化创新与发展的新视野。中国顺应全球化发展的大趋势，实行对外开放政策，不仅经济上要实行，"对外文化交流也要长期发展"④。改革开放以来，中国以博大的胸怀，广泛吸收和借鉴世界各国优秀的思想文化成果，西方文化和各种学术流派在中国得到广泛的传播，对我们全面深入了解西方文化，进行中西文化的比较与交流，吸收外国文化的精华，创新发展中国传统文化，具有积极的作用。尽管如此，全球化对世界文化交流带来的挑战同样是前所未有的，对中国文化建设的挑战也是异常严峻的。从理论上讲，人类创造的各种文化都在某种程度上体现了人类的共同价值，都为人类社会的发展作出了积极的贡献，因而各种不同的文化具有平等的权利和平等的地位。⑤ 但事实上，经济全球化是发达资本主义国家控制和操纵的过程，是一个资本主义体系统治之下的世

---

　　① ［日］星野昭吉：《全球化时代的世界政治》，刘小林等译，社会科学文献出版社2004年版，第1页。

　　② 江泽民：《在学习邓小平理论工作会议上的讲话》，《求是》1998年第20期。

　　③ ［美］莱斯特·瑟罗：《资本主义的未来》，周晓钟译，中国社会科学出版社1998年版，第112页。

　　④ 《邓小平文选》第3卷，人民出版社1993年版，第43页。

　　⑤ 杨云宝：《和而不同总相宜——文化个性与文化大同的察思》，《中国图书评论》2005年第2期。

界。对此，一些西方学者清醒地看到了全球化的实质，如美国阿里夫·德里克就指出："全球化作为一种话语似乎变得越来越普遍，但是对它的最热情的宣传是来自旧的权力中心，尤其是来自美国，因而实际上更加剧了对霸权企图的怀疑……如果不考虑到资本主义在全球范围内的胜利，就无法理解全球化。"①

全球化的实质是资本主义的全球化，同时也就意味着它是资本主义价值观向世界各民族渗透的全球化。而冷战前与冷战后相比较，西方发达资本主义国家的意识形态渗透有了很大的区别，思想文化领域成为政治斗争和意识形态较量的新场域和主战场。西方一些理论家指出，倘若一个国家的文化成为主流文化，其价值观支配了国际政治秩序，它就必然在国际社会中居于领导地位，因此，对发展中国家，特别是不同意识形态国家进行文化渗透就是最有力的进攻。② 文化全球化已经使我们强烈地感受到主流意识形态受到的冲击，以美国为首的西方资本主义国家，掌握着文化输出的主动权，利用和运用高科技传媒手段，以各种商业文化、影视文学或互联网为载体，通过各种渠道，把自身的价值观和意识形态输入给第三世界，进行全方位的思想文化渗透，利用国际学术交流、物质产品特别是文化商品的输出、以互联网为主要手段的信息技术等多种方式和途径进行全面宣扬西方的价值观、社会政治思潮、审美情趣和生活方式。

（一）西方社会思潮的传播成为经济全球化时代意识形态渗透的主要形式

我们这里所说的当代西方社会思潮，主要是指 20 世纪七八十年代以来西方发达国家所流行的一些主要政治思想派别及理论观点。就学科领域而言，这些社会思潮可表现为政治思潮、经济思潮、文化思潮、哲学思潮等，思潮派系庞杂、学说众多，有些思潮最初只是表现为某些学术流派，但它仍然从不同侧面反映当代资本主义社会的政治、经济状况，所谓"价值中立"是不可能的。当这些学术思想为执政者所采纳，应用于解决社会和政治现实问题的实践过程中，这些学术观点潜在的政治性便得以激活和

---

① ［美］阿里夫·德里克：《全球性的形成与激进政见》，载王宁等主编《全球化与后殖民批判》，中央编译出版社 1998 年版，第 2—3 页。
② 吴友瀚：《我国面临的文化安全挑战及对策》，《福州党校学报》2008 年第 4 期。

张扬，这样，起初以某种学术理论出现的思想观点就演化成了政治思潮。[①]
而有些社会思潮在产生之日起，自身就带有鲜明的政治色彩，这种类型政
治思潮的鼓动者，就是为了达到某种政治目的。其中，影响较大、挑战性
最强的是新自由主义思潮和所谓的"普世价值"论。此外，对我国影响较
大的几种典型的社会思潮还有民主社会主义思潮、新保守主义思潮、新民
族主义思潮、历史虚无主义思潮、后现代主义思潮、意识形态终结论、文
明冲突论等等。这些社会思潮流派多种多样，有些思潮之间相互交织，呈
现纷繁复杂的特性。由于理论主张的内涵和实质不同、传播程度不同，这
些思潮对我国的影响状况也有很大差异。其中，有一些观点和主张对我国
有一定的借鉴性、启发性。对此，我们应有所吸收和借鉴，以丰富我国政
治文化的内容，增强我国意识形态的融合力、生命力。但由于大多社会思
潮的政治属性与我国的社会制度及意识形态存在根本差异，这就决定了西
方社会思潮对我国意识形态的负面影响，是其发生作用的基本层面和主导
方面。如新自由主义的私有化理论从思想上瓦解我们的经济基础；个人主
义价值观与我们的倡导集体主义价值观相背离；政治多元化思想对公民的
政治认同产生消极影响，冲击着我国的主流意识形态——马克思主义的指
导地位。尤其是当代西方社会思潮传播，不是简单地攻击主流意识形态和
社会制度，而是以学术交流的名义进行的，也因而具有更深的危害性和破
坏性。在学术交流中，以其理论的逻辑俘虏知识分子，培植其在国内的代
言人，使其变为西方思想文化的信仰者和宣传者。近年来，我国出现的少
数人以新自由主义、民主社会主义、普世价值等所谓的"科学理论"的学
术交流，目的就是鼓吹资本主义的优越性，主张私有化和多党制，鼓吹
"指导思想多元化"，诋毁马克思主义指导地位、共产党的领导、社会主义
制度和人民民主专政。总之，在全球化进程中，我国同西方国家进行广泛
的学术交流，西方各种学术流派在中国得到广泛传播，在一定程度上对我
国的学术繁荣发展起到了积极作用。但是，西方社会思潮形态不一、流派
众多、良莠不齐，特别是别有用心者试图以学术交流名义，拉拢腐蚀我国
知识分子和青年学生，抢占和争夺高端智力资源，培植他们的代言人，有
极大的欺骗性、隐蔽性和腐蚀性。

---

① 参见张骥《中国文化安全与意识形态战略》，人民出版社 2010 年版，第 56 页。

（二）商品输出特别是文化商品输出成为经济全球化时代意识形态渗透的重要领域

全球化的首要含义或外在体现，是人类社会的整体化、互联化、依存化，是世界处在这种相互作用之中的过程。美国学者罗兰·罗伯森（Roland Robenson）认为："全球化既指世界的压缩，又指认为世界是一个整体的意识的增强。"① 而这种"整体化、互联化、依存化"又是以经济为核心的。由于在全球化的生产关系中，西方发达国家占统治地位，国际垄断资本主义占主导地位，所以，在国际力量对比上呈现出"西强我弱"的态势。美国基辛格同仁公司总裁曾经在美国《外交季刊》上撰文直言不讳地宣称："如果世界向统一语言的方向发展，那么这种语言应该是英语；如果世界向统一的电信安全和质量标准发展，那么这些标准应该是美国的标准；如果世界之间被电视、广播和音乐联系在一起，那么节目的编排应该是美国的；如果世界正在形成共同的价值观，那么这些价值观应该是符合美国人意愿的价值观。"② 在这种思想的支配下，西方利用一切手段大力宣扬西方资产阶级的一套世界观、人生观、价值观，以近乎强制的方式加强文化渗透和文化输出。

文化商品是一种极其特殊的商品，它不仅具有商品的一般属性，而且又具有一定的文化属性，内蕴着一定的国家意识、民族意识、政治意识、文化意识。在经济全球化中，西方发达国家的商品特别是文化产品，日益成为一种新的意识影响着人们的思维方式和社会生活。美国《华盛顿邮报》曾发表一篇题为《美国流行文化渗透到世界各地》的文章，认为美国最大的出口产品不再是地里的农作物，也不再是工厂制造的产品，而是批量生产的流行文化——电影、电视、音乐、书籍和电脑软件。一些西方社会学家声称，美国流行文化的传播是"长久以来人们为实现全球统一而做出的一连串努力的最近的一次行动"。③ 美国《纽约时报》曾载文称："在过去几年里，中国的大城市以惊人的速度冒出了美国商店和餐厅，包括星

---

① ［美］罗兰·罗伯森：《全球化：社会理论与全球文化》，梁严光译，上海人民出版社2000年版，第11页。

② 美国《外交季刊》1998年夏季号。转引自刘奔《经济全球化背景下的文化问题——兼驳"文化全球化"论》，《探索与争鸣》2006年第9期。

③ 参见张新华《信息时代国际政治的演变趋势》，《国际观察》1998年第6期。

巴克、普尔斯马特、必胜客、麦当劳以及 Esprit 服装店等。新建的住宅小区用上了'橘郡'和'曼哈顿花园'之类的美式名字。人们梦寐以求的豪华汽车是高档的别克车。欧洲人也许习惯于把麦当劳的每一个'巨无霸'汉堡包都看成是美国文化帝国主义的标志，然而中国人大多欢迎这种入侵——事实上他们已经使它成为自己的一部分。"① 自 20 世纪 90 年代中后期中国文化市场确立并对外开放以来，美国的影视节目、流行音乐以及电子游戏就在文化市场上持续热销，广泛进入人们的文化娱乐活动之中。文化已成为重要的消费领域，日益快速走入日常生活，如随着麦当劳、肯德基快餐连锁店在全球各地纷纷登场，不管人们如何看待它，是否喜欢它，都感受到它的存在。充满西方意识形态色彩和渲染西方生活方式的大众文化，对人们的思想观念、生活方式、消费方式以及社会心理等等都在进行潜移默化的影响，日益成为一种新的意识正在影响着人们的思维。特别是中国加入世贸组织以后，一些西方文化产品和文化企业以合法方式进入中国对外开放的领域，凭借强大实力，进行产业扩张。通过版权贸易，向中国大规模输入渗透美式自由、民主、人权等所谓"普世价值"观的影视剧、图书、网络游戏等文化产品。这些文化产品加杂着色情、淫秽和暴力等内容，甚至有些文化产品恶搞中国文化，曲解、丑化、淡化中华民族文化传统，一些文化产品还以时尚潮流的形式，吸引人们特别是青少年盲目推崇西方文化，淡忘民族文化，削弱对民族文化传统的基本认同，消解中华民族的凝聚力。如今，文化贸易已日渐成为国际贸易的重要组成部分，中国虽然已经成为世界贸易大国，但在文化对外贸易方面却存在巨大的逆差。西方发达国家的文化产品大量的输出，已成为西方发达国家进行资产阶级文化与意识形态渗透的重要领域。

（三）现代化信息技术成为经济全球化时代意识形态渗透的新阵地

文化全球化的重要内容之一，就是信息全球化、网络化。随着现代化信息技术的迅猛发展，互联网将成为全面开放的领域，并成为全球信息传播的重要途径和方式。美国前国务卿奥尔布莱特在美国国会谈及互联网时说道："中国将随着信息流通而民主化，只要中共想在经济上竞争，就不

---

① 《纽约时报》2002 年 2 月 25 日。转引自肖安鹿《境外文化产品的进入与当代中国文化安全》，《甘肃理论学刊》2007 年第 1 期。

能不让国际互联网和全球化的风潮进入中国大陆，随着信息流通，民主就会到来。"① 这段话，已经非常露骨地表明了包括互联网在内的现代信息技术在传播西方意识形态上的重要作用。作为一种工具，技术本身是中性的，但它所携带的内容却不是中性的，使用这种工具的人是有阶级属性的。

可以说，在信息科技方面，西方发达国家处于绝对的优势地位。在全球化过程中，它们凭借这种先进的技术优势，不仅向发展中国家进行技术的输出和控制，而且进行着极为广泛的意识形态渗透。据联合国教科文组织统计，经济合作与发展组织成员国在全世界研究与开发活动的总开支中所占的比重高达85%。当今世界的九大媒体巨头支配着全球的文化市场，它们依次是时代华纳公司、沃尔特·迪斯尼公司、贝塔斯曼公司、维亚康姆公司、新闻集团、索尼公司、TCL、环球公司和日本广播公司。在它们的主导下，全球50家媒体娱乐公司占据了当今世界上90%的文化市场。美国出产的影片产量占全球影片产量的7%左右，却占了全球总放映时间的50%以上。② 美国生产全世界75%的电视节目、60%的广告节目，发展中国家75%以上的文化产品来自美国，而美国市场上的外来文化产品只占1%—2%，这种强大的文化实力是美国综合国力的重要组成部分。③ 国际互联网80%以上的网页是英文的，近3000个世界大型数据库70%设在美国，国际互联网上输出的信息中美国达到了85%以上，而网上中文信息内容不到整个网上信息总量的1%。④

信息技术的迅速发展，尤其是互联网的普及，使得各种信息大量涌入，鉴别和筛选信息的难度增大。信息传播全球化对中国思想文化和社会主义意识形态的冲击非常大。据有关监测显示，西方主要国家和敌对势力在我国周边地区共设有30多个转播台，每天使用普通话和多种方言、170多个频率对我国播出60个小时的节目，再加上一些国家从本土发射的广播信号，共有50个境外电台使用300多个频率对我国进行广播。在卫星电视渗透方面，他们在我国上空设立了密集卫星电视网，卫星电视频道达400多个，不断加大对我国边疆地区、少数民族地区和内地区域的宣传

① 张国祚：《21世纪我国宣传思想文化工作面临的挑战和机遇》，《理论学习月刊》2002年第9期。

② 董伟：《经济全球化背景下文化建设面临的机遇与挑战》，《中国艺术报》2007年7月27日。

③ 叶郎：《文化产业与我国21世纪的经济发展》，《中华读书报》2002年9月18日。

④ 林丽萍：《图书馆在青少年心理健康教育中的作用》，《图书馆建设》2006年第1期。

覆盖。其中，隶属美国新闻署的"美国之音"特别活跃，长期充当美国进行境外渗透、实现其全球霸权的工具。① 网络已成为西方敌对势力向中国进行思想渗透的新的重要渠道。全球 13 个互联网顶级服务器中，有 10 个在美国；互联网使用的通用语言文字都是英语英文，中国处于被掌控的局面。庞大的现代信息网络媒体，如美国之音、自由亚洲电台、BBC、大纪元、博讯、看中国、人民报、民主中国、北京之春、争鸣、动向、多维网、万维网、大参考、自由时报、华夏文摘、议报、开放杂志、自由新闻导报、新世纪、中国事务、中文独立笔会、西藏之页等成为敌对势力对我国进行思想渗透的重要工具。特别是利用其中的电子邮件、电子公告板、电子论坛、网络聊天室、留言板等一切网络传播途径，宣传西方生活，美化西方社会，传播西方制度，抨击我国经济社会政策，歪曲和攻击我国人权状况，诋毁我国形象。同时，一些西方媒体利用我国社会某些敏感问题大做文章，造谣污蔑，恶意炒作，大肆攻击我国的政治制度。如在 2008 年拉萨"3·14"事件中，"美国之音"不仅歪曲事实、颠倒黑白，更成为达赖集团的传声筒。事件发生前，它突然加大藏语广播时间，并暗中替达赖集团传达指令，让他们在敏感的时候制造事端。② 一位西方国家政要人士赤裸裸地宣称：中国需要现代化，这是我们的可乘之机，我们要利用互联网把美国的价值观送到中国去。③ 随着信息网络技术的普及，对中国形成全方位、立体式包围网，进行"反共反社会主义"宣传，对人们特别是知识分子和青年学生的影响越来越大，互联网已成为西方敌对势力与中国争夺思想文化话语权和主动权的新阵地。

二　文化建设相对滞后与追求社会全面进步理想的悖论

我国改革开放和现代化建设取得了举世瞩目的巨大成就。经济发展和物质富裕为社会全面进步与和谐发展奠定了坚实的基础，但它却并不能自然而然地带来社会全面进步与和谐发展。在改革开放和社会主义现代化建

---

① 参见李方祥《西方对我国的意识形态渗透》，《高校理论战线》2010 年第 1 期。
② 李静：《"美国之音"帮达赖发密令》，《世界新闻报》2008 年 5 月 5 日。
③ 纪泽、陶短房：《揭开"记者无国界"内幕》，《环球时报》2008 年 7 月 1 日。

设中，我国也同样出现了在人类现代化进程中出现的问题。如何在现代化进程中，实现物质文明与精神文明的统一，实现社会的全面协调发展，成为人类发展史上未能破解的难题之一。经济、政治、文化协调发展，物质富裕与精神富裕的共同富裕是和谐社会的重要标志和体现，是社会进步与发展的重要体现，是社会主义的理想追求。一个精神贫困、理想信念缺失的社会，无论经济如何发展也是不和谐的，况且在这样的国度里，经济发展也不可能是持久的。社会精神领域的发展具有相对独立性，因此，经济发展与精神发展的不同步是普遍规律，但这种独立性是相对的，精神的发展不可能完全脱离和长期背离社会的经济发展，而且这种不同步在不同制度下也具有不同的表现和命运。在社会主义制度下，马克思主义政党的任务和使命，就是要实现物质富裕与精神富裕的同步发展，追求经济发展与人的发展的一致性。党的十七大报告指出："社会主义现代化应该有繁荣的经济，也应该有繁荣的文化。中国的社会主义现代化，是经济、政治和文化三位一体的现代化。中国现代化建设的进程，在很大程度上取决于国民素质的提高和人才资源的开发。"改革开放以来，我们党始终将文化建设放在重要位置，从邓小平的"两个文明一起抓"到由社会主义经济建设、政治建设、文化建设的"三位一体"再到社会主义经济建设、政治建设、文化建设与社会建设的"四位一体"，都是我们党在社会主义现代化建设总体布局上的重大推进。但是，当前我国社会还存在着很多不和谐的方面，从文化建设来说，与经济建设和物质文明的巨大成就相比，文化发展还相对滞后。

（一）保障和实现公民基本文化权利亟待公共文化服务体系的完善

我国在 1997 年 10 月 27 日签署了《经济、社会和文化权利公约》，2001年 2 月 28 日，第九届全国人大常务委员会批准了该公约。"文化权利"似乎是个很陌生的概念，但随着人们精神文化需求的不断提高，公民的文化权利更加受到政府的重视，也成为学界所关注问题。"文化权利"是人人都应享有的一种基本权利之一，不论是国际法还是国内法，都强调了国家或政府在实现公民的文化权利中的主体地位，负起必要的责任和义务。①

---

① 参见魏甫华《权利·人权·文化权利》，载《文化权利：回溯与解读》，社会科学文献出版社 2005 年版，第 56 页。

"文化权利"在公民的各项权利中占有重要地位。可以说，实现公民的各项权利，经济权利是基础，政治权利是保证，而文化权利是目标。一般说来，公民的文化权利主要包含享受文化成果、参与文化活动、开展文化创造和文化创造成果得到保护四个基本层面的内容。① 维护和实现公民的文化权利，必须通过一种切实有效的制度设计和体系建设来确保公民文化权利的实现，这种制度设计和体系建设就是通常所说的公共文化服务体系。

　　完善公共文化服务体系，是全面建设小康社会历史阶段满足广大人民群众精神文化需求的迫切需要。社会公共文化服务体系，是指以政府部门为主的公共部门提供的、以满足公民的基本文化生活需求为目的、向公民提供公共文化产品与服务的制度和系统的总称。具体而言，就是政府保证资金投入，完善各级公共文化服务设施，包括图书馆系列、文化馆（站）设施体系、群众艺术馆、演艺场馆设施系列以及建设重大文化设施及标志性文化设施网络等公共文化服务体系。公共文化服务体系建设，保障和实现公民的文化权利，是贯彻以人为本的科学发展观的重要体现。坚持以人为本的科学发展观，就是要尊重和保障人权，包括公民的政治、经济和文化权利。构建公共文化服务体系、保障和实现公民的文化权利，是建设社会主义和谐社会的重要内容和精神支撑。党的十七大报告将"覆盖全社会的公共文化服务体系"作为实现全面建设小康社会的重要目标之一，进一步明确了以"文化民生"为特色和重点的社会的公共文化服务体系建设的重大意义。能否保障和实现公民基本文化权利，从文化建设多角度考量着我们党是否能够真正代表人民根本利益。

　　目前我国的公共文化服务体系建设还存在诸多问题，首先是公共文化服务供给总量严重不足，公民对公共文化服务的需求还远远没有得到满足。相关研究表明，当人均 GDP 达到 1000 美元、1600 美元和 3000 美元时，人们的文化需求水平将大幅度上升，文化消费支出大约分别占个人消费支出的 18%、20% 和 23%。② 当前我国人均 GDP 已超过 4000 美元，也是公共需求快速增长和利益深刻变化的重要时期，经济发展进入一个新的发展阶段，社会结构正快速向发展型、享受型升级，社会对文化、教育、

---

① 陈威：《公共文化体系研究》，深圳报业集团出版社 2006 年版，第 4 页。

② 焦斌龙：《文化资源的产权属性演变及其对文化体制改革的启示》，载《中国文化产业评论》第 2 卷，上海人民出版社 2004 年版，第 245 页。

卫生等领域的公共服务需求急剧增长。我国文化消费量有 3000 亿—4000 亿元人民币的结构性缺口。随着我国对公共文化需求的迅速上升，人民群众对公共文化设施、文化娱乐活动、出版物的阅读、广播影视服务等各个方面提出了更多、更高的要求，对实现自身的文化权利的愿望也更为迫切。"十一五"期间，我国公共文化服务体系建设取得了不小的成绩，全国现有县级公共图书馆 2491 个，覆盖率达到 85.09%。县级文化馆 2862 个，覆盖率达到 97.34%。乡镇（街道）文化站 3.87 万个，覆盖率达到 94.8%，基本实现了"乡乡有综合文化站"的建设目标。但是，与发达国家与地区相比，我国在这方面的差距更加明显。以英国的图书馆为例，目前英国有 5000 家公共图书馆、700 家高等教育图书馆、3000 多家特殊图书馆和大约 5600 家学校图书馆。[①] 在伦敦，每万人中有在校大学生 530 人，拥有博物馆、影剧院 0.5 个，每天全国性报纸的印量在 1500 万份，5 家最大的出版公司每年就出版 4 万种书籍。[②] 此外，我国的公共文化服务体系建设相当不完善。在中国公共文化服务领域，长期以来一直存在着公共部门垄断、市场准入壁垒、寻租和公共福利损减等诸多问题，以政府"权威型供给"、市场"商业型供给"以及第三部门"志愿型供给"多元化的公共文化服务供给模式尚未形成[③]。我国地区间文化发展不平衡现象、公民群体间文化消费的不均衡现象也很明显、从业人员业务素质和服务质量的提高、建立有效的保障机制，等等，都是迫切需要解决的问题。

（二）满足人民群众实际的精神文化需求亟待大力发展文化产业

满足人民群众实际的精神文化需求，既需要完善社会公共文化服务体系，也需要大力发展文化产业。大力发展文化产业，不断满足人们日益增长的精神文化需求，是和谐社会的发展的重要标志。当今世界，文化产业已成为 21 世纪知识经济的核心产业和各发达国家国民经济的支柱产业。改革开放 30 多年来，中国文化市场以"一手抓繁荣，一手抓管理"的方针为指引，基本形成了由娱乐市场、演出市场、音像市场、电影市场、网

---

① 范中汇：《英国文化》，文化艺术出版社 2003 年版，第 235 页。

② 鲍宗豪：《世界城市与人文精神》，载《2003 理论创新咨询专家文集》，上海人民出版社 2003 年版，第 307 页。

③ 周晓丽、毛寿龙：《论我国公共文化服务及其模式选择》，《江苏社会科学》2008 年第 1 期。

络文化市场、艺术品市场等组成的统一、开放、竞争、有序的文化市场体系，初步建立起以综合行政执法、社会监督、行业自律、技术监控为主要内容的文化市场监管体系。20 世纪 90 年代以来，中国文化产业加速发展，并成为 20 年来中国发展速度最快的产业之一。自 2004 年以来年均增速保持在 20% 以上，呈现出蓬勃发展的态势。2009 年是中国文化产业发展历程中具有里程碑意义的一年，全年文化产业增加值为 8400 亿元左右，2010 年中国文化产业增加值接近 1 万亿。① 文化产业成为中国经济新增长点的态势愈加明显，在调整国民经济结构、转变经济增长方式等方面起到了积极作用。

　　尽管中国文化产业已有了较快的发展，但目前文化产业发展还很滞后，文化产业的总体发展水平甚至低于一般的发展中国家水平。文化是现代人需求的终极满足物。随着物质生活的日益改善和精神生活的日益丰富，人民群众对精神文化消费提出了更高的要求，这种要求不仅是数量上的增加，更是质量上的提高。当物质生活较为丰富时，文化便成了需求的主宰。胡锦涛在十七大报告中指出，"丰富精神文化生活越来越成为我国人民的热切愿望"，精神文化产品和服务的消费和支出将在的总消费中占有越来越大的比例。进入新世纪以来，中国经济社会进入了一个新的发展阶段，社会结构正快速向发展型、享受型升级，社会对文化、教育卫生等领域的公共服务需求急剧增长。② 改革开放以来，我国储蓄率一直保持在较高水平，特别是 20 世纪 90 年代至今，储蓄率高达 38%—40%。2005 年，我国人均 GDP 已经突破 1700 美元；2008 年，我国人均 GDP 已经突破 3000 美元；2010 年，我国人均 GDP 已经超过 4000 美元。人均 GDP 的持续增长，为文化消费的迅速增长奠定了坚实的物质基础。然而 2010 年我国的文化产业增加值仅为 GDP 的 2.5% 左右，相比于美国的文化产业增加值占 GDP 的 27%，英国占 11%，与人民群众旺盛的精神文化消费需求相比，文化产品的生产和供给能力低于人民群众文化消费需求，文化市场存在着巨大的供需失衡矛盾。

　　文化产业的产品质量参差不齐、粗制滥造的产品充斥市场，经济效益

---

　　① 李玫：《文化产业成为新经济增长点》，《深圳商报》2011 年 5 月 16 日第 A14 版。

　　② 张小明等：《文化蓝皮书——2004 年中国文化产业发展报告》，中国社会科学出版社 2004 年版，第 12 页。

与社会效益的统一问题仍未很好解决。目前的文化产业发展存在的问题，不仅仅是文化生产力水平很低，提供文化产品和文化服务的数量不足的问题，准确地说，是有效供给严重不足，大量的文化产品不能真正满足人民群众实际的精神文化需求，本来就有限的文化产品和文化服务，又存在着严重的质量问题。精神文化产品是极为特殊的产品，精神文化产品分为健康的精神文化产品和不健康的精神文化产品，消费者"消费"的是其精神内涵。文化产业发展战略上，我们党和国家始终坚持经济效益与社会效益的统一，以社会效益优先的原则，在精神文化建设上取得了可喜的成效。但是，市场化和趋利性使部分精神文化产品和服务误入歧途，格调不高，"低俗、庸俗、媚俗"现象屡禁不止。一些人完全以市场为导向，以"什么好卖就写什么"为原则，制造离奇怪诞、凶杀奸情之类的"故事"来吸引眼球，迎合少数人的猎奇逆反心理，"宣扬拜金主义"、"恶搞历史"、"炒作明星隐私"等，追求所谓点击率、收视率而最终是为了追求经济效益，完全放弃了社会责任。从一定意义上说，功利追求是一切市场行为的直接动机，因此，随着市场经济的迅速发展，人们的功利意识必然得到增强，这对社会大发展是有积极意义的。但功利意识与文化的超越性追求、文化的人文精神以及艺术家、作家所张扬的主体性、个性是矛盾的。一旦功利意识渗透到思想文化领域，甚至成为文化活动的驱动力时，就必然出现畸形文化。因此，以功利原则为基本特征的市场经济，对文化发展具有不可忽视的消极作用。如何解决市场经济的利益规则对社会主义文化消极影响，处理好文化产业发展中经济效益与社会效益的关系，以先进文化引导文化产业发展，以健康的精神食粮满足人的精神文化需求，成为文化建设必须重视的问题。

（三）新的社会问题和矛盾对于整合社会思想带来新挑战

随着改革发展的不断深化，我国社会结构和社会生活发生了广泛而深刻的变化，各种新的社会问题和社会矛盾不断出现，特别是社会"组织形式"的多样化，对于整合社会思想、凝聚统一意志带来新的挑战，给构建和谐社会带来了新的困难。1999 年 9 月 22 日，江泽民在中国人民政治协商会议成立五十周年大会上，首次提出社会生活多样化问题的"四个多样化"的概念，即"社会经济成分、组织形式、就业方式、利益关系和分配方式日益多样化"。2001 年 7 月 1 日，江泽民在庆祝中国共产党八十周年大会的"七一"讲话中，"四个多样化"的提法固定下来。"四个多样化"是随着我国改革开放和实行社会主义市场经济而出现的，是一个逐渐形成的过程，而且现在仍处在动态发展之中，是新世纪我们党对经济生活、政治生活和社会生活重大变化的科学概括。随着深化改革、扩大开放和社会主义市场经济的推进，"四个多样化"还会向广度和深度发展，这是一个不可避免的客观趋势。

　　在"四个多样化"中，社会"组织形式"的多样化对于整合社会思想、凝聚统一意志具有强烈的挑战性。"社会组织"是社会学的专业概念。现代社会通常可以区分为三大部门：第一部门为政府，是照顾大众利益的公共治理部门；第二部门为企业，是运用社会资源创造经济价值的部门；第三部门是不属于政府、也不属于企业的团体组织，名称复杂众多，诸如非营利组织（non‐profitorganization，简称 NPO），公民社会（civil society）、社会团体、公益机构、民间组织以及学术团体等。因此，也常被统称为非政府组织（non‐governmental organization，简称 NGO）。社会组织工作是社会管理的重要组成部分，具有政治性、协调性、社会性、群众性、多元性特点。在国际上，由于各国在文化传统和语言习惯方面存在着不同，社会组织在不同的国家和地区有多种不同的称谓。如非政府组织、非营利组织、公民社会、第三部门或独立部门、志愿者组织、慈善组织、免税组织，等等。这些叫法在内涵上区别不大。与政府、企业相区别，社会组织具有非营利性、非政府性、独立性、志愿性、公益性等基本特征。在我国社会组织有其特有内涵，一般是指在党政机关、事业单位和企业之外的社会组织，即各种非政府、非企事业的人民团体、群众组织和民办非企业的民间组织。2007 年，我国开始正式用"社会组织"代替"民间组织"。"民间组织"的"民间"是与"政府"、"官方"相对应的，反映了传统社会政治秩序中"官"与"民"相对应的角色关系，容易让人误解民间组织是与政府相对应甚至是相对立的。因此在新的形势下，党的十六届六中全会和党的十七大把民间组织纳入了社会建设与管理、构建和谐社会的工作大局，对传统的提法进行改造，提出了社会组织这一称谓。社会组织称谓的提出和使用，有利于纠正社会上对这类组织存在的片面认识，形成各方面重视和支持这类组织的共识。我国将社会组织分为三类，即社会团体、基金会和民办非企业单位。社会团体是由公民或企事业单位自愿组成、按章程开展活动的社会组织，包括行业性社团、学术性社团、专业性社团和联合性社团。① 基金会是利用捐赠财产从事公益事业的社会组织，包括公募基金会和非公募基金会。民办非企业单位是由企业事业单位、社会团体和其他社会力量以及公民个人利用非国有资产举办的、从事社会服务活动的社会组织，分为教育、卫生、科技、文化、劳动、民政、体育、中介服务和法律服务等各类组织。新建立的社会组织几乎涉及社会生活的各个领域，尤其是以经济、文化教育、学术研究、专业经济类增加最多，各种业余文化娱乐性、公益性社会组织也大量涌现。②

以公有制为主体的多种所有制经济和以按劳分配为主体的多种分配方式的存在，社会生活方式多样化，就业岗位和就业形式多样化，以及由此产生的人们的职业、理想、志趣、行为方式、宗教信仰等方面的差别和差异，是各种民间团体和社团组织产生和发展的现实基础。各种民间组织和社团组织就是在这种现实基础上产生和发展起来的，这也决定了它们的活动方式、组织形式必然是以社会化和市场化为特征的。因此，在我国下阶段，人们理解的社会组织有比较宽泛的意义，显示出了空前的复杂性，既包括经济的也包括非经济性质的。"社会组织的性质呈现出公有与私有并存的多样化特点，如企业有国营、集体企业，也有个体、私营企业"，"从经济组织的所有制性质看，突破了原来国有和集体经济组织一统天下的局面，出现了一大批新的经济组织形式，包括各种非公有制经济组织和混合所有制经济组织，各种文化娱乐企业、信息新闻传播组织、社会服务组织（社区服务组织）、人才交流机构、农工商联合体等"。即有政府组织和非政府组织，"学校有国立学校，也有私立、贵族学校"，"随着体制改革的深入和社会组织功能的分化，我国政府组织也不断分化，一批以功能互补为基础，承担崭新社会经济功能的社会组织形式产生了。各种中介组织、咨询组织，各种行业管理组织"③。合法的与非法的并存，甚至出现了个别严重危害社会稳定和社会秩序的反社会组织，比如"法轮功"之类的邪教组织以及带有黑社会性质的犯罪团伙组织等。④

社会组织形式的多样化和大量涌现，是新时期我国社会生活的一个深

---

① 李继力：《社会组织问责的困境与归因分析及道路选择》，《公共行政与人力资源》2011年第3期。

② 黄卫平、陈文：《尊重民权与改善民生：价值依归》，《人民论坛》2011年第11期。

③ 李芳：《社会组织形式多样化条件下的思想政治工作》，《探索》2001年第5期。

④ 青连斌：《社会组织形式日益多样化》，《瞭望》2001年第40期。

刻变化。新世纪，改革发展进入关键时期，社会结构发生了急剧嬗变，由传统的、封闭的、单一的结构向现代的、开放的、多样的结构转变。各种社会组织、群众团体大量涌现并活跃发展，这是社会文明进步的标志之一，反映了人民群众的生活水平日益提高，社会生活日益丰富多彩；体现了社会主义民主政治的不断发展，社会更加开放、环境更为宽松、人们思想更加活跃、社会充满生机活力。对于这些社会组织形式加强引导和管理，突破了传统的社会组织的划分界限，对社会的民主政治建设和满足人民群众多方面的精神文化需要，维护社会稳定和实现国家长治久安，将起到积极的作用。但其消极影响也是不容忽视的。一是各种组织的价值取向多样化，在意识形态领域表现为多种思想观念相互碰撞，矛盾错综复杂，容易产生和助长背离社会主义核心价值体系正确方向的拜金主义、享乐主义、利己主义、个人主义等思想。二是各种社会组织良莠不齐，活动频繁，容易滋生有害于社会的自由放任、分散无序现象，容易给各种封建迷信组织、邪教组织甚至会被国内外敌对势力所利用，来与我们争夺群众、争夺阵地、分裂群众，以某种民间合法组织的形式集结起来，形成独立的政治力量，甚至成为影响稳定的隐患。三是各种社会组织在追求自身利益的过程中，或多或少地会伤害其他群体的利益，客观上破坏原有利益平衡体和形成社会冲突，进而影响到社会的和谐与发展。四是社会组织覆盖面宽、分布广，参加人员复杂，对于社会主导价值功能的发挥、统一社会思想、凝聚社会力量具有一定程度上的解构和消解作用，削弱社会整合能力，加大了社会有效管理以及社会稳定的难度。社会组织多样化而带来的思想文化领域的新情况和新问题，对于整合社会思想、凝聚统一意志带来新的挑战性。

三　人的思想困惑与精神迷茫迫切呼唤重视精神家园建设

"仓廪实则知礼节，衣食足则知荣辱。"社会物质财富的增长，为社会主义文化的形成和巩固创造了良好的物质条件。代表先进文化的马克思主义在中国得到新的发展，中国特色社会主义理论体系深入人心，爱国主义、集体主义、社会主义、科学文明、开拓进取、健康向上的思想观念和道德风尚，成为当今中国人民精神世界的主流。这一切为发展社会主义文化奠定了良好的基础。

　　然而，正如马克思所说的："在我们这个时代，每一种事物好像都包含有自己的反面。"① 因此，"衣食足"并非"知荣辱"，物质财富的增长并不能自然而然地带来精神文明的提高，物质生活的富裕与精神富裕并不完全同步。与我国经济发展和物质富裕形成巨大反差的是，人们普遍的精神困惑和思想迷茫。屡见不鲜的诸如食品药品安全问题、教育科研道德低下、商业欺诈增多等现象，都与社会上诚信缺失、礼仪缺失和信仰迷失的影响有关。特别是进入新世纪以来，随着国际国内形势的变化，社会生活各方面发生了深刻变化，各种思想观念大量涌现，各种思想文化的相互激荡进一步加剧，思想文化领域的斗争将会是长期的、复杂的，有时甚至还会是尖锐的。我国思想文化正经历着前所未有的震荡，价值系统崩溃、意义结构解体、精神世界危机，成为新世纪中国文化深层困境，我国思想文化面临着一系列新的挑战。② 党的十五大报告中指出："面对世界范围各种思想文化相互激荡，全党必须从社会主义事业兴旺发达和民族振兴的高度，充分认识文化建设的重要性和紧迫性。"我们党的文化创新正是在这一语境下，对新世纪思想文化领域挑战的自觉回应。

（一）党风廉政建设对思想文化建设提出更高要求

　　党的十六届六中全会中指出："党风正则干群和，干群和则社会稳。反腐倡廉是加强党的执政能力建设和先进性建设的重大任务，也是维护社会公平正义和促进社会和谐的紧迫任务。"③ 党风廉政建设是当前我国思想文化建设的重要内容。消极腐败现象的产生，党和国家的高级干部蜕变为腐败分子，有其复杂而深刻的社会根源。在社会主义初级阶段，多种经济成分并存，新旧经济体制更替，个人收入的悬殊不公，这是党内消极腐败现象产生的社会基础；剥削阶级的腐朽思想，即资产阶级腐朽思想、封建主义残余思想，是诱发党内产生不正之风和消极腐败现象的思想基础；纪律不严、监督和制约机制的不健全不完善也是重要因素。苏东政局剧变所造成的社会主义事业在世界范围内遭受严重挫折，使少数党员干部对社会

---

① 《马克思恩格斯全集》第 12 卷，人民出版社 1962 年版，第 4 页。
② 于幼军：《社会主义初级阶段文化论》，人民出版社 1999 年版，第 58 页。
③ 《中共中央关于构建社会主义和谐社会若干重大问题的决定》，载《十六大以来重要文献选编》（下），中央文献出版社 2008 年版，第 671 页。

主义、共产主义信仰产生动摇也是重要原因。腐败问题表面上是经济问题，但它不仅仅是经济问题，其背后隐藏着深层根源和最根本的思想文化方面的原因，其实质则是深刻的信仰危机和价值观的危机，是共产主义理想信念的动摇、背弃甚至丧失的结果。理想信念是人安身立命的根本。世界观、人生观、价值观决定着人的理想信念、价值判断、行为选择和道德标准。正确的世界观、人生观、价值观会给人以正确的行为导向；反之，则会把人引向歧路。世界观、人生观、价值观的倒错，必然导致错误的人生追求。个别党员改变了信仰，参与搞封建迷信，求神拜佛，有的成为虔诚的宗教徒。理想信念不坚定，在国内外复杂的政治形势和市场经济的大潮中，就会迷失方向，经受不住各种考验，就容易成为拜金主义、享乐主义和极端个人主义的俘虏，就会有走上腐败堕落的危险。目前，"一切向钱看"、"不要精神只要钱"，成了一些党员干部的人生观。道德观念的沦丧，伦理观念的倒错，是消极腐败现象滋生、一些党员干部腐败堕落的道德根源。作为共产党员、特别是党员领导干部，必须时刻把坚定共产主义理想信念放在首位，立党为公，甘于奉献。中国共产党是中国工人阶级的先锋队，共产主义理想、信念和道德是每个共产党员的立身之本、奋斗动力和行为坐标。迷失了这个坐标，丢掉了这个立身之本，就必然会走上邪路，甚至违法犯罪，堕落成人民的罪人。

思想道德防线溃败会使党的肌体不攻自溃、不战自败。因此，可以说，思想道德防线溃败所构成的对意识形态安全、政治稳定的威胁，要比任何一种威胁更严重，因为它体现了党员干部的信仰危机和道德危机，动摇整个马克思主义体系的信仰。苏联解体的一个最为本质和核心的问题，可以归结为执政主体的整个精神世界的崩溃，最终导致整个社会主义大厦的倾塌。

历史唯物主义的一个重要原理，就是社会意识对社会存在具有能动的反作用，就是说社会意识能够推动或促进社会存在的发展。没有天生的腐败分子，腐败是党员干部思想行为发生转化的结果。所谓从源头上治理腐败，首先要弄清楚什么是源头。从思想文化方面来看，就是人的世界观、人生观、价值观以及理想信念、思想意识、道德修养等问题。坚持不懈地用先进的思想文化——马克思主义武装党员干部，使党风廉政建设建立在坚实的思想理论基础之上，才是抓住了产生腐败"源头"。治理腐败的最高境界，既不是使官员"不敢腐败"，也不是使官员"不能腐败"，而是使官员"不想腐败"。由"不敢"到"不能"到"不想",只能靠强有力的思想道德教育。因此,制度建设在治理腐败中虽然具有重要作用,但其目的是要最大限度地堵塞漏洞,是"溪流"而不是"源头"。从这个意义上可以说,在反腐败问题上,加强思想文化建设比制度建设更为重要。

(二) 我国思想文化领域的新变化对于思想文化建设带来新挑战

社会经济成分和利益群体的多样化,导致了思想文化和价值观念、道德观念的多样化。市场自身的弱点和局限性给文化建设带来不可忽视的影响。市场经济作为人类文明的成果,是对自然经济的超越,具有自然经济不可比拟的优越性。但是它所带来的弊端也是无法否认的,这是一个无可逃避的二律背反的文化难题。马克思曾指出,商品经济、市场经济由于商品是"天然的平等派",因而必然带来平等观念、民主观念,带来工业文明,造成人的自由全面发展,但也必然产生拜物教、金钱崇拜等消极意识。① 如经济全球化一样,市场经济同样也是"双刃剑"。它既是文化的繁荣兴旺的助推器,也是文化走向失范和滑坡、充满困惑、烦虑和感伤情怀的原因之一。自 20 世纪 80 年代开始,中国进入了前所未有的大变革时代,也即人们称之的"社会转型"时期。这个时期意味着整个社会系统内部结构的变迁,是社会生产方式、生活方式、心理结构、价值观念、就业形式、分配方式等方面发生深刻的变革时期。特别是进入新世纪以来,随着世界政治多极化、经济全球化和文化多元化的进一步加深,国内改革发展和社会主义市场经济的进一步发展,我国社会生活各方面发生了深刻变化,多种所有制结构、多种经济成分、多种分配形式的长期并存导致了多种利益群体和社会阶层的产生和存在。"四个多样化"必然导致不同社会群体价值取向、道德观念、文化选择的多样化,人们的思想空前活跃,反映在意识形态领域,就是多种思想理念和价值观念、道德观念的并存。本来应该是依次更替出现的封建主义文化、资本主义文化、社会主义文化这三种社会形态的文化,在我国社会主义初级阶段却是在时间上和空间上并存。这就使我国现阶段思想文化呈现多元并存、错综复杂的局面。社会成员在理想信念、价值取向、道德观念等方面面临着多种选择,难免在一段时期里出现一定程度的困惑迷惘甚至混乱。

---

① 马克思:《资本论》第 1 卷,人民出版社 2004 年版,第 104 页。

　　社会思想文化领域的问题首先表现为价值观的混乱与价值体系的紊乱。价值体系是一个社会所具有的共同的精神维系力量。利益主体的多样性、职业选择的自主性、民众生活的个性化及思想观念的多元化，使人们的世界观、人生观和价值观发生了深刻变革。传统价值理念在市场经济的大潮中受到前所未有的冲击，新的核心价值体系尚未确立，精神领域出现断层，物质富裕与精神贫困形成强烈的反差，见利忘义、个人主义、拜金主义、荣辱不分、美丑颠倒的现象屡见不鲜。许多人精神空虚、理想缺失、信仰危机、诚信危机、荣辱颠倒、不思进取、好逸恶劳、是非不明、美丑不分、黑白混淆、生活目标盲目混乱、价值体系扭曲错位。腰缠万贯的老板发出了"我穷得只剩下钱"的感叹，住在高楼大厦的城里人却有"失家"的感觉；"我不相信"、"躲避崇高"、"跟着感觉走"、"潇洒走一回"、"过把瘾就死"的"时尚文化"从一个侧面反映了当下中国人精神世界的状况。

　　当下我国社会的理想信念的缺失、盲目、混乱感有日益加深的趋势。社会公民的理想信念有逐步淡漠的趋势。一些人把理想信念看成是空洞的可有可无的东西，认为搞市场经济就是捞实惠，理想信念毫无用处。对社会、对自己的人生缺乏理想、缺乏信念；对爱国主义精神、民族精神淡漠；对中国革命和中华民族的历史知之甚少或一无所知；对民族英雄、模范人物缺乏敬仰之心。理想信念缺失或模糊不清，导致信仰危机。在人类的思想文化现象中，恐怕没有什么比"信仰"更能说明人的内心，也没有什么能够比它产生更强大的个人精神力量。信仰关乎人的生命，是对人的生死问题的终极判断。可以说，当前中国社会存在着普遍的信仰危机。作为几千年来中国人精神家园的传统文化经历了几次大的冲击，所起的作用越来越微弱，难以再承担当代中国人的共同信仰的重任。新中国成立后一直作为我们主流意识形态的马克思主义、共产主义作为一种信仰体系，在改革开放之后，特别是苏东剧变之后，也遭遇到了到巨大冲击。在市场经济冲击下的信仰丧失和困惑，代之而起的物质主义、实用主义、无政府主义则大为盛行。缺乏信仰规约的物质主义，很容易成为社会不稳定的精神根源。可以毫不夸张地说，一个没有信仰的人完全能够做到无法无天，而一个没有信仰的社会则很难保持长期的稳定。信仰的迷失和困惑，价值体系的断裂，代之而起的还有盲目的宗教热。且不说"法轮功"邪教所包藏的政治图谋，单就其确实蒙骗了许多人这一点而言，也足以使人对当代信仰生活的领域引起警觉。事实表明，信仰的自发性必然导致盲目性，并走向倒退——人们从过去已被抛弃的观念中寻找新的精神家园。① 作为文化最为重要载体形式之一，"宗教热"的发展正在冲击着传统的文化边界，塑造着一种全球性的新的文化特征。在经济全球化的今天，我国宗教已经成为世界宗教体系的一部分。随着改革开放以来宗教政策的落实，宗教在我国有较快的发展，不仅发展速度较快，而且发展的式样之多更是令人眼花缭乱。我国的信教群众人数与日俱增，信教人员的文化程度有逐渐增高的趋势，年轻信教人员逐渐增加。由于社会发展的现阶段，宗教的存在还具有必要性和长期性，在社会生活中还具有积极意义和作用。但不能夸大宗教的作用，更不能威胁、弱化甚至代替马克思主义主流意识形态主导地位。面对当下我国思想文化领域复杂多变的状况，加强思想文化的创新发展显得尤为重要。

（三）改革发展的深化出现的诸多问题加重人的精神压力和心理焦虑

改革开放和社会主义现代化建设的目标，是要创造一种以人为本，充满人文关怀、和谐发展的社会，但实现这一目标的道路确实是不平坦的。历史上的历次社会变迁都必然带来人们思想上的大变动，从欧洲的文艺复兴到中国的五四运动概莫能外。作为一场深刻的社会变革，中国的改革开放和现代化建设也必然带来思想文化和社会心理的变化。20世纪80年代中国的改革开放是前所未有的社会变革，它至少在三个方面发生了转折：党和国家的工作重心由以阶级斗争为纲转向以经济建设为中心、经济体制由计划经济转向市场经济、社会由封闭或半封闭转向全面开放，这一系列的转变必然引起人们思想上的震荡，对于原有的社会心理系统形成巨大冲击，其表现就是社会出现普遍"失范"（Anomie）。"失范"，亦称脱序，一个社会学术语，最先是由法国社会学家埃米尔·迪尔凯姆（Emile Durkheim）提出，美国社会学家罗伯特·金·默顿（Robert King Merton）进一步发展了这一概念。迪尔凯姆将失范注释为："一种社会规范缺乏、含混或者社会规范变化多端，以致不能为社会成员提供指导的社会情境。"② 而这种"社会规范缺乏、含混或者社会规范变化多端"，常常发生在社会

① 参见李德顺《文化：跨世纪的话题》，《新视野》2000年第1期。
② ［法］埃米尔·迪尔凯姆：《自杀论》，钟旭辉等译，浙江人民出版社1988年版，第53页。

变迁的时期，"因传统价值和传统社会规范遭到削弱、破坏乃至瓦解，所导致的社会成员心理上的无序状态。在失范社会中，曾有的统一信仰遭到怀疑和抛弃，而个人又尚未确立自身的信仰体系，所以社会成员会感到失落，缺乏目的性和方向感"。①

由于建立在旧的价值体系基础上的价值目标的权威性受到怀疑、挑战甚至失效，而新的社会普遍认同的价值观念又没有形成或成熟，社会成员的行为缺乏明确一致的伦理规范约束，而呈现出混乱、无序和相互冲突的特征。价值评价失去了客观标准，必然导致价值标准上的相对主义、实用主义乃至虚无主义，其结果必然导致行为趋向上的困惑，或左右摇摆或失落理性而采取的盲目、自发行为。"我国社会转型时期所出现的失范状态主要表现为权威失范、角色失范和社会主导价值观混乱等方面，它使人们遇到了前所未有的社会适应困难，加剧了人们固有的生存焦虑，使人们强烈地感受到生存条件的不确定性和缺乏安全感。"② 社会分层的加速和贫富悬殊的拉大增强了人的相对剥夺感，导致人们牢骚满腹、情绪低落、意志消沉、信念动摇、逆反心理膨胀；日益激烈的竞争在给人们以机会充分展示自己潜能的同时，也给人们带来了很多的挫折和失败，大大增加了人们产生恐惧感的概率；而原有的来自家庭亲友、单位组织等的社会支持力的弱化则加重了心理危机和精神焦虑。③ 因此，现代社会表面上人们很自由安逸，但实际上内心却充满了焦虑和烦恼。"精神生活的节奏越来越快，快得令人眼花缭乱，由此产生的紧张感和不安感，与世俗时代的自由氛围，恰成鲜明的对照。"④

特别是伴随着现代化进程中的工业化、市场化、城市化不断推进，带来了更复杂的社会矛盾和问题，使人们在思想上、精神上、心理上承受着前所未有的压力，进一步加剧了人的精神焦虑。中国社会科学院发布的《2006 年中国社会心态调查报告》显示，"压力大"、"不平衡"、"安全感差"、"满意度低" 等，成为描述现阶段公众心态的最常用词汇。这份对全

---

① 参见 ［英］安东尼·吉登斯（Anthony Giddens）《社会学》，赵旭东等译，北京大学出版社 2003 年版。

② 李强：《社会转型期我国心理健康问题的成因与干预》，《理论与现代化》2003 年第 6 期。

③ 丁秋更：《社会转型期我国心理健康问题与和谐社会的构建》，《江苏商论》2007 年第 3 期。

④ 许纪霖：《世俗社会的中国人精神生活》，《天涯》2007 年第 1 期。

国 28 个省区市 7063 个家庭进行的问卷调查称：在中国经济快速发展的同时，普通百姓感觉到的生活压力却普遍加大，特别是在住房、医疗、教育等方面反应强烈；同时，对食品安全的担心和对政府工作的不满意削弱了他们的幸福感。在遇到"学校乱收费"、"政府有关部门乱收费"、"工作环境恶劣"、"老板（经理）管理粗暴"等情况时，受访者选择最多的是"无可奈何、只好忍了"或者"没有采用任何办法"。他们既不去疏通沟通或者向上级部门诉求，也不诉诸法律或者反抗。然而，这并不意味着人们心中的不满消失了。从互联网上的情况来看，它只是在第一时间被压抑了下来，一旦找到出口就会喷发出来。① 当前人们的精神压力和心理焦虑具体地表现在现实生活的不同领域之中，如，社会竞争加剧所导致的压力感加重，生活节奏加快所带来的紧张感增加，改革过程中出现的社会问题引起心理失衡，文化价值观念的变迁造成心理上的困惑，社会陌生性增加导致归属感、依赖感降低，在极端的情况下则会导致孤独感、无助感等。②

　　面对新世纪的新情况和新问题，如何引导人们自觉形成与现代化进程相适应的思想观念和生活方式，在大力培育市场经济意识和营造公平竞争、拼搏进取舆论氛围的同时，抑制利己主义、拜金主义、享乐主义等消极腐朽观念的滋长；如何积极关注人民群众在现代社会生活中对精神寄托、人际交往和心理调适的需求，积极主动地做好释疑解惑、理顺情绪、化解矛盾的工作，帮助人们释放由于紧张的生活节奏而造成的精神和心理压力；破解物质层面的丰裕如何才能带来精神层面的日臻完善这一人类社会发展进程中的难题，成为新世纪党的思想文化建设的任务。

---

① 中国社会科学院：《2006 年中国社会心态调查报告》，《中国高等教育评估》2007 年第 1 期。

② 沈杰：《我国社会急剧转型引发大量心理问题》，《中国青年报》2007 年 2 月 25 日。

中　篇

新时期中国共产党文化创新的
重大理论成果

在新的历史时期，我们党在社会主义文化建设的问题上，提出了"先进文化"、"社会主义核心价值体系"、"社会主义荣辱观"、"社会主义和谐文化"、"弘扬中华文化"、"推进文化创新"等重大战略思想，在文化理念、文化范畴、文化规律、文化地位和作用、文化建设的特点和规律、文化价值功能等问题上，提出了一系列的新观点和新思想，初步形成了以先进文化为引领、以核心价值体系为核心、以文化生产力为途径、以建设社会主义和谐文化为目标的文化创新体系，其中的每一个新观点和新思想，都是对以往的转变和超越，都是文化创新的重要组成部分。但依据不同的观点和提法在整个文化发展中的地位和中国文化实践中的作用的不同，其地位和作用是有所区别的。其中，"先进文化"的提出，揭示了文化先进性及其标准，指明了中国文化创新的方向，具有重大创新意义。文化是社会思想、社会意识的总和，而先进文化则是时代精神的精华。文化创新是有方向的，坚持什么样的文化方向，推动建设什么样的文化，是一个政党在思想上、精神上的一面旗帜。价值观是文化的内核与根本、灵魂与精髓，价值观更新必然要导致文化的更新与变革。核心价值体系是文化的深层次的核心和灵魂，它作为内在于文化之中的主导精神，为社会提供理念支撑、精神动力和合法性证明，因而"社会主义核心价值体系"的提出，在我们党的历史上堪称是一次伟大的创举。"文化生产力"作为 20 世纪以来文化与经济的高度融合，使文化的物化形态和传播方式发生了根本性变化，产生了新的生产力形态和新的文化形态——文化生产力，极大促进了文化的繁荣与发展，成为人类文化发展的重要推动力。"先进文化"、"社会主义核心价值体系"和"文化生产力"的提出，是对马克思主义文化理论的重大贡献，成为新时期党的文化创新上的重大理论成果。

第 四 章

社会主义先进文化的理论创新

先进文化是文化的精华，是人类文明的结晶，是推动人类社会前进的精神力量，也是先进政党的灵魂和标志。"坚持什么样的文化方向，推动建设什么样的文化，是一个政党在思想上、精神上的一面旗帜。"[①] 我们党自成立以来，就与先进文化紧密联系在一起，在领导革命、建设和改革的历程中，始终代表先进文化的前进方向。但我们党明确提出"先进文化"的思想，则是在新时期的特殊历史时期。从新世纪之初提出，经十六大、十七大进一步阐述，形成了"先进文化"思想。2000 年初，江泽民在广东考察工作时提出了"三个代表"重要思想，其中之一就是"党要始终代表中国先进文化的前进方向"。2001 年 7 月 1 日，在庆祝中国共产党成立80 周年大会的讲话中，他又进一步指出："总结八十年的奋斗历程和基本经验，展望新世纪的艰巨任务和光明前途，我们党要继续站在时代前列，带领人民胜利前进，归结起来，就是必须始终代表中国先进生产力的发展要求，代表中国先进文化的前进方向，代表中国最广大人民的根本利益。"[②] 党的十六大，进一步明确阐述了"党始终代表中国先进文化的前进方向"的科学内涵："就是党的理论、路线、纲领、方针、政策和各项工作，必须努力体现发展面向现代化、面向世界、面向未来的，民族的科学的大众的社会主义文化的要求，促进全民族思想道德素质和科学文化素质的不断提高，为我国经济发展和社会进步提供精神动力和智力支持。"[③] 党的十六大报告将"始终代表中国先进文化的前进方向"与"始终代表中国

---

① 江泽民：《论"三个代表"》，中央文献出版社 2001 年版，第 158 页。
② 同上书，第 152 页。
③ 同上书，第 158 页。

先进生产力的发展要求"，"始终代表中国最广大人民的根本利益"一道写入党的章程，作为我们党必须长期坚持的指导思想，确立了建设先进文化在全面建设小康社会中的重要作用。党的十七大继续坚持这一思想，明确提出"要坚持社会主义先进文化前进方向，建设社会主义核心价值体系，兴起社会主义文化建设新高潮"。"先进文化"理论的提出，明确了衡量先进文化的尺度，提出了当代中国先进文化的具体内容，是对我党文化实践探索的理论总结，是对马克思主义文化理论的重大贡献，是新世纪我们党的文化创新的重要体现。

一 文化史上关于文化先进性的争论及其局限

文化有无先进与落后之分？有的人认为，按照黑格尔的只有变化而没有发展的观点，文化只有不同的样式的变化，而没有根本性的发展，因而，没有先进和落后之分。有人认为，每个民族的文化都有自己的优点，无法比较谁优谁劣。这就是文化相对主义的观点，这种观点无疑是否定了文化的发展，进而否定了人类历史的进步性。其实，"先进文化"的提出，肯定地回答了这个问题。因为先进文化的提出，已经逻辑地蕴涵了落后文化的存在。不仅如此，还有腐朽的甚至反动文化的存在。区分先进文化与落后文化的标准，是我们首先要弄清楚的问题。

在西方文化史上，古典文化进化论和文化相对主义在文化先进性问题上持不同的观点。文化进化论与文化相对论作为人类理解自身文化的两种前提性思维，实际上反映着人类对人类自身和人类存在的不同理解。"文化相对论坚持了人是多元的存在而却失去了人的发展本质，最终落入文化保守主义；文化进化论则坚持了人是发展的存在而却失去了人类多元的存在事实，以至于成为文化霸权主义和文化殖民主义的根据。"①

古典文化进化论是 19 世纪末 20 世纪初兴起的一个具有实证传统的文化哲学学派，其主要代表人物是英国人类学的泰斗——泰勒等人。这一学派从达尔文、孔德、斯宾塞的理论出发，认识到了人类文化是自然发展进化的结果，强调历史发展的一贯性，认为人类心理的统一决定了人类文化的统一，人类文化的发展具有统一的进化方向，各地区各民族的文化都是

---

① 胡长栓：《正义的进化——人类文化的当代命运》，《北方论丛》2004 年第 3 期。

从低级到高级、由简单到复杂的循序渐进独立平行地发展起来的，所有文化都将依次经历同样的发展阶段，因此各种独立发展的不同文化之间是存在可比性的。① 古典文化进化学派肯定了人类历史活动有其规律，揭示了人类文化发展的总趋势。它的这一观点连同泰勒的文化定义，对 20 世纪人类文化的发展和研究都产生了极大的影响。

但是，古典文化进化学派存在着内在的局限性。这不仅是因为它将文化发展看做是单向度的过程，忽视了各民族文化发展的多样性，而且在于它基于文化自然进化观点，把欧洲资本主义文化看成是当时人类文化发展的最高阶段，并以此去评判非西方国家的优劣，带有鲜明的"欧洲中心论"色彩。不仅如此，这种观点与其理论前提自相矛盾，因为既然文化是一个发展过程，就不会有顶点和终极；既然欧洲资本主义文化已经是当时人类文化发展的最高阶段，那么人类文化就不是一个永恒的发展过程。因此，这种矛盾埋藏着古典文化进化学派否定自身的种子。"20 世纪资本主义世界爆发的空前经济危机以及第一次世界大战的爆发，充分暴露了资本主义的弊端，随后出现的传播学派、历史学派、社会学派，尤其是文化相对主义学派，成为了早期文化进化论学派的劲敌。"②

文化相对主义是 20 世纪初出现的一种普遍的社会思潮，人类学家韦斯特马克，社会学家萨姆纳、杜尔科姆、卡尔·曼海姆，哲学家尼采、皮尔士等都从不同角度、不同程度地阐述了价值相对主义的问题。文化相对主义的鼻祖、美国人类学大师博厄斯，认为每个文化都是一个独特的体系，恰如一个特定山坡地的侵蚀形态是无法在世界其他地区找到相匹配的一样。对文化相对主义的形成和发展作出杰出贡献的马克斯·韦伯，通过考察不同文明中主要的价值体系——意义系统与人们经济活动之间的关系，来界定和解释现代西方文明的不同特征，从而把西方文明与东方文明进行比较。在他看来，各种文化在不同地区的特征相差很大，人们可以根据最终的价值观和目的确立合理化的标准，从一种观点看来是合理的东西，在另一种观点看来可能相反，这就提出了各种文化的相对价值问题。这一思想是相当具有启发性的。在他之后，斯宾格勒和汤因比发展了他的观点，推翻了西方文化中心论的观点，确立了各民族文化发展的新途径。

---

① 丁立群：《全球化的文化选择》，《哲学研究》2008 年第 11 期。
② 洪晓楠：《文化哲学思潮简论》，上海三联书店 2000 年版，第 6 页。

文化相对主义学派，从某种意义上来说，是作为反"文化中心主义"而出现的，因而具有积极意义。它反对以一种民族文化作为判断是非的标准去评价其他民族的文化。同时，它也看到了一种文化现象的产生、存在和发展与人们生活的具体历史条件相联系。这在人类认识史上是一次飞跃，为人类认识自己的历史、探讨自己的未来发展提供了新的理论框架。它反对将人类社会的历史发展看成单一、直线的过程，要认识到文化发展的民族性和多样性，这是值得肯定的。但是，文化相对主义学派，由于过分强调各个文化发展的差异性，而否认了人类文化发展的一般规律，认为每个民族都有自己独特的文化，且文化不是理性思考的结果，所以不能比较；认为各种文化由于自身价值观及目的的不同，都有各自不同的合理化标准；认为各种文化之间无高下、优劣之分。按照这种观点，文化本无先进、落后之分，文化先进性的问题也就无从谈起。这种观点使文化成为难以捉摸的东西，其逻辑结果必然导致对文化评价的否定、对文化比较的否定、对文化发展中主体能动性的否定。正因为这种局限性，文化相对主义学派又受到了新文化进化主义学派的批判。

20 世纪 40 年代，古典文化进化论逐渐黯然失色。一批美国文化人类学家，从否定文化相对主义学派的弊病出发，又重新回到了文化进化论的立场，建立了新文化进化论学派，其主要代表人物是美国新进化论学派开山祖师和巨擘莱斯利·怀特及其门生萨林斯以及斯图尔德等人。怀特除了坚持文化是由低级向高级发展的基本进化观点外，还提出了自己新的观点，认为文化的进化，就是人类利用能量总量的提高或利用能量的技术效率的提高。怀特的主要观点也被称为"普遍进化论"。另一位新文化进化论学派重要代表斯图尔德认为，各种不同的文化是平行发展的，并不是像古典文化进化论片面强调单线进化的那样，各种不同文化之间不是不能跨越的，故被称为"多线进化论"。而其学派的另外代表萨林斯和塞维斯，试图调和怀特的普遍进化论和斯图尔德的多线进化论之间的矛盾，认为这两种学说实际上反映的是人类文化进化中的普遍进化和特殊进化两种形式。

尽管新文化进化论学派内部具体观点不尽相同，但都坚持了文化进化论的基本思想，都主张一般进化论，认为人类文化从总体上是向前进的。但又提出一些与古典进化论不同的观点。如抛弃了古典文化进化论关于发展和进化不可能跨越或跳跃其中某一个阶段，也不可能由前一个阶段倒退到后一个阶段等观点，而是倡导一种"多线进化论"。另外，新文化进化论学派否定了古典文化进化论关于人类文化的演化发展是由人类理性所支配的观点，认为"文化进化的根本原因是生产力发展，以及生产力与生产关系的矛盾运动"，① 而且认为"技术发展"、"能量开发"、"适应环境"是文化进化的主要动力，其基本方向与唯物史观是一致的。但是，新文化进化论仍然存在缺陷。如在划分历史上文化阶段的问题上，怀特认为某一文化的发展与该文化所消耗的总能量有关，因而可以根据文化所产生的总能量来划分文化阶段。但问题是，我们没法真正测量历史上的能量消耗情况，因而也就根本无法以此划分文化阶段。再如，新文化进化论提出的"文化支配法则"，认为文化总是从"中心区域"向当时还处于"低势能文化"阶段的地域传播，由此形成"中心"和"边缘"的关系，这就为霸权主义强行推行其文化提供了借口，为文化帝国主义和文化殖民主义提供了容身的空间。

古典文化进化论学派强调历史发展性，但却忽略了各民族文化发展的多样性，导致了"欧洲文化中心主义"，因此与文化相对主义学派成为劲敌；文化相对主义学派虽然否定了西方文化中心论，但由于过分强调各个文化发展的差异性，进而否定人类文化发展的一般规律，因此受到新文化进化论学派的批判。新文化进化论学派虽然力图扬弃古典文化进化论与文化相对主义的弊端，克服其不足，取其所长，也确实提出了一些先进的观点，但仍存在着不可克服的缺陷。从古典文化进化论学派到文化相对主义学派、功能学派、结构学派再到新文化进化论，西方文化哲学的发展完成了一个圆圈，经过了一个螺旋式的发展过程，但终究还是未能科学解决文化进步的问题。如何走出困境？1978 年的第十届国际人类学和民族学大会上，与会者就"新进化论与马克思主义"进行专题讨论，许多人主张只有更多地从历史唯物主义中寻求社会发展的答案、才能克服理论上不足。② 文化史上文化先进性及其标准的争论，只有用唯物史观才能解开这个谜团，成为解开文化是否具有先进性这一难题的钥匙。

文化史上文化先进性及其标准争论的关键，在于缺乏科学理论和科学

---

① 胡长栓：《正义的进化——人类文化的当代命运》，《北方论丛》2004 年第 3 期。

② ［苏］Ю. В. 勃罗姆列伊、В. И. 科兹洛夫、杨允：《第十届国际人类学和民族学大会》，《世界民族》1979 年第 4 期。

方法的指导。由于人们站在不同阶级立场，运用不同的方法和观点观察事物，作出的判断和结论必然有所不同，甚至产生完全对立的看法。对于文化先进性问题也是如此。马克思主义唯物史观为我们提供了分析文化的先进性及其标准的科学理论基础和一般方法论指导。依据马克思主义唯物史观的基本观点，人类社会是一个由低级到高级的发展过程，那么受社会经济发展状况决定并反映和作用于社会经济发展的文化，也必然是一个由低级到高级的发展和创新的历史过程。因此，我们承认了历史的发展与进步，也就承认了文化是发展和进步的，进而也就承认文化是具有先进性的。人类社会的发展不会停止，文化的发展就不会终结。从总体上看，一部人类发展史也是一部文化发展史，是一部文化创新的历史。文化的先进性，也就是文化的进步性和发展性。因此，文化具有先进性就不是存不存在的问题，而是取决于文化存在的常态问题，文化发展正是先进文化取代落后文化的过程。早在20世纪30年代，文化哲学家朱谦之先生就说过："文化生活乃在永远创新，永远变化的过程中；文化本身就是变和动的表现，而这个变化，就是生活进行，就是进化。"① 但是，文化变动不居并不意味着一定是进步的，有时甚至是倒退的。比如说世界大战以后西方文明的衰落，就意味着那种"文化（Civilization）也成为梅毒化（Syphilization）了"②。这种文化无论如何也不能说具有先进性。恩格斯在《反杜林论》中曾指出："文化上的每一个进一步，都是迈向自由的一步。"这一著名论断不仅肯定了文化发展的动态性质，而且指明了文化的先进性标志。毛泽东在论述文化问题时，一方面使用"方向"这一术语（他称鲁迅代表了"中华民族新文化的方向"）；另一方面又用"好"与"坏"、"新"与"旧"、"精华"与"糟粕"来描述过文化的对立性质，明确肯定了文化的先进性问题。先进文化是同落后文化相比较而存在的。在人类社会发展历史上，在任何一个国家的社会生活中，文化都是多种多样的，是先进文化与落后文化并存的。虽然有时会出现此消彼长的状态，但先进文化终将以其巨大的内在力量，去改造落后文化，抵制腐朽文化，并在这个过程中使自己得到丰富和升华。

---

① 朱谦之：《文化哲学》，商务印书馆1990年版，第13页。
② 同上书，第215页。

二　文化的先进性及其"尺度"

马克思主义只是为我们理解文化的先进性问题提供了理论基础和方法论指导，但在马克思主义理论中并未专门讨论过文化的先进性问题。第一次明确提出"先进文化"概念，特别是提出"代表先进文化发展方向"，是中国共产党的贡献。中国共产党在人类进入一个新的千年之际，面对复杂的国际国内形势，明确提出了"中国共产党代表中国先进文化前进方向"的问题，并且将先进文化与执政理念联系起来，把"代表先进文化的前进方向"提升到党的性质、宗旨和建设的高度，作为党的先进性的根本标志。这是我们党对文化问题认识的进一步深化，这在马克思主义建党学说史上是创新，也是党在文化创新上的重要成果。

所谓"先进文化"是指能够根据时代的变化，适应时代的要求，推动社会先进生产力发展、社会全面进步和促进人的发展的文化，是一个民族不断发展壮大的精神动力。这一先进文化概念是高度概括抽象的，它涵盖着世界上每一个民族在人类进步和社会发展中所产生的具有积极进步意义和推动作用的文化。而作为中国共产党指导思想的先进文化，就是以马克思主义、毛泽东思想和中国特色社会主义理论体系为指导的社会主义文化，是面向现代化、面向世界、面向未来的文化，是民族的、科学的、大众的文化。它以社会主义初级阶段为历史定位，以社会主义现代化为发展中心，以塑造社会主义新人为目标的文化，是中国共产党探索与建构中国先进文化的最新成果。它是一个具有一元六维结构的文化形态，"一元"即以马克思主义为核心和指导，"六维"即"面向现代化、面向世界、面向未来的、民族的、科学的、大众的"特征。

"先进文化"思想的提出，不仅揭示了先进文化的内涵与特征，而且在逻辑上蕴涵着判断文化先进性的标准，为我们分析评价文化的先进性提供了基本原则。这就是：坚持理性尺度、历史尺度、物质尺度、价值尺度的具体的辩证的统一。依据这一基本原则，历史上一切能够顺应时代发展要求、体现先进生产力的发展要求、有利于生产力的解放和发展，能够促进社会全面进步和促进人的发展的文化，就是先进文化。

（一）理性尺度——强调先进文化的正确性和真理性

提出理性的尺度的前提是把文化理解为思想文化或观念文化，即一种以价值观为核心的精神文化。理性的尺度亦是科学的尺度。衡量作为观念形态的文化，首要的标准就是理性的，即科学的。因而反科学的、伪科学的文化就不是先进的文化，而一些经验性的非科学的文化，则是尚待发展为先进文化的文化。文化的科学性严格说来是与错误文化相区别的，而不是与落后相区别的，因为落后的文化并不一定是错误的，只是随着时代的发展，退出了历史舞台而已。科学性是文化先进性的基本原则和基本要求，科学性是先进文化的本质特征，是评价和判断文化是否具有先进性的首要标准、尺度和原则。我们党提出的先进文化是"科学的"，不仅仅是指当代中国的特点，而且对分析评价整个人类文化的先进性也带有普遍意义。

先进文化首先要具有科学品格，它与迷信不相容，它是伪科学的天敌。科学性与先进性是同等程度的概念，它们具有内在的一致性，先进的必须是科学的，而科学的也一定是先进的。而科学性即真理性。真理性是科学性的尺度，也是科学性的标志。科学性的关键并不仅仅在于符合真实、普适、精确度量等这些外围的基本原则，而在于它是自觉的或理性的实事求是的活动及其结果。科学是人类获得知识的创造性的理性活动，理性化是它的根本基本原则之一。马克思、恩格斯曾指出："科学就是在于用理性方法去整理感性材料。"① 瓦托夫斯基也指出："我们可以最广义地把科学定义为理性的实践活动。"② 这里的理性，一方面是指与感性相对应的概念、判断和推理等思维活动；另一方面就是指客观真实地反映事物的本来面目及其规律的活动。坚持先进文化的科学尺度或真理尺度，同时也就意味着分析评价先进文化的标准必须坚持客观性。要求对任何民族和任何时代的文化评价不能带有主观偏见、成见或个人感情色彩，不能不顾其他民族具体实际，而将自己文化价值强加于其他民族。"欧洲中心论"、"普世价值"论等便是非科学的文化价值理念导引下产生的偏见观点。"欧

---

① 《马克思恩格斯全集》第 12 卷，人民出版社 1965 年版，第 163 页。

② ［美］M. W. 瓦托夫斯基：《科学思想的概念——基础科学哲学导论》，范岱年译，求实出版社 1982 年版，第 585 页。

洲中心论"已经不是地理意义上的用语，而且是一个文化用语，甚至还成为一个意识形态意义上的用语。①

马克思主义一贯强调科学的实质和精神就是实事求是，甚至一些唯心主义者也承认科学的实质就是实事求是。以科学尺度评判文化的先进性，就是肯定了文化的真理性和正确性。先进文化是揭示自然、社会和思维发展普遍本质和一般规律的文化，是科学的世界观和方法论，为人们确立了一种正确的价值观和一套合理的、先进的价值体系。倡导先进的文化，就是倡导科学的文化；倡导科学的文化，就是倡导先进的文化。作为先进文化的马克思主义本身具有普遍的真理性，它以其科学的世界观、人生观和价值观，为推进中国社会主义的发展提供了强大的思想武器，因而成为当代中国社会主义文化的灵魂与核心。

（二）历史尺度——相对于过去时代的落后文化而言

先进文化是一个历史范畴，是文化发展阶段性的体现，是与落后文化相比较而存在的。先进文化的历史尺度所揭示的是这种文化存在的合理性问题。所谓历史尺度，就是把文化放在历史发展的过程中具体分析。那些曾经在当时历史条件下是先进的文化，随着社会历史的发展，终究被更先进的文化所代替。只有那些符合社会历史发展，反映时代发展潮流的文化才有可能是先进文化，而随着社会历史的发展，事物存在的合理性而被历史所淘汰的文化就是落后文化。"先进"即"先锋"。尽管"先锋"不一定"先进"，但"先进"一定"先锋"。先锋的东西总是走在历史的前列，尽管某些文化仍不失去其科学性和真理性，从历史的长河看也尚不"落伍"，但已经不适应当下的社会现实，是相对地属于"落后文化"了。从这个意义上说，今天我们称之为"传统文化"的文化，在历史上某个时代也曾经是当时的先进文化。也就是说，不同的时代，先进文化的内容是不同的。因此，把先进文化作为一个历史范畴，就必须承认，文化的先进性是相对的，而不是绝对的，但与否认文化先进性的文化相对主义是完全不同的。

马克思主义唯物辩证法认为，事物的存在是一个发展过程并呈现出阶

---

① 任东波：《"欧洲中心论"与世界史研究——兼论世界史研究的"中国学派"问题》，《史学理论研究》2006 年第 1 期。

段性，新陈代谢是宇宙间永恒的客观规律，新的东西总是比旧的东西有更多的合理性，才能取代旧的东西。人类社会的发展变化也有其内在的客观规律性，是一个从初级、简单形态向高级、复杂形态发展的过程。因此，不同时空的文化是可以比较的，因而"文化先进性"的存在具有合理性。不同时代、不同国家都有着自己的先进文化，因而历史上出现的一切文化都曾经是先进文化，或者说，每一个时代都有自己时代的先进文化。这种不同时代的先进文化之间的差异，不仅表现在其文化内容的广度上，尤其是表现在其文化内容的深度上，反映出人类对自然界和社会的认识经历了一个由表及里、由浅入深、由简单到复杂的过程。

　　依据马克思社会形态理论，人类依次经历了奴隶制的、封建制的、资本主义以及社会主义社会，依次经历了与之相适应的奴隶制的、封建制的、资本主义以及社会主义社会的文化。其中每一种文化都是对前一种文化的继承与超越，相对于前一种文化而言都是先进文化。奴隶制文明是残酷的，但没有人怀疑它比原始文明先进。恩格斯曾经这样评价："只有奴隶制才使农业和工业之间的更大规模的分工成为可能，从而使古代世界的繁荣，使希腊文化成为可能。没有奴隶制，就没有希腊国家，就没有希腊的艺术和科学；没有奴隶制，就没有罗马帝国。没有希腊文化和罗马帝国所奠定的基础，也就没有现代的欧洲。……在这个意义上，我们有理由说：没有古代的奴隶制，就没有现代的社会主义。……在当时的情况下，采用奴隶制是一个巨大的进步。"① 奴隶制文明创造了灿烂的文化，它使精神活动从原始社会混沌状态中独立出来，各种社会意识形式走出萌芽阶段。以古代四大文明古国为代表的奴隶制文明，为人类的文化发展作出了巨大贡献。在资本主义时代，马克思主义是站在时代前列，代表人类进步文化的前进方向的文化。马克思主义之所以具有先进性，因为它同时代前进的步伐息息相关，具有自我发展、自我完善的功能。一方面，马克思主义是关于人类社会发展规律的科学；马克思主义是无产阶级认识世界、改造世界、实现自我解放的强大思想武器。另一方面，马克思主义是对资本主义时代一切进步文化的总结和合乎科学研究逻辑的发展，是对人类历史上一切进步文化的科学继承。马克思主义的基本原理与各国的具体实际相结合，产生了若干形态的合乎时代发展方向与实践特点的马克思主义形

---

① 《马克思恩格斯选集》第3卷，人民出版社1995年版，第524页。

态，如列宁主义、毛泽东思想、中国特色社会主义理论体系等等，充分体现了其与时俱进的先进文化特征。直到今天，马克思主义学说仍是世界上最有影响力的学说。这是马克思主义具有文化先进性特征的突出体现。

（三）物质尺度——能否推动社会进步

这是文化是否具有先进性的根本标准和根本尺度。人类历史发展表明，在一般情况下，先进文化的发展，离不开先进生产力的发展。先进的生产力是先进文化发展的物质基础。马克思主义唯物史观揭示了生产力是社会发展的第一推动力，因而从经济的角度去判断文化的先进性是最根本的原则。文化是与社会的存在，特别是社会的物质生产活动紧密联系在一起的。人的物质生产实践活动是文化产生发展的总根源。恩格斯曾强调指出，不论哪个国家"哲学和那个时代的文学的普遍繁荣一样，都是经济高涨的结果。经济发展对这些领域的最终的支配作用，在我看来是无疑的"①。毛泽东同志也曾讲过，经济发展的高潮必然带来文化发展的高潮。江泽民提出的"先进文化"思想是其"三个代表"重要思想的组成部分，中国共产党"代表先进生产力、先进文化与人民群众根本利益"这三者是不可分割的。这实际上蕴涵着先进文化的生产力标准。

恩格斯说："人来源于动物界这一事实已经决定了人永远不能完全摆脱兽性。"② 但是，如果说这一点是人与动物都具有的话，而人类的特殊性恰恰在于不仅受制于自然而又超越于自然，能够在认识尊重自然的前提下对自然进行改造，人类改造自然的活动无不打上自身的世界观、价值观、人生观、审美观等印记，这一点便是文化形成的根据。美国社会学家奥格本认为，"现在，人类本质一词大多不是指人的先天本质，而是人类先天本质的文化表现形式，正是文化才使人的本质取代了动物的本质"③。既然文化与人类改造自然相联系，是人类改造自然的反映，那么，人对自然的认识和改造从总体上来说，是不断升级和上升的，呈现出进步的趋势。人类改造自然的每一步、人类认识自然每前进一步，文化的内涵也必然要得到丰富和拓展，也便产生了文化的进步性和先进性。伴随着人类的实践活

---

① 《马克思恩格斯全集》第 37 卷，人民出版社 1971 年版，第 498 页。
② 《马克思恩格斯全集》第 20 卷，人民出版社 1971 年版，第 110 页。
③ ［美］威廉·费尔丁·奥格本：《社会变迁——关于文化和先天的本质》，王晓毅等译，浙江人民出版社 1989 年版，第 75 页。

动经历了一个由低级到高级、简单到复杂的过程，文化也必然呈现进步与前进的趋势。在远古时代，人类的生产活动主要是农业生产、耕种和培育植物等，还有为农事顺利而进行的祭祀活动，因而就有了西方最早的文化概念：农耕、培植、祭祀①，后来，随着生产力的发展，人类改造自然的能力在提高，人与自然的关系越来越复杂，文化便由最初的耕作、培植，扩展到改造、完善人的内在世界、使人具有理想公民素质的过程。法国学者路易·多洛（Louis Dulloe）指出："Culture 从农业的意义扩展到他的转义，就日常用语的暗喻而言，表明了人类活动的二元性：人作用于自身（包括体力与智力）的活动，以及人在外界进行的即作用于他周围世界的活动。"② 人类历史上，由原始文化到奴隶时代文化，从封建文化到资本主义文化，再到社会主义文化，文化的进步性与先进性是显而易见的。

因此，一种文化先进与否，主要取决于它所反映的经济政治的时代内容，取决于它所处的整个社会的性质。近代以来，中国封建社会文化与后来的资本主义文化相比较，封建社会文化的落后性也在于它与当时落后的生产力、生产方式的必然联系。③ 毛泽东在《新民主主义论》中谈到近代中国新文化时指出："没有资本主义经济，就没有资产阶级、小资产阶级和无产阶级，没有这些阶级的政治力量，所谓新观念形态，所谓新文化，是无从发生的。"④ 在我国现阶段，代表先进文化的马克思主义在中国得到新的发展，中国特色社会主义成为我们党和国家的指导思想，爱国主义、集体主义、社会主义、科学文明、开拓进取、健康向上的思想观念和道德风尚，成为当今中国人民精神世界的主流。但中国的先进文化是具有中国特色的社会主义文化。"有中国特色"，准确地表明了这种文化的复杂性，这是由于中国社会主义仍然处于初级阶段的国情决定的。我国在改革开放中经济发展、社会总体进步，但精神文化发展则是相对滞后的，与经济发展和物质富裕形成巨大反差的是，人们普遍的精神困惑和思想迷茫，社会出现信仰迷失、道德滑坡等等现象。这似乎与社会发展进步决定文化的先

---

① 黄力之：《先进文化论》，上海三联书店 2002 年版，第 13 页。
② ［法］路易·多洛：《个体文化与大众文化》，黄建华译，上海人民出版社 1987 年版，第 9 页。
③ 黄力之：《先进文化论》，上海三联书店 2002 年版，第 40 页。
④ 《毛泽东选集》第 2 卷，人民出版社 1991 年版，第 695 页。

进性是矛盾的。其实并不矛盾。马克思主义唯物史观认为，社会意识具有相对独立性，它与社会存在的发展不是完全同步性的，物质财富的增长并不能自然而然地带来精神文明的提高，这已被人类历史发展所证明。但是，这种独立性只是相对的，从根本上和总趋势上看，社会生产力的发展是文化进步的基础，一个社会没有生产力的发展和经济的强大为其奠定基础，文化的先进性就失去了坚实的根基。

总之，那些能够通过批判和战胜腐朽文化、为解放社会生产力开辟道路，从而推动社会生产力的发展和社会进步的文化，就是先进的和进步的文化。"能够及时反映政治上层建筑不断适应经济基础的要求，能够及时反映生产关系不断适应生产力发展的要求，能够积极促进经济发展和社会全面进步，并最终促进生产力的解放和发展的文化，就是先进文化。"① 从这个意义上说，一种文化能否推动生产力发展、能否促进社会经济的发展，是衡量该社会文化是否具有先进性的根本的标准或根本尺度。

（四）价值尺度——是否有利于人的发展

所谓价值的尺度，就是看作为评判对象的文化究竟是反映了谁的利益、为谁服务。凡是反映先进阶级的利益、为先进阶级服务的文化，就是先进的文化。中国共产党所倡导的是"大众性"文化，实际上就是"人民性"。先进文化的"人民性"，是指先进的文化必须反映人民大众的生活、理想和愿望，维护和增进人民的利益，尊重人民群众的创造精神，以满足人民大众日益增长的精神文化需求和全面提高人的素质为目的。尽管文化进步与经济发展和社会的进步具有不平衡性，但从总的发展过程来看，二者的发展是一致的。进一步说，"不断发展先进生产力和先进文化，归根到底都是为了满足人民群众日益增长的物质文化生活需要，不断实现最广大人民的根本利益"②，最终达到人的全面而自由的发展。换句话说，一切能够促进人的意识觉醒、促进人的思想解放、促进人的身心发展的文化，就是先进文化；相反，一切束缚人的发展、给人的思想戴上紧箍咒的思想文化，摧残人的心灵的文化就不能是先进文化。先进的文化应该是积极向上的文化，那些让人萎靡颓废的文化显然不是先进文化。

---

① 《中国共产党与中国先进文化》，中共中央党校出版社2001年版，第15页。
② 江泽民：《在庆祝中国共产党成立八十周年大会上的讲话》，人民出版社2001年版，第24页。

价值尺度上的人文性，也就是主体性原则。判断文化的先进性，要以文化主体的生存和发展为根据，要考察文化对主体的意义。分析文化的优劣必须把一定的文化与其主体联系起来，考察文化能否为主体的生存发展提供更大的资源——精神、道义、智力，能否为主体提供开阔的积极进取的空间。比如说一种文化的思想比较开放，比较宽容，人们能够允许各种探索、创新、尝试和失败，这种文化就能够帮助这个主体，使这个社会更加有活力向前发展；如果一种文化道德上比较僵化比较腐朽比较黑暗，任何离经叛道的东西都不能允许，都要扼杀掉的话，那么这个文化主体在道义上可能就是僵化的体系了。①

从广义文化来理解，文化是人类的活动及其结果，而不是纯粹的自然行为与自然物。没有人认为天然的石头是文物，而却把出土文物叫"文物"。马克思在剖析商品拜物教的秘密时指出：人类劳动的产品"一旦作为商品出现，就变成一个可感觉而又超感觉的物了"②。事实上人类创造的一切文化物都具有"可感觉而又超感觉"的性质。仅仅具有可感知的性质，并不一定能称为文化，自然界的电闪雷鸣、风霜雪雨，并没有因为它们具有可感知的性质而称为文化。而一件出土文物之所以成为文物，并非仅仅因为它具有可感知的物化形态。考古学家、历史学家、人类学家，力图揭示这种物化形态中所凝结的文化内蕴：判断它属于哪个文化时期、哪个文化类型，等等。要揭示其文化价值，只凭某种感觉是无济于事的，因为文物之所以叫做文物，不取决于构成它的自然物质材料的物理性质，而在于它的"超自然"、"超感觉"的性质。③ 因此，文化是人类的活动及其结果，而非自然行为与自然物。所以，对文化的研究既是对人的研究，用美国文化人类学家怀特的话来说，就是"'对人类的真正研究'将被证明不是关于人的研究，而是关于文化的研究"。④ 人是文化的人，文化是人的文化，即有人才有文化，有人就有文化。文化的主体是人。文化来自于、表现于和存活于生生不息的人的世界之中，是人的生命力和主体性的张扬与展示。离开人的文化同离开文化的人一样，也是不存在的。"作为一个

---

① 李德顺：《文化的先进性与文化体制改革》，《广州日报》2004 年 3 月 26 日。
② 《马克思恩格斯全集》第 23 卷，人民出版社 1972 年版，第 87 页。
③ 陈筠泉、刘奔：《哲学与文化》，中国社会科学出版社 1996 年版，第 19 页。
④ 转引自傅锵《文化：人类的镜子》，上海人民出版社 1990 年版，第 145 页。

整体的人类文化，可以被称之为人不断自我解放的历程。"① 人类通过文化创造而不断自我解放的过程，更深刻地体现了文化的本质。一定的文化不仅是一定社会发展的标志，更是人自身发展的表征。文化所具有的属人性质和人为特征，决定了判断一种文化是否先进或落后的标准，只能是或最终是以文化主体——人的生存发展为根据，看它是否能为人的解放和自由全面发展提供最大资源，包括精神资源（含道义资源、智力资源等）和制度资源（含体制空间、机制活力），等等②。中国共产党将这一思想表述为：文化发展的根本目的在于满足广大人民群众的文化权益和精神文化需求。

　　人类历史的发展表明，文化与经济的发展从总的发展过程和总的发展趋势来看是一致的，但在具体的发展过程中常常是不平衡的。经济的发展、物质财富的丰富，并不能自然而然地导致文化的必然进步，相反可能会出现反文化现象，如伴随人类社会进入现代社会以来而出现的人的异化问题，即社会经济、科技压抑人文精神的问题。当今社会对物质无限的追求，导致了生态恶化、科技的发展带来的人性丧失，都是反人性、反文化的，西方社会的当代问题主要就是这个问题。20 世纪科技的发展、全球化经济体制的发展已经透露出人类社会的深层危机。我国在改革开放中经济发展、社会总体进步，但精神文化发展则是相对滞后的，与我国经济发展和物质富裕形成巨大的反差。因此，如果只从生产能力和物质发展来衡量文化的先进性，我们便无法解释西方社会为什么会出现人文精神衰退和我国改革开放以来普遍存在的精神困惑问题。因为，生产力标准是根本标准，但不是唯一的标准。先进文化还有终极的个标准，那就是文化的"人文性"。它不仅要能够反映生产力的发展要求和社会的进步，而且要促进人自身的发展。这是判定文化是否具有先进性的最终价值尺度。

　　判断先进文化的标准是理性尺度、历史尺度、物质尺度、价值尺度的统一。衡量文化先进性的几种标准是具体的、复杂的、辩证的统一而非简单机械的。先进文化是与落后、腐朽、反动文化相比较、相区别而存在的，实际上是文化所具有的优越于、超越于落后、腐朽、反动文化本质特

---

　　① ［德］恩斯特·卡希尔：《人论》，上海译文出版社 1985 年版，第 288 页。
　　② 郭金平、宋屹等：《建设社会主义先进文化的重大问题研究》，河北人民出版社 2006 年版，第 5 页。

征。因此，先进文化的先进性和进步性，体现在它具有的科学性和真理性，即理性的尺度；体现在对人自身发展具有推动作用，即价值尺度；而理性尺度与价值尺度又都必须与社会发展和历史发展联系起来分析，因而历史尺度和物质尺度是基本尺度。

马克思主义唯物史观关于社会发展进步的原理（物质尺度）是基础，是根本标准。马克思关于社会发展的五形态理论和三阶段理论，都是认为后一个阶段要比前一个阶段先进，人类历史总体上是进步的，人的发展经历的几个阶段，人对人的依赖、对物的依赖、自由人的联合体，总体来说是与社会进步方向一致的。历史尺度和物质尺度是最基本尺度，当这几种尺度出现不一致时，都应依据历史尺度来分析判断。例如，推动社会进步的文化有可能不是科学的，如宗教曾经在历史上起过重要作用，但宗教本身确实与科学相悖。这时，我们只能以历史尺度来判断，宗教文化也曾是进步的文化。还有文化"人民性"尺度问题。依据马克思主义唯物史观，人民大众是历史的创造者，既是物质财富的创造者也是精神财富的创造者。人民群众创造文化，也必须要享受与之相应的文化。但在人类历史上相当长的历史时期，由于少数剥削阶级在经济上占统治地位，因而也必然在思想文化上占统治地位，文化成为少数人的贵族文化，根本不存在"人民性"的文化，文化的"人民性"只能在社会主义才能实现。这样一来，能否说在社会主义产生之前，人类历史上根本就不存在先进文化呢？这显然不符合历史事实。因此，在这里，我们切记不能忘了毛泽东的话："人民群众"是个历史范畴，在不同的历史时期具有具体的内容。资产阶级革命时期，一切反对封建专制制度的人们都属于人民的范畴，当然包括资产阶级；在中国抗日时期，一切拥护、支持、参加抗日的人们都属于人民的范畴，当然包括地主阶级、小资产阶级等剥削阶级。因此，在当时，反映、宣传抗战的一切思想文化都具有人民性，都是先进的、进步的文化。这种"抗日文化"的确立，表明先进文化的历史内涵发生了变化。在当时的历史条件下，判断各种文化活动及其精神产品是否属于进步的文化，首先要看它是否适应抗日战争这一最大的政治形势和时代主题，是否反映了"反对帝国主义侵略"这一最根本的民族利益；具体要看它是否承载了爱国主义感情和民族主义立场，是否有益于调动和团结一切可以团结的力量投入抗战的洪流，是否有益于揭露和反对一切投降卖国的汉奸走狗。正是在这个意义上，毛泽东提出，"我们做文章、画图画、演戏、唱歌，都要表现抗日民族统一战线"①。这里说的"表现抗日民族统一战线",无疑是抗日文化的基本主题,是不同阶级、不同观点、不同题材、不同风格的文化追求,在抗日文化的旗帜下应该和能够拥有的共同空间。另外,以"人的解放和发展"作为衡量先进文化的标准,也要以历史尺度来具体分析。比如,儒家文化是一种压抑人的欲望和个性的文化,因而是一种非先进的文化,但它对维护当时封建社会的稳定起到了极其重要的作用,因而客观上促进了社会生产力的发展,相比以前的文化,也是一种进步的文化。同样,当代资本主义文化虽然导致了人的单向度的发展、人的异化现象,但相比封建主义文化无疑是先进文化。

因此,只有既将几种尺度相互联系起来,又以历史尺度为基本尺度,从人类社会发展的总过程上,进行客观的、辩证的、具体的分析,才能对文化先进性问题作出比较正确理解。在人类历史发展的历程中,文化的存在与发展是复杂的过程,任何一个民族、国家的社会生活中,文化都是多种多样的,先进文化与落后文化并存的。虽然有时会出现此消彼长的状态,但从总趋势上看,先进文化终将以其巨大的内在力量,去改造落后文化,抵制腐朽文化,并在这个过程中使自己得到丰富和升华。从这个角度来说,承认社会历史的进步性,也就承认了文化的先进性和进步性。

三 新时期中国社会文化的基本格局

著名学者、英国社会学家安东尼·吉登斯,对于当代人类所发生的社会转型作了深入的研究,指出这次转型的整体性和广泛性,认为正在发生的社会转型影响到世界上的每一个国家甚至个人,他说:"我们有更充分、更客观的理由认为,我们正在经历一个历史变迁的重要时期。而且,这些对我们产生影响的变迁并不局限于世界的某个地区,而是几乎延伸到了世界的每一个角落。"② 吉登斯所描述的正是对人类具有重要意义的全球化转换。而不同的社会有不同的文化,正如美国民族学家、原始社会史学家摩尔根所指出的,人类社会的发展"每一阶段都包括一种不同的文化,并代

---

① 毛泽东:《在鲁迅艺术学院成立大会上的讲话》(1938 年 4 月 10 日),转引自《党的文献》2002 年第 1 期,第 48 页。
② [英] 安东尼·吉登斯:《失控的世界》,周红云译,江西人民出版社 2001 年版,第 1—2 页。

表一种特定的生活方式"①。因此，社会转型都伴随着深刻的文化嬗变，社会转型期自然也就是不同文化的冲突期，是新旧文化的过渡期，也是新文化的形成期。"现代化，通常从法国大革命和工业革命算起（有时从宗教改革算起），使我们的整个生活方式发生了很大变化，变化的过程和方式是自新石器革命和定居农业诞生以来所没有的。工业资本主义、科层制国家、全民福利、大众社会动员、科学和理性、大规模计算机信息和电子通讯、传统家庭观的变化以及性革命，改变了地球上每一个人的生活，改变了他们习惯的做法和日常轨迹。新作风和非正统的生活搞得群体和个人晕头转向、不知所措，它们肢解了旧的结构，使古老的文化变得不合时宜了。"② 因此，社会转型实际上是新的文化模式取代传统的文化模式的过程。③

中国文化的发展同样不可能游离于这一世界性转换之外，而且中国的社会转型具有非常特殊情况：从历时的维度看，目前中国仍处在由农业文明向工业文明的转换时期；而从共时的维度看，中国正遭遇信息化和全球化时代的到来，世界范围内的全球化转向与中国的特殊转型相互交织、错综复杂。改革开放 30 多年以来，中国社会至少发生或继续发生以下几个方面的重大转折：从计划经济体制向市场经济体制的转型，从农业社会向工业社会的转型，从封闭半封闭社会向开放的社会的转型，从乡村社会向城镇社会的转型，从同质的单一的社会向多样型社会转型，从伦理型社会向法理型社会转型。④ 并且这种剧变所涉及的不只是社会生活的某一有限区域或某一个特定层面，它既不单是"经济的"，也不单是"思想的"，而是一场伟大的、全面的、具有世界历史意义的整体变革。⑤ 正是在这种宏伟的社会历史生活的整体性变革的意义上，我们称为"文化转型"。中国社会转型带来的多种经济成分共同发展、社会主义因素与非社会主义因素存在的复杂现实状况，也就决定了当代中国文化格局构成的复杂性。

---

① ［美］路易斯·亨利·摩尔根：《古代社会》上册，杨东莼等译，商务印书馆 1983 年版，第 9 页。

② ［英］安东尼·D. 史密斯：《全球化时代的民族与民族主义》，龚维斌、良警宇译，中央编译出版社 2002 年版，第 4 页。

③ 参见李庆霞《社会转型中的文化冲突》，博士论文，黑龙江大学，2004 年。

④ 段友文：《论社会现代化进程中的村落文化建设》，《山西师大学报（社会科学版）》2007 年第 6 期。

⑤ 邹广文：《社会发展的文化诉求》，河北大学出版社 2004 年版，第 22 页。

　　在人类发展的各个阶段和各个历史形态，文化从来都不是一个孤立和抽象存在，而是一个具体的历史的复杂的多样而又发展变化的完整体系。"一般说来，文化地图是由意识形态、价值观念、偶像认同以及经典文本的持续表达构成的，它是统治我们意识的观念形态。"① 中国社会所发生的历史性转变，形成了新的复杂的文化格局。② 从整体上看，中国文化格局早已打破了"大一统"的纯粹的"社会主义"政治—文化模式，出现了"多元文化格局"。对于这种格局学界有多种分法。"三分法"：将当前中国社会文化思潮分为主文化、亚文化、反文化三种，主文化即在社会中占统治地位或主导地位的文化，"是我们国家的根本价值观之所在"；亚文化本身是多样化的，是"社会转型加速期的显著特点之一"，它可能"模糊甚至湮没主文化"，诱发反文化的"恶性膨胀"；反文化也是以"转型时期社会生活的多样化"为基础的，即"否定、背离主文化的亚文化"，试图"取主文化而代之"③。"四分法"："一是传统的、正统的马克思主义，包括共产主义、集体主义等；二是传统的文化资源；三是西方外来的文化因素；再有就是在市场经济取向的改革实践中伴生的某些文化观念。"④ "五分法"：分为主流的声音、教条主义的声音、民族主义的声音、封建主义的声音、民主的声音，其中的一、五是肯定性的，二、三、四是否定性的。⑤ 有的学者认为，改革开放、国门大开，各种思想纷至沓来。主要表现为，一是"西方非理性主义"的传入，"其主要表现就是 20 世纪 80 年代形成了许多的热点"；二是关于人道主义的讨论，致使马克思主义人学理论成为 20 世纪 90 年代的显学和研究热点；三是 20 世纪 80 年代的中国传统文化批判热，《河荡》和台湾学者柏杨的《丑陋的中国人》成为批判和反思的靶子，之后文化保守主义日渐强大，影响较大有李泽厚的"西体中用"理论等；四是人文精神寻思，1993 年上海《文汇报》首先发出"人文精神失落"的呼唤，开展的关于"人文精神"的大讨论，最终，"1990 年代形成了主流文化、精英文化、大众文化三足鼎立的格局"。⑥ 有

　　① 孟凡华：《众神狂欢：新世纪的中国文化现象》，中国人民大学出版社 2009 年版，第 15页。

　　② 黄力之：《先进文化论》，上海三联书店 2002 年版，第 221 页。

　　③ 郑杭生：《关于当前文化发展模式的几点思考》，《人民日报》1994 年 6 月 9 日。

　　④ 翁杰明等主编：《与总书记谈心》，中国社会科学出版社 1996 年版，第 272—273 页。

　　⑤ 凌志军、马立诚：《呼喊：当代中国的五种声音》，广州出版社 1999 年版。

　　⑥ 汪澎白：《二十世纪中国文化史论》，中国青年出版社 1999 年版，第 206 页。

的学者认为可以从三个维度来描述：一是东方文化与西方文化共时共存；二是前现代、现代、后现代文化思潮共涌；三是精英文化、大众文化、企业文化同时共存。也有的学者认为，中国当代社会的文化现状，与中国共产党、知识分子、工农大众这三个基本层次的社会成分相适应，在社会生活中表现出三种基本的文化形态，这就是中国共产党所倡导的主流文化、工农大众所推崇的大众文化以及知识分子所追求的精英文化。① 这三种文化形态既相互融合，又相互分化，共同推动着中国文化的繁荣与发展。

尽管当下中国文化是多样的、复杂的，但在"多元文化格局"中还是有一个基本结构。依据本书的研究视角，从各种文化与执政党所倡导的文化之间的关系上来分析，我们倾向于把当前复杂多样的文化现象划分为三种性质不同的文化形态：一是社会主导性文化，即主流文化；二是与社会主导性文化有所不同但又不直接反对社会主导性文化的文化，即非主流文化或亚文化；三是反对和否定社会主导性文化的文化，即反文化。

（一）主流文化

它是社会主导性或社会主流意识形态文化，也就是我们说的主旋律文化。主流文化是一个国家统治者所倡导的文化。一个国家只能有一个主流文化，其余都属于非主流文化，就如同一条大河只有一个干流，但却有很多支流；如同一首音乐只能有一个主旋律，但也要有非主旋律配合，才能美妙和谐。主流文化的最大特点就是一脉相承而延绵不断。每个时期都有当时的主流文化。在西方，中世纪以来一直是以基督教文化为主流。作为中国封建社会主流文化的儒家文化，自汉武帝"罢黜百家，独尊儒术"一直到清末，历代帝王都是崇尚儒学。

马克思主义唯物史观认为，社会主导性文化或主流文化，是作为一定社会的统治思想的文化，是由一定历史时期占统治地位的生产方式最终决定的。马克思指出："统治阶级的思想在每个时代都是占统治地位的思想。这就是说，一个阶级是社会上占统治地位的物质力量，同时也是社会上占统治地位的精神力量。"② 因此，毫无疑问，中国现阶段的主流文化，就是当代中国的主流文化即是中国共产党领导下的有中国特色的社会主义文

---

① 邹广文：《社会发展的文化诉求》，河北大学出版社 2004 年版，第 34 页。
② 《马克思恩格斯选集》第 1 卷，人民出版 1995 年版，第 98 页。

化，就是马克思主义文化，就是"主旋律文化"。有人认为，中国现阶段的主流文化应是中华民族五千年文明积淀和筛选、传承与发展出的思想和精神——传统文化。但传统文化在根本上是封建社会经济政治的反映，是封建社会的主流文化，其中有精华也有糟粕。中国特色的社会主义文化是民族的、大众的、科学的文化，其中内含着中华民族的优秀思想文化。

（二）非主流文化

它是与社会统治者所倡导的主导性文化有所区别的文化。实际上，在任何社会文化的存在都是多样性的。一般来说，在一个开放的、活跃的社会环境中，往往存在着众多的多种多样的文化。当前中国文化多样存在态势中，主要包括审美文化、精英文化、大众文化、宗教文化、民间文化、网络文化等等。

1. 审美文化

广义上理解，一切体现人类的审美理想和审美意识，引起人们审美快感的文化，都可以理解为审美文化。"从文化性质和核心理念的角度讲，审美文化应该是包括了一切体现人类审美理想、审美观念和审美情趣，具有审美性质，并且可供人们审美关照和情感体验的一种文化。"① 因此，"审美文化不应当被简单地看成是文化大家族的单独成员，它附丽于诸文化形态之上，具有覆盖和跨越整个文化领域的一种性质。审美文化是指人以审美的态度来对待各种文化产品时出现的一种精神现象"。② 但具体来说，"审美文化既包括理论形态的美学思想，也包括体现着东方审美意识的文学、戏剧、影视、绘画、雕塑、音乐、舞蹈、建筑、园林、工艺等感性形态的美学创造，甚至还包括富于审美因素的科学文明、宗教文化、道德伦理、环境文化以及物质生活文化等，不过当以前二者为主。"③ 中国改革开放以来，审美文化发生的重大变化，成为中国文化领域中独特的景观。20 世纪 80 年代，西方当代文艺思潮和作品大量涌入中国，于是，先锋运动使人们眼花缭乱、目不暇接，"朦胧诗"、意识流、存在主义、黑色幽默、荒诞派……不一而足。到了 90 年代，尽管先锋运动不再有上一个

① 周文君：《关于审美文化》，《中国文化研究》2007 年夏之卷。
② 夏之放：《转型期的当代审美文化》，作家出版社 1996 年版，第 52 页。
③ 周来祥：《东方审美文化研究》（第一辑）前言，广西师范大学出版社 1996 年版。

年代那么辉煌，但它毕竟开辟了一条多样化的道路，使审美文化领域充满了探索、试验、冲突、竞争，事实上成为世纪后期中国特色的文化标志。①进入新世纪，丰富多样的审美文化为大众提供了文化选择和话语表达的权力和空间，极大推进了当代中国文化多样化发展。但是，伴随着审美文化的大众化趋势，当代中国审美文化也呈现出令人担忧的一面："当代中国审美文化正在演绎后现代的解构性精神，追求通俗、感性、直观、刺激、浅近的平面模式的文化快餐消费和过度娱乐化狂欢；同时大众审美文化出现庸俗化、身体化等倾向，舞动着零散化、非中心化的欲望书写。"②

2. 精英文化

精英文化是知识分子阶层中的人文知识分子创造、传播、分享的文化。"精英"是指社会为其设置专门职业或特殊身份的人文知识分子，这里的文化也就限于他们的职业活动及其成果。改革开放以来，随着知识文化在社会生活中的沉浮变迁，精英文化也经历了一个从非自觉到自觉的过程。精英文化也在中国的改革开放中起过重大的推动作用，从改革开放伊始的真理标准讨论和思想解放运动，到文学界的伤痕文学、改革文学，再到市场经济合理性的理论张扬，都体现了精英文化的独特价值。③精英文化是社会文化理想和人文精神的重要载体，它在精神上与传统的士大夫文化一脉相承，承担着社会教化使命，发挥着价值范导功能。近年来，社会变化对精英文化形成了巨大的冲击，在商品大潮的冲击之下，20世纪80年代以来精英文化的繁荣景象正在受到冲击，精英文化大部分已滑向商品化、平面化和无主体化，由此已造成精英文化的思想贫血和精神萎缩，以及整体素质和水平的大幅度下降。在学术文化方面，学术研究著作难以出版，而粗制滥造的东西却充斥文化市场。一些实际上肤浅平庸甚至明显不通的东西，只要是"舶来品"，就会有人捧场，根本显不出中国学者的独立精神。在哲理文化方面，功利化和实用性要求淡化了哲学应有的形而上品格和对人的终极性关怀。

3. 大众文化

大众文化是在市场经济条件下，伴随着工业化的历史进程，以都市大

① 参见黄力之《先进文化论》，上海三联书店2002年版，第136页。
② 黄卫星：《当代中国审美文化的负面价值观语境》，《云南社会科学》2010年第3期。
③ 邹广文：《论改革开放中的文化价值冲突》，《求是学刊》2001年第3期。

众为主要消费对象、通过现代传媒传播的文化形式。大众文化的兴起是当代中国最为壮观的文化风景线，它是真正产生于市民中间、且为普通百姓所认同和消费的文化。随着改革开放的逐步深化，大众文化也正以一种独具特色的形式广泛渗透于日常生活的各个领域。当下，大众文化消费已成为社会生活中人们最重要的生活需求，娱乐电影、家庭肥皂剧、现代广告、畅销读物、报纸的消遣版面、卡拉 OK、MTV、摇滚乐、流行歌曲、交际舞、居室装潢、选美活动、明星崇拜、企业形象、产品包装……今日中国的大众文化可谓铺天盖地、色彩斑斓。① 大众文化没有触及不到的地方，从城市到乡村，从内地到边疆，从酷热的沙漠到原始的森林，到处都有它的欣赏者。大众文化有着独自的社会功能。大众文化赖以存在的消遣娱乐性质，能够满足现代社会人的消磨闲暇时间、摆脱寂寞、缓解压力、消除身心疲劳等的需要，在一定程度上起到了社会调节和社会监督功能。它通过向大众提供一系列的"偶象"，而对公众产生了强有力的影响，对人们思想、目标、行为准则和价值观念的形成起着巨大作用。但大众文化的具体情况是复杂的，它既有正直高尚的一面，也有低级趣味一面。因而，对大众文化要作具体分析，不能一概而论。

4. 宗教文化

宗教是一种极为复杂的文化样式。马克思认为："一切宗教都不过是支配着人们日常生活的外部力量在人们头脑中的幻想的反映，在这种反映中，人间力量采取了超人间的力量的形式。"② 宗教是一种思想现象，一种意识形态，这种思想又渗透于社会其他部门，建筑、雕塑、绘画、音乐等艺术形式无不打上宗教的烙印。宗教作为一种重要的民间社会活动，在"文化大革命"中遭到"左"的政策的毁灭性的打击。改革开放以后，中国宗教活动开始复苏并迅速发展。以基督教为例，到目前为止，"中国三自教会人数在 1800 万至 3000 万之间，家庭教会人数在 4500 万至 6000 万之间，两者加起来可能是六七千万人左右"③，中国社科院刘澎研究员认为，"家庭教会的信徒在全国至少有 5000 万"。④ 海外一些人甚至认为有 1亿："据'世界基督徒数据库'（World Christian Database）估计，中国基

---

① 参见邹广文《论改革开放中的文化价值冲突》，《求是学刊》2001 年第 3 期。

② 《马克思恩格斯全集》第 20 卷，人民出版社 1971 年版，第 341 页。

③ 参见于建嵘《中国基督教家庭教会合法化研究》，《战略与管理》2010 年第 3 期。

④ 参见《中国日报》2009 年 12 月 3 日库玛撰写的专访。

督徒人数高达 1.11 亿。"① 中国社会科学院世界宗教研究所和社会科学文
献出版社发布的《宗教蓝皮书》指出，中国基督徒人数总体估计为 2305
万人，约占人口总数的 1.8%。其中已受洗者 1556 万人，占 67.5%，未受
洗者 749 万人，占 32.5%。② 值得注意的是，在传统、合法的宗教之外，
某些怀有政治野心并兼有经济目的的人，创立了带有宗教性质的邪教（如
"法轮功"），违背宗教的本来宗旨，给社会带来不安定的因素，使得教化
和信仰领域中的问题更加复杂化了。对当前中国宗教文化的复杂情况，也
需要我们进行具体的分析和慎重的对待。

　　5. 民间文化和网络文化

　　民间文化（folk culture）指的是由社会底层的劳动人民创造的、古往
今来存在于民间传统中的自发的民众通俗文化。从社会分层上看，民间文
化是一种来自社会内部底层的、由平民自发创造的文化。民间文化还是一
种具有农业社会生活的背景、保留了较多传统色彩的文化。当前中国社会
民间活动（如婚礼、葬礼、节日等）大量增加，活动形式与内涵越来越带
有自发性，与官方的倡导越来越不搭界；民间的时尚与时髦追求也越来越
非政治化，性质与状态出现真正的多样性和对立性，等等，是新中国成立
以来前 30 年所没有过的文化现象。网络文化则是以网络为载体的文化形
式。近年来，随着互联网的发展，网络文化在中国呈现出良好的发展前
景。网络春晚、网络音乐、网络文学、网络游戏、网络动漫等持续升温，
涌现出一批深受欢迎的原创作品，网络文化产业日益受到重视，并被视为
推进文化产业升级的重要力量。然而在互联网飞速发展的同时，淫秽色
情、虚假信息、人身攻击、谩骂诋毁等不良信息也充斥网络，对青少年的
健康成长，对社会的道德环境造成了不良影响，引起了全社会的关注。

　　从以上分析可以看出，非主流文化的情况是极为复杂的。从性质上
看，它虽然与社会主导性文化相区别，但与主流文化并不存在根本的对立
和冲突；它并不否定主导性文化，仅仅是忽视其某些方面，并以自己的特
有形式补充主导性文化。③ 作为具有二重性的非主流文化，如果引导得好，
就会被主流文化所同化，或内化为主流文化或成为主流文化的组成部分；

---

① 参见《中国将成为全球最多基督徒的国家》，《华盛顿邮报》。
② 参见新华网 2006 年 4 月 18 日电。
③ 杨善民：《文化哲学》，山东大学出版社 2002 年版，第 85 页。

但如果不能加以正确引导，也可能成为反主流文化的诱发因素而起到否定或颠覆主流文化的作用。在中国现阶段，"行政力量不再大规模地对非主流文化进行非文化方式的打击，在对其他文化形态的态度上也逐渐趋于宽容，只要不是与现存政体产生对立的文化，都可以存在与发展，乃至于对于一系列意识形态问题也尽量不采取'大批判'态度，而是相信社会的净化力和民众的鉴别力，通过冷处理方式解决，真正实现了'百花齐放、百家争鸣'的文化方针，这本身就是一种文化转型"①。

（三）反主流文化或反文化

在中国当前多元多样的文化格局中，还存在着与社会主义主流文化相对立的文化，即反主流文化或反文化，主要是指资本主义文化和封建主义文化。这些文化并不是表现为某种独立的文化形态或领域，而往往是渗透在多种文化形态或文化领域之中，以隐性的、渗透的、潜在的、变相的方式，削弱、蚕食、瓦解社会占统治地位的主流文化。资本主义文化，主要是中国实行对外开放和市场经济发展出现的拜金主义、个人主义等思想文化；封建主义文化，主要是在宗教文化、民间文化等文化中出现的宣扬封建迷信等。

当下中国文化的整体版图，为我们标出了不同文化的方位。社会主义性质的文化占主导、主流地位也是毋庸置疑的，如果不坚持社会主义文化的存在，作为经济主体的公有制就会失掉自己的文化话语权，从而使自己丧失合法性和合理性。但与此同时，还存在着大量的非社会主义的文化。由于社会主义初级阶段的特殊性所决定，这些与社会主导性文化所不同的多样化文化，有其存在的现实理由，对整个文化生态的平衡作用，也是应当肯定的。但对于封建主义和资本主义消极、腐朽文化，则是必须划清界限，坚决加以批判和抵制的。

四　当前中国社会文化的矛盾与冲突

当前中国文化领域的错综复杂性，必然产生文化冲突与矛盾。有主要矛盾，有次要矛盾；有显性矛盾，有隐性矛盾；有单纯矛盾，也有复杂矛

---

① 黄力之：《先进文化论》，上海三联书店2002年版，第198页。

盾……但基本上可以概括为以下三种矛盾：从文化性质来看，主要是社会主义主流文化与资本主义文化和封建主义文化的矛盾；从纵向来看，主要是传统文化和现代文化的矛盾；从横向来看主要包括本土文化与外来文化的矛盾。按照辩证法的观点，有矛盾、有冲突是绝对的、是事物存在的常态。因此，不能否认或回避这种冲突，而在于正确认识和解决这种冲突。关于社会主义主流文化与封建主义和资本主义文化的矛盾，不是简单的冲突问题，而是根本对立的问题；对于封建主义和资本主义文化的矛盾，也不是指导和引领的问题，而是必须加以抵制和批判的问题。实际上，在当前中国文化建设中，大量的是主流文化与多样文化之间，以及多样文化内部之间的矛盾。从总体上来说，这些都不是"敌我"式的冲突关系，而是冲突中有借鉴、融合，应该说，这是文化发展十分正常的状态。"在不同的文化群体之间文化发生分化和冲突的同时，文化也将在新的价值层面趋于整合，这将是今后中国社会转型历史阶段社会文化发展的主导趋势。"①

由于中国社会转型自身的复杂性，带来了当代中国文化矛盾的复杂性。主要表现为：一方面，工业文明对中国本土农业文明的冲击而产生的传统农耕文化与现代文化的矛盾依然没有解决；另一方面，工业革命使人类社会加速发展以及发展失衡而带来的科学理性过度发展与人文精神失落的矛盾，在当下中国二者交织在一起，使中国文化出现了与其他民族不同的复杂性。因此，中国的文化建设要面临双重的艰巨任务，实现文化发展的否定之否定——科学理性与人文关怀的统一：把前现代建立在血缘关系基础上的自发本能和经验朴素特点的伦理本位文化，建立在科学理性基础上的更高水平的人性关怀。

（一）传统农耕文化与现代文化的矛盾

对于有着几千年悠久历史的中华民族，传统的影响是巨大的。正如马克思所说的："一切已死的先辈们的传统，像梦魇一样纠缠着活人的头脑。"② 新中国成立后，经过社会主义改造，1956 年中国进入社会主义社会。从此，中国文化转变为反映社会主义经济基础和政治制度的社会主义文化。但是，中国的社会主义脱胎于半殖民地半封建社会，不仅在经济上

---

① 邹广文：《社会发展的文化诉求》，河北大学出版社 2004 年版，第 32 页。
② 《马克思恩格斯选集》第 1 卷，人民出版社 1995 年版，第 585 页。

而且在精神上还带有明显的旧社会的痕迹。由于中国有着长达 2000 多年的封建社会和 100 多年的半殖民地半封建社会的历史，从旧社会遗留下来的消极的思想文化不可能在短期内完全消失，将会长期存在并产生广泛的社会影响。可以说，在今天的中国，几乎所有的问题都与传统的负面影响有着直接或间接的联系——这种说法并不夸张。因此，当代中国文化首要的使命是超越传统农耕文化的厚重积淀，用科学理性塑造社会主体，实现社会主体的现代化。在现代西方，由于理性过分膨胀而导致了文化危机，因此出现了一股拒斥形而上学、声讨理性的文化批判的运动。在中国，也有人将其作为中国文化建设的主要任务。这是不完全符合中国现实的。

　　从文化根源上看，中国未有过如西方理性主义过分膨胀而导致文化危机的情境。我们不能把支流当主流，把次要当主要，不能"别人生病，我来吃药"。如果从历时的维度进行分析，中国仍然处在由传统农业社会向现代工业社会过渡阶段，带有明显的前现代特征。中国是前现代化文化最发达的国家，尤其是儒学那种"道之以德、齐之以礼"的伟大伦理政治，"必也使无讼乎"的美好人治理想。"父为子隐，子为父隐，直在其中"的浓厚人情味，堪称世界上最完善、最成功的伦理系统，也的确足以使中外学子一唱三叹，难以忘怀。① 然而，所有这些，恰恰又必然使中国成为建立现代文化系统最艰难的国家，因为中国前现代文化系统中这些最优秀、最有价值的东西恰恰是与一个现代文化系统两相抵牾、直接冲突的。这对于中国学者来说是极其痛苦的现实，但是，在这痛苦中正孕育着中国文化新的伟大、新的光荣！② 中国的现代化始于 19 世纪初的三四十年代，以学习西方、变革图强为主要内容。从"师夷之长技以制夷"的器物层面到戊戌变法的制度层面的学习再到观念层面的学习，中国先进的知识分子已经认识到了改造国民素质的极其重要性；从梁启超"新民"理论的提出到陈独秀对"新青年"特征的概括，都表明他们对塑造现代主体形象的认识。具有划时代意义的五四运动，作为一场新文化运动，可以说它完成了所肩负的思想启蒙任务。因为五四运动同时又是一场群众性的爱国主义运动，唤起民众投入反帝反封建的革命斗争必然是当时启蒙运动的主题。③

---

　　① 李春华：《论当代中国文化的价值定位》，《学习与探索》2001 年第 6 期。
　　② 甘阳：《八十年代中国文化讨论五题》，《哲学研究》1986 年第 5 期。
　　③ 李春华：《论当代中国文化的价值定位》，《学习与探索》2001 年第 6 期。

　　20 世纪后 20 年，中国的现代化进程有了决定性的进展，中华大地发生了翻天覆地的变化。然而随着现代化进程的进一步深化，诸多矛盾都集中在文化层面。文化作为一种深层的、本质的影响因素和制约力量再次凸显出来并日益显示出巨大的作用。中国传统农耕文化的消极方面、中国特殊背景条件下的市场经济建设以及全球化条件下各种文化的冲突与碰撞等多种复杂的因素已经成为现代化进程的阻力。但从整体上看中国当下的主体形象仍是传统农耕文化塑造的结果。中国是具有几千年文明的古国，农业经济是几千年来中国社会赖以存在和发展的基础。农耕文化便是在农业经济的基础上建立起来的文化体系，它是建立在传统农业基础之上的生产关系、社会关系、典章制度以及与之相适应的道德、风俗、习惯等意识形态的总和。从狭义来说，农耕文化指建立在自给自足的自然经济基础之上的意识形态，包括价值观念、道德意识、思维方式等在内的小农意识。农耕文化作为中国传统文化的根基，在中华民族的发展和中国文化传统的形成以及民族习惯的塑造中，曾经发挥过重要的作用。农耕文化中蕴涵着中华民族许多优秀的文化品格。爱国主义、团结统一、独立自主、自强不息、集体主义、勤劳勇敢、吃苦耐劳、艰苦奋斗、勤俭节约等优良传统，都是由它孕育滋养而形成的。然而，它毕竟是传统农业社会的产物。随着现代化进程的深化，农耕文化积淀在现代主体身上的传统习惯与现代化的要求发生了尖锐的矛盾与冲突。主要表现在：科学理性的思维模式与经验的思维模式的冲突，以原则、制度和法律与代替"人情关系"的矛盾与冲突，现代生活方式与代替传统生活方式的冲突，墨守成规、惧险畏难的懒惰心理与锐意改革、勤奋创新的时代气魄的矛盾与冲突，权力本位（官本位）与能力本位的矛盾与冲突，等等。经济领域的权钱交易现象、政治领域的个人专权现象、人际关系上的"走后门"现象以及思想作风方面的官僚主义、等级观念、特权思想、家长制作风等现象，都与这些思想文化的影响有一定的关系。因而，当代中国特色社会主义文化建设的重要任务，仍然是大力弘扬与现代工业文明相适应的科学理性精神、以人的主体意识和创造意识为核心的人本精神，以及现代社会需要的市场意识、竞争意识、时间观念、效率观念等等，并能向社会有关机构提供使上述时代精神渗透于社会生活领域、使民众普遍得到启蒙的有效途径。

（二）科学理性与人文精神的矛盾

理性主义一直是西方哲学的传统，到近代取得了统治地位。理性被视为一种无所不包的、决定着万事万物之存在与发展的实体与动力。正是理性的这一特征导致了宇宙的创生，规划了宇宙的进程，预设了宇宙的结局。人是一种理性的动物，人有能力认识世界、把握世界，自然史和人类历史都是理性本质的展现。凭着理性主义，资产阶级批判宗教神学，批判贵族社会的等级观念、血统论，推动了自由与民主机制的发展，使资产阶级的现代社会得以形成。也是凭借理性主义，人对自然的认识愈益深入，推动了科学技术的发展，空前提高了生产力，创造了前所未有的物质财富。但是由此产生的精神危机、道德危机与发达的物质文明却形成了强烈的反差。科学技术的发展与现代化大生产在创造丰富的物质财富、减轻和摆脱笨重劳动的同时，也成了机器的附庸，使人成了"单向度的人"，使产品成了异己的存在物，社会异化，人性异化，于是出现了非理性主义的现代主义思潮。亚瑟·叔本华的悲观主义、尼采的生命意志论企图代替传统理性主义，重构新的信仰哲学。当代西方的后现代主义是对理性主义反动的极端表现。从本质上说，后现代主义也是非理性主义的，是反传统理性主义的，但是它不是要建构非理性主义哲学，它的特征就是对一切艺术规则、传统乃至艺术定义的消解，对人类基本精神和基本价值准则的消解。在中国社会现代转型并未最终完成的时候，西方社会已开始了向后现代社会的转向，并对中国社会产生了巨大影响。

从20世纪80年代起，中国的现代化进程以前所未有的速度向前发展，以经济建设为中心、以建立市场经济体制为目标的改革开放，创造了中华大地空前的物质文明，但是客观上却也造成了社会价值的断裂、人文精神的失落。人们在物质生活普遍富裕起来的同时，却普遍感到"精神不在家"、"意义"消失了。其实，这并非中国人特有的问题。在西方，尼采曾宣布"上帝死了"，提出要"重估一切价值"，海德格尔发起了"找家"运动，弗洛姆要"逃避自由"，赫勒则发出"回家"的呐喊。这便是人类的终极关怀，即人类对自身命运的追问和思索，对自身价值的探求，对精神家园的寻找。人类初始直至今日仍在追问、思索、寻找。终极关怀是人类生存中诸多具体关怀的统帅者，是人生存的主旋律。离开了终极关怀，人的具体关怀就会失去意义，失去灵魂，成为自发的活动，人就会陷入困惑。终极的价值取向是人的存在之家。人是依靠终极价值和意义安身立命的。没有确定的价值基地作为依托，人就会悬在空中，前不着村后不着店，无法立足于世，无处可以安身，"失家"之感就由此产生了。特别是在社会发生重大历史转折时，人的终极关怀便会发生改变，它或者表现为旧的价值取向的崩溃，新的价值取向的不明，即出现了价值的断裂；或者表现为人普遍的困惑和由困惑而走向重新定位；或者表现为对一切的怀疑、对一切价值的拒斥……

在西方，"上帝死了"之后，以幻想为基础的基督教价值取向被抛弃了，代之而起的是以个人主义、自由主义为基础的价值取向。但是，当人们饱尝了个性自由的甘甜之后，也领略到了它的过分膨胀而造成的精神危机的苦果。在中国，以儒家思想为核心的终极价值观念成为历史，新中国建立之后倡导的集体的价值取向曾长期占据人们的灵魂，但在市场经济大潮的冲击之下，它的许多内容也已不适应时代发展的要求。今天的中国人该如何去生存、如何去创造自己的人生，是一个亟待解决的问题。中国人当下普遍存在失家感。然而，人总是要有家的，失去了还得找回来。于是，"找家"之风就凝聚成一种时代精神，西方的人本主义，西方马克思主义的人道主义，海内外华人的新儒学运动，中国的人学以及民间兴起的寻根意识，都是这一时代精神的表现。然而，当今中国人的精神之家不是全盘西化，也不是回归儒家。① 中国共产党在改革开放的实践中形成的中国特色社会主义文化，为当下中国人精神家园和生存模式提供了指导。它深深扎根于中国改革开放的伟大实践中，继承人类文明的成果，即坚持马克思主义科学理论的指导，克服传统农耕文化的经验性和非理性不足，又坚持以人为本，以满足广大人民群众的精神文化需求为价值目标，是超越传统农耕文化与西方理性主义危机的当代文化，堪称是当代中国的先进文化。

五　中国特色社会主义文化：当代中国的先进文化

当代中国共产党在继承人类一切先进文化成果的基础上，在领导中国人民进行社会主义建设实践中，形成了中国特色社会主义文化，为解决当代中国文化矛盾指明了方向。江泽民同志指出："在当代中国，发展先进

---

① 李春华：《中国现代化建设对文化哲学的呼唤》，《理论探讨》2004 年第 1 期。

文化，就是发展有中国特色的社会主义的文化，就是建设社会主义精神文明。"① 党的十六大报告进一步指出："发展先进文化，就是发展面向现代化、面向世界、面向未来的，民族的科学的大众的社会主义文化。"

当代中国文化之所以是先进文化，因为它体现了理性尺度、历史尺度、社会发展尺度以及人的发展尺度的统一。中国特色社会主义文化"先进性"，最集中最具体地体现在它的核心概念——"社会主义文化"上，它区别于封建主义、资本主义文化。具有社会主义性质的文化，是社会主义优越性的重要表现，是社会主义社会的重要特征，是现代化建设的重要目标和重要保证，是凝聚和激励全国各族人民的重要力量，是综合国力的重要标志。② 同时又是具有"中国特色"的文化。三个"面向"以及"民族的、科学的、大众的"特征，体现了中国风格与中国特色、科学的理性精神、深刻的人文精神三个方面的深邃内涵，突出了时代特色和民族特色。因此，"当代中国先进文化是人类历史上迄今为止最先进、最高类型的文化，是社会主义制度的基本体现"。③

（一）中国特色社会主义文化具有鲜明的科学性，它以马克思主义科学理论超越中国传统文化，是人类文化发展史上的飞跃

中国特色社会主义文化的"科学性"，本质上在于它以马克思主义科学理论为指导。马克思主义揭示了人类社会发展的普遍规律，是人类历史上迄今最先进、最科学的思想体系，成为社会主义文化的灵魂和自身存在的合理性依据，为超越传统农耕文化的弊端，在全社会大力弘扬与现代工业文明相适应的科学理性精神提供了思想理论前提。中国特色社会主义文化的"科学性"还体现在，它是"面向现代化、面向世界、面向未来的，民族的科学的大众的文化"。它深刻把握当代世界发展的大趋势、紧跟时代发展步伐，深深根植于改革开放和社会主义现代化建设实践，反映马克思主义中国化、时代化、大众化的最新成果，弘扬爱国主义、集体主义、社会主义的思想精神，为人民大众提供了新的世界观、新的理想、新的道德和新的精神，为全社会提供着统一的指导思想、共同的理想信念和强大

---

① 《江泽民文选》，人民出版社 2006 年版，第 4 页。
② 刘云山：《始终坚持先进文化的前进方向　繁荣发展有中国特色社会主义文化》，《人民日报》2000 年 6 月 1 日第 3 版。
③ 李德顺：《关于文化、先进文化及其前进方向》，《思想政治教育》2004 年第 4 期。

的精神支柱。它渊源于中华民族五千年文明史，吸收世界各民族文化的一切优秀成果，融入人民群众开拓美好未来的历史进程，从波澜壮阔的现实生活中汲取营养，在历史的进步中实现文化进步，在人民群众的创造中进行文化创造，具有鲜明的时代特征和强烈的时代气息。

现代化是近代以来人类文明演进的基本趋势和历史主题，而社会主义是实现当代人类文明进步这一共同主题的一种制度选择，是实现从传统社会到现代社会变迁的重要历史阶段。中国社会走向现代化的过程，也是传统文化走向现代化的过程。而传统文化走向现代化的标志之一，就是文化具有科学理性的特征。"面向现代化的文化"，就是要建设与现代化进程相适应的文化。① 因此，社会主义文化的特质与内涵，不仅受社会主义基本的经济、政治制度和社会经济关系的性质所决定，也受现代化的历史性质以及现代化进程的一般规律所决定。它既是现代化变迁的一个组成部分，又是现代化变迁和推进的重要前提和动力；它的发展必须与现代化的一般规律，与中国这一历史阶段的现代化发展的进程趋势和任务相适应。这事实上是一个中国传统文化现代化的问题。

当代中国特色社会主义建设的主要任务，就是从落后的农业社会进入工业社会，实现工业化、现代化。由此决定中国现阶段的文化建设的主要任务，是要清除封建主义思想文化和小农经济落后意识，弘扬科学理性精神，实施科教兴国战略，推动科学技术进步，并使之成为全社会的共识和自觉行动。理性主义是西方文化的基本特征和悠久传统，在西方社会发展中起到了重要作用。但西方理性主义的过度发展也导致了人类的多重危机。因而，从19世纪中叶以来，出现了对传统理性主义反动和解构的诸多理论观点。但是，中国社会仍然处在由传统农业社会向现代工业社会过渡阶段，带有明显的前现代特征。因此，对于中国社会发展来说，理性主义并不是我们批判的主要对象，而恰恰是我们要大力弘扬的东西。中国传统的泛道德主义文化，过于强调"价值理性"，从而抹杀了"工具理性"的意义，使人们安贫乐道、不思进取、鄙薄科学、轻视方法。尽管近代以来，无数思想家、文学家、艺术家都在反对和批判封建文化，人民大众也屡有反对封建主义文化之抗争，但从总体上来说并未构成对封建文化强有力的冲击。近代爆发的戊戌变法和辛亥革命，维新派和民主派才对封建文

---

① 于幼军：《社会主义初级阶段文化论》，人民出版社2000年版，第130页。

化展开了较大的冲击，经过"五四"新文化运动特别是新民主主义革命的冲击，封建主义在中国思想文化领域的地位已经崩溃。

应该说，中国共产党创立的新民主主义文化和社会主义文化，是现代文化的形态。社会主义制度的建立，彻底消灭传统文化体系的经济基础和政治基础，打破了传统文化体系的框架结构，瓦解了它在整个社会文化中的主导地位。① 然而，思想文化具有相对的稳定性。当旧的思想文化赖以存在的经济基础和社会制度瓦解之后，它的某些因素还会长期在社会上残留，有些甚至还会渗进新的思想文化中而保存下来，并以新形式出现。特别是中国现在仍处于社会主义初级阶段，仍然是农业人口、半自然经济占很大比重的不发达国家。这种落后的经济、文化状况，客观上给封建思想文化和小农经济意识提供了生存的土壤。在新民主主义政治革命取得成功以后，本应适时进行以反对封建主义思想文化、彻底肃清其影响为要旨的新民主主义文化革命，作为对"五四"新文化运动的继续和深入，以全面彻底完成反封建的历史任务。遗憾的是，由于种种原因，当时过早转移了思想斗争的目标。对这一沉痛的历史教训，邓小平作了深刻的总结："我们进行了二十八年的新民主主义革命，推翻封建主义的反动统治和封建土地所有制，是成功的，彻底的。但是，肃清思想政治方面的封建主义残余影响这个任务，因为我们对它的重要性估计不足，以后很快转入社会主义革命，所以没有能够完成。"② 进入改革开放新时期，以现代化为目标的社会转型进入快车道，社会主义市场经济的发展为弘扬科学理性精神提供了良好的条件。一些与现代化相适应的文化精神，正在全社会逐渐形成，例如价值目标的务实性、竞争意识与惜时观念的增强、强调个人利益与集体利益的兼顾、奉献与索取的统一，等等，都是对传统农耕文化的超越。

（二）中国特色社会主义文化具有先进的物质基础，它与社会主义基本经济政治制度联系在一起，是由社会主义基本制度所决定并反映社会主义基本制度的先进文化

马克思主义唯物史观认为，社会意识的性质和内容从根本上是由其赖

---

① 甘阳：《八十年代中国文化讨论五题》，《哲学研究》1986 年第 5 期。
② 《邓小平文选》第 2 卷，人民出版社 1994 年版，第 335 页。

以产生的经济基础和政治制度所决定的。纵观人类发展史，世界各个国家和民族因处于不同的发展阶段，具有不同的经济基础和政治制度，也就拥有不同性质、不同形态的思想文化。先进文化是人类文明进步的结晶，是推动人类社会前进的精神动力，它在本质上是社会先进的经济和政治在观念形态上的反映，又对先进的经济和政治的发展起着巨大的促进作用。

社会主义制度的先进性，是社会主义文化先进性的制度保障。我国早已确立了社会主义基本经济和政治制度，虽然处于社会主义初级阶段，但社会主义社会的基本的、一般的特征不会因为初级阶段的特殊性而改变。与社会主义基本制度相适应，我国现阶段的文化就其核心或主流而言，应该而且必须是社会主义性质的文化。社会主义文化与封建文化、资本主义思想文化的根本区别源于社会基础的根本不同，这一基础决定了社会主义文化与封建主义文化、资本主义文化存在本质区别，主要表现在三个方面：第一，经济基础不同，封建主义文化、资本主义文化均是建立在生产资料私有制和少数人剥削多数人的经济关系的基础上；社会主义文化则是以生产资料公有制（在社会主义初级阶段则是以生产资料公有制为主体）的基础上，剥削阶级作为一个完整的阶级已经基本退出历史舞台。第二，指导思想不同，封建主义文化、资本主义文化都是以占统治地位的剥削阶级的思想为主导，而社会主义文化则是以马克思主义科学世界观和方法论为指导。第三，文化的核心和特征不同，封建主义文化以蒙昧主义和专制主义为特征，资本主义文化以个人主义和利己主义为核心和特征，而社会主义文化则是以集体主义和为人民服务为核心和特征。总之，社会主义制度是人类迄今为止最高级、最文明的社会制度，社会主义文化也应是比封建主义文化、资本主义文化更高级、更文明、更进步的文化。①

当然，我们必须清醒地认识到，社会主义社会是一个相当长的历史发展过程，其间要经过若干各不相同的发展阶段。在每个不同的发展阶段，由于同属于一种社会形态，观念形态的文化具有某些共同的、一致的内容和要求，但又由于经济、社会各方面的条件、状况和历史任务的不同，因而在观念形态文化上又具有不同的具体内涵和各自独有特征。特别是中国现在处于社会主义初级阶段，由于经济、政治和社会各方面的条件状况所决定，不仅在经济、政治上不发达、不成熟、不完备，在文化上也同样是

①　参见杨建《社会主义初级阶段文化矛盾论》，《苏州大学学报》2006 年第 11 期。

不发达的、不成熟的、不完备的。马克思、恩格斯强调人们的思想境界和道德水平，都与社会生产力发展的特定阶段相联系，强调要从具体的社会经济形态来考察特定时期的文化。马克思指出："要研究精神生产和物质生产之间的联系，首先必须把这种物质生产本身不是当作一般范畴来考察，而是从一定的历史的形式来考察。……如果物质生产本身不从它的特殊的历史的形式来看，那就不可能理解与它相适应的精神生产的特征以及这两种生产的相互作用。"① 毛泽东也曾在新民主主义革命时期论述过新民主主义方针、纲领同共产主义思想体系的关系——"我们既应把对于共产主义思想体系和社会制度的宣传，同对于新民主主义的行动纲领的实践区别开来；又应把作为观察问题、研究学问、处理工作、训练干部的共产主义的理论和方法，同样作为整个国民文化的新民主主义的方针区别开来。"②

因此，现阶段中国特色的社会主义文化建设，既要坚持社会主义和共产主义方向，又要切实从初级阶段的实际出发，不能忽视在社会主义不同发展思想文化方面的差异，防止和纠正脱离和超越初级阶段的实际，把适应于高级阶段的思想道德原则和要求，硬要在现阶段普遍推行，向大多数社会成员提出过高的、在现阶段难以做到的要求和标准。我们应清醒地认识到，社会主义初级阶段的基本制度决定了文化多元性是一种客观存在。只有在理论和实践的结合上，全面正确地把握好社会主义文化的共性与在初级阶段表现的特殊性的联系与区别，并把这两个方面有机地统一起来，坚持马克思主义在社会主义文化中的指导地位，努力在全社会大力倡导建设并确立起社会主义主流文化的主导地位，并通过主流文化去影响和引导各种非主流文化，力求实现社会主义主流文化与非主流文化的协调统一，扎实有效地推进思想道德文化建设，以维护社会稳定，促进社会和谐、健康、有序发展。

（三）中国特色社会主义文化具有浓郁的人文精神，是继承人类优秀文化又超越西方文明弊端的先进文化

西方文明的发展已经证明了离开人文精神的科学理性膨胀发展的弊

---

① 《马克思恩格斯全集》第 26 卷，人民出版社 1972 年版，第 296 页。
② 《毛泽东选集》第 2 卷，人民出版社 1991 年版，第 706 页。

端。科学理性精神指导下的科学技术创造了无数奇迹，它创造了巨大的物质财富，给人类社会带来了难以想象的变化，它无疑是人类幸福的一个重要源泉。然而，人类实践的发展早已证明了科学技术并不是万能的，它在给人类带来财富和幸福的同时，也带来了各种各样的危机，尤其是精神领域的问题。如西方发达国家在现代化进程中，出现的崇尚金钱、道德沦丧、精神空虚、物欲横流、拜金主义、功利主义以及人情冷漠等各种弊端，无不与片面强调科学主义、忽视人文精神有关系。西方文明发展出现的弊端，正好从反面为我们提供了经验教训。我国现代化进程中，可以学习借鉴西方先进国家成功的经验，也可以避免或减少西方国家现代化进程中的弊端，在大力弘扬科学精神的同时，加强现代人文精神的建设，把两者有机地统一起来，从而有望解决人类现代化发展中的难题。人文精神作为先进文化的一种价值标准，处处体现以人为根本和中心的原则，关注并维护人在现实世界中的价值和意义，表现在人的价值理性、道德情操、理想人格和精神境界等方面；主张以人为本位，尊重人的价值、维护人的权利、实现人的目的等等，体现了人类主体对人生理想和价值意义的追求，是人类文化精神的核心和灵魂。

　　人民性是社会主义文化的突出特征，也是中国特色社会主义文化区别于其他一切社会形态文化的根本所在。人类社会的发展是一个以广大人民为主体的历史进程，人民群众是社会历史活动的主体，是历史发展的动力，人民群众是历史的创造者，是物质财富与精神财富的创造者。承认人民是社会物质财富和精神财富的创造者，同时也承认人民是社会物质财富和精神财富的享有者，这是历史唯物主义的基本观点。广大人民群众是文化建设的主体，也是文化服务的主体。但如同物质财富的丰富并不一定为广大人民所拥有一样，在不同的社会制度下，一个社会的文化发展成果，也不一定为广大人民所享有。只有在社会主义制度下，才能真正实现人民在文化发展上主体地位，为广大人民享有精神文化成果提供了制度保证。文化先进与否，根本的是要回答"为了谁"、"依靠谁"的问题。社会主义文化不是只为少数人垄断的精神奢侈品，而是来自人民、发展于人民、服务于人民、由人民共建共享的文化。重视和实现大多数人的文化权利是社会主义文化的先进性的重要体现。站在人民大众的立场上，坚持为人民服务、为社会主义服务的方向，是社会主义文化与封建主义、资本主义文化的本质区别，也是其先进性的根本体现。社会主义文化是人类历史上迄今最先进的文化形态。

中国共产党自成立之日起，就明确了自己为人民群众的利益而奋斗的目标，在中国革命、建设和改革的过程中，一贯坚持文化建设"为人民服务、为社会主义服务"的方向。我们党始终强调的文化人民性，即先进文化的人文特性。在文化发展目的上，坚持马克思主义以人为本的思想，以满足人民群众各方面的需求为出发点和目的，促进社会的全面进步和人的全面发展。在文化建设的内容上，把关心人、尊重人、爱护人、发展人和完善人作为文化建设的核心内容，把勤劳节俭、艰苦创业、求是务实、开拓进取作为主要内容；既尊重社会成员对幸福人生的追求，同时又要求社会成员对社会承担责任、作出贡献，关心和维护社会的共同利益，并在社会公共生活中实行自立自强、民主平等、公正诚信、友爱互助等道德准则；强调既要以国家和人民利益为最高价值标准，同时又尊重和保护社会成员个人的合法权益，把国家、人民和个人利益有机统一起来的利益统一的价值导向；在全社会倡导以经济社会协调发展、人类与自然和谐共生为目标和价值取向的可持续的社会主义现代人文精神，从多方面调动社会成员的积极性和创造性，形成推动社会经济发展和文明进步的合力，加快中国现代化的进程。

六　中国共产党建设先进文化的实质和根本

中国的先进文化建设，固然包括满足广大人民大众的精神文化需求，但作为一个执政党的先进文化建设，其核心和实质是加强主流意识形态建设，加强党的执政能力建设，掌握意识形态话语权，从思想文化上巩固党的执政地位。因此，坚持和巩固马克思主义在意识形态领域中的指导地位，是中国共产党代表先进文化的实质和根本。

意识形态作为一种观念体系，属于上层建筑的观念领域，是由社会存在所决定又为现实社会存在而服务。马克思把意识形态主要看做是同经济形态相对应的范畴，用来表示由人们之间的物质的社会关系所决定的以理论化的自觉形式体现出来的"那些法律的、政治的、宗教的、艺术的或哲学的，简言之，意识形态的形式"①。自有阶级社会以来，社会的文化从根

---

① 《马克思恩格斯选集》第 2 卷，人民出版社 1995 年版，第 33 页。

本上说都具有意识形态属性。不同意识形态的文化，服务于不同的经济基础，因而服务于不同社会群体的利益。所以，文化不是自由的创造，它在客观上总是受到一定阶级或集团利益的制约，从根本上与阶级或集团的利益相关。法兰克福学派的"科学技术即意识形态"的思想深刻地说明了这一点。即使是作为审美文化的文学艺术也并不是非意识形态性文化，它同样具有意识形态属性。西方学术界马克思文学理论批评家伊格尔顿明确指出：文化不仅仅是学术问题，而且是现实政治的问题。① 当代西方最负盛名的文艺理论家詹姆逊指出："意识形态并不是传达意义或用来进行象征性生产的东西；相反，审美行为本身就是意识形态的，而审美或叙事形式的生产将被看作是自身独立的意识形态行为，其功能就是为不可解决的社会矛盾发明想象的或形式的'解决办法'。"② 因此，撇开意识形态的纯粹的"美"或"文化"现象是不存在的，所以审美评价和审美选择从根本意义上来说，都是一种价值选择和价值评价。诸如各种提供娱乐和美学欣赏的文艺活动和文艺作品以及陶冶人们精神的科学作品等等，也同样反映和体现不同社会阶级阶层的世界观和思想意识，只不过这种意识形态性或阶级性不那么鲜明而已。就是看似远离意识形态的语言学，在语言的构成、句法上也会受意识形态的影响。西方马克思主义者很早就注意到这个问题，在考察西方近百年来句法的变化时，弗洛姆发现人们越来越多地使用名词，越来越少地使用动词，几十年前的西方人说"我忧虑"，而现在他们说"我有一个难题"，究其原因就是私有制始终占有的资产阶级意识形态渗入到人们的日常语法当中。③ 晚期马克思主义者也强调这一点，在伊格尔顿看来，语言绝非中立的符号地带，而是"布满了政治历史的灾变留下的疤痕和裂隙，到处散落着帝国主义、民族主义、地方主义以及阶级斗争的废墟。语言学问题总是政治语言学的问题，在这个领域，进行着宗主国征服者与臣服者、民族国家与民族国家、地区与全国、阶级与阶级之间的争斗"④。可见，语言从一开始就是政治性和意识形态性的东西，文学可以被视为是这种语言斗争的动因和结果。

　　国外一些学者在分析苏联解体的原因上，将意识形态与文化分裂开

---

① 伊格尔顿：《文化的观念》，南京大学出版社 2006 年版，第 43 页。
② 詹姆逊：《政治无意识》，中国社会科学出版社 1999 年版，第 67—68 页。
③ 弗洛姆：《占有还是生存》，生活·读书·新知三联书店 1989 年版，第 25—28 页。
④ 柴焰：《伊格尔顿文艺思想研究》，中国海洋大学出版社 2004 年版，第 54 页。

来，认为一个社会、一个国家是靠某种思想文化来维系的，而不是靠意识形态的。美国政治学者塞缪尔·亨廷顿认为，美国必须依靠一个单一的文化核心——西方文明理念存在下去，而不能依靠某种意识形态——比如美国人所珍爱的自由主义。亨廷顿引出了一个话题，即一个社会是靠意识形态还是靠文化维系的问题，似乎苏联是一个"没有文化核心而仅仅以政治信条来界定自己的社会"，马克思主义一旦"崩溃"，社会缺乏文化认同，于是便迅速解体。事实上，如果说苏联的解体是马克思主义意识形态的崩溃，毋宁说是以"资产阶级自由主义"意识形态取代了马克思主义意识形态的结果。在阶级依然存在的当代社会，"意识形态"没有终结，也不会终结。只是以一种具体的意识形态替代另一种意识形态而已。这正是当今"颠倒了的世界"中"'反文化'形式下的文化渴求"、"'非意识形态'下的意识形态诉求"的表现。① 对国家的指导思想——马克思主义的抛弃，使得共产党和苏维埃国家逐渐失去了自己的合理性依据，进而失去自己的合法性地位，终而遭遇崩溃。苏联解体以后，俄罗斯的新领导层又迈出了另外的错误一步——消解俄罗斯文化精神，代之而起的是"向西方看齐、认同西方民主社会的标准、生活水平及品格水平"，"选择美国、瑞典、瑞士或德国作为'正常'的标杆，但这根稻草并未挽救俄罗斯的命运，市场经济并未给俄罗斯带来幸福。在经历了 20 世纪最后十余年的改革之后的俄罗斯人称国家的状况是'开放的社会——空空的钱包'。"② 由此可见，20 世纪 90 年代初发生的苏东剧变是一件很复杂的历史事件，精神领域里的实际状况是：首先是马克思主义信念的崩溃，然后是俄罗斯文化精神的丧失，使得俄罗斯失去了维系社会、人心的精神纽带。③

　　按西方学者的描述，中国之所以幸运地没有重蹈苏联覆辙，并不是因为马克思主义，而是传统文化的力量。认为马克思主义"在中国并不像在苏联那样占有同等重要的地位"，中国传统文化（如儒学）在现代中国的地位要比马克思主义高，这是不符合事实的。1840 年的鸦片战争以后，中国的先进人物在中西方文化的比较中，通过对西方资产阶级民主主义文化的先进性的认识，以及对西方帝国主义侵略本性的认识，终于选择了马克

---

① 侯惠勤：《马克思的意识形态批判与当代中国》的序言，中国社会科学出版社 2010 年版。

② 参见［俄］麦德维杰夫《俄罗斯往何处去：俄罗斯能搞资本主义吗？》，徐葵译，新华出版社 2000 年版。

③ 参见黄力之《先进文化论》，上海三联书店 2002 年版，第 182—186 页。

思主义。在新民主主义革命的过程中，毛泽东将"马克思主义的基本原理与中国革命的具体实践"相结合，是马克思主义在中国成功的根本原因之一。在中国的改革开放过程中，邓小平在 80 年代中期就说过，"如果我们不是马克思主义者，没有对马克思主义的充分信仰，或者不是把马克思主义同中国自己的实际相结合，走自己的道路，中国革命就搞不成功，中国现在还会是四分五裂，没有独立，也没有统一。对马克思主义的信仰，是中国革命胜利的一种精神动力。"① 马克思主义在现代中国的地位毋庸置疑。这就决定了建设中国特色的社会主义文化，必然以马克思列宁主义、毛泽东思想为指导，不能搞指导思想的多元化，必须坚持为人民服务、为社会主义服务的方向和"百花齐放，百家争鸣"的方针，繁荣和发展社会主义文化，不允许毒害人民、污染社会和反社会主义的东西泛滥，不允许搞民族虚无主义和全盘西化。因此，我们建设社会主义先进文化的核心，归根到底就是要坚持和巩固马克思主义在中国意识形态领域的指导地位，为建设中国特色社会主义、实现中华民族伟大复兴提供理论指导、舆论力量、精神支柱和文化条件。

不断提高党领导意识形态工作的能力，是建设社会主义先进文化的实质。加强主流意识形态建设，重在理论创新与实践创新，重塑主流意识形态的知识形象、理论形象和创新形象。党的十六大报告指出，要"自觉地把思想认识从那些不合时宜的观念、做法和体制的束缚中解放出来，从对马克思主义的错误的和教条式的理解中解放出来，从主观主义和形而上学的桎梏中解放出来。既要坚持马克思主义基本原理，又要谱写新的理论篇章"。党的十七大提出："大力推进理论创新，不断赋予当代中国马克思主义鲜明的实践特色、民族特色、时代特色，推动当代中国马克思主义大众化。"只有不断增强主流意识形态的亲和力、感召力和凝聚力，不断增强党在意识形态领域的控制力、影响力以及同其他意识形态的竞争力，才能巩固马克思主义在意识形域的指导地位。

第一，必须加强主流意识形态自身的理论创新。巩固主流意识形态领域的地位，关键在于增强其吸引力，而增强吸引力的关键在于主流意识形态要随着实践的发展不断创新。马克思主义来源于实践，马克思主义意识形态的实质，在于它鲜明的实践性。马克思提出"意识形态没有独立的历

---

① 《邓小平文选》第 3 卷，人民出版社 1993 年版，第 63 页。

史"的理论①，目的是为了说明意识形态的受动性特征，强调的也正是它对社会生活实践的依赖性。社会主义主流意识形态的创新，必须着眼于建设中国特色社会主义的实践，能够解释社会现状及其变化、预测社会发展的趋势，在不断应对和回答时代与实践的挑战中，为马克思主义的发展注入新的活力，使主流意识形态不断与时俱进；必须同生活保持着血肉联系，倾听和解决人民群众的心声与要求，被广大人民群众所理解和接受；必须在表达方式上要简洁明快、朴素流畅、贴近生活、富有时代感，尽量贴近大众，使用民间话语，具有平民风格，增强亲和力和吸引力。

第二，掌握传播媒体，注重舆论导向。在现代社会，主流意识形态不仅要靠组织和行政力量来推行，更多的还要通过新闻媒体来传播。这是因为，意识形态主要通过语言和符号，通过文化的形式来表达与传播。在今天这个信息时代，大众传媒是传播意识形态最重要、最有效的渠道。因此，在当今世界各种思想文化相互激荡的形势下，在错综复杂的意识形态领域斗争中，一方面，传播媒体要更加旗帜鲜明、理直气壮地坚持和强化主流意识形态的宣传和教育，广泛、深入、持久地宣传灌输主流意识形态，牢牢把握正确的舆论导向，形成积极健康向上的主流舆论；另一方面，必须不断提高引导舆论的能力，通过富有成效的工作，在多元价值之间保持合理张力，最大限度地在全社会达成共识，最大限度地统一不同方面、不同阶层人们的思想、意志和行动，维护社会的和谐稳定。

第三，加强对非主流意识形态的有效疏导。主流意识形态对自己时代的思想文化所起的导向的作用，是以对意识形态多样性的认可而不是对它的排斥作为自己的前提。事实上，任何国家、民族在任何时代，意识形态都不可能是单一的，都有多种意识形态并存。正如毛泽东指出的："在阶级存在的条件之下，有多少阶级就有多少主义，甚至一个阶级的各集团中还各有各的主义。"② 主流意识形态是在一个国家或社会形态中起主导作用的文化，是统治阶级的思想文化，而非主流意识形态一般与主流意识形态在方向上一致，或虽不一致，但并不构成对主文化的威胁。因而不能将其排除社会整体文化之外，对在特定历史条件下对社会进步起积极推动和建设作用的非主流文化，应允许其适度存在，加强引导。社会主义主流意识

---

① 参见《马克思恩格斯全集》第 3 卷，人民出版社 1960 年版，第 30 页。

② 《毛泽东选集》第 2 卷，人民出版社 1991 年版，第 648 页。

形态应当具有海纳百川的宽容心态，在尊重多样性的基础上，对非主流的思想文化作出合理的引导。就中国当前来说，对于同质的非主流意识形态，可以作为主流意识形态的重要补充；对于异质的非主流意识形态则要进行批判和扬弃。既要分清是非、坚定方向、坚持原则；又要严格区分思想认识问题、学术问题和政治问题的界限，坚持用不同的办法解决不同的问题，引导各种非主流意识形态沿着健康的轨道前进，向着积极的方向发展。

第 五 章

社会主义核心价值体系的理论创新

社会主义核心价值体系的提出，是以胡锦涛同志为代表的当代中国共产党人对毛泽东、邓小平和江泽民社会主义意识形态和文化理论的继承与发展。1986 年党的十二届六中全会在第一次精神文明决定中提出中国特色社会主义思想道德体系，1996 年党的十四届六中全会在第二次精神文明决定中提出社会主义市场经济条件下思想道德规范体系。2006 年党的十六届六中全会在构建和谐社会决定中第一次明确提出"社会主义核心价值体系"的命题及其具体内容。尽管社会主义核心价值体系的提出具有其历史继承性，与我们党一贯倡导的价值追求在根本上是一脉相承的。但第一次以简明精练的方式明确提出"社会主义核心价值体系"的命题及其具体内容，在我们党的历史上堪称是一次伟大的创举，是我们党在思想文化建设领域的重大理论创新成果。2011 年党的十七届六中全会进一步指出"社会主义核心价值体系是兴国之魂，是社会主义先进文化的精髓，决定着中国特色社会主义发展方向"，这是对社会主义核心价值体系的最新定位，体现了我们党在文化建设上的一种价值自觉，标志着我们党对社会主义制度在价值层面的探讨达到了一个全新的高度。

一 社会核心价值体系:文化的内核与灵魂

价值和文化须臾不离，互为表里。"文化的核心在于一套价值标准。"①而社会的核心价值体系则是一个民族的思想观念、行为习惯、交往方式等各方面的评价标准和理想取向，是维系民族的协调性和统一性的深层的无

---

① 甘阳:《八十年代中国文化讨论五题》,《哲学研究》1986 年第 5 期。

声的力量。"核心价值体系是文化的内核，规定着文化的性质。有什么样的价值体系，就有什么样的文化立场、文化选择。"① 不同价值体系的存在，是社会主义核心价值体系建立的事实前提；核心价值体系在文化体系中的地位，则是社会主义核心价值体系在文化创新中的内在的理论根据。

"价值"最初是一个经济学概念，后来被广泛应用到哲学、美学、伦理学、社会学等学科。按照马克思主义的基本观点，价值是一个关系范畴，指客体对主体意义，是客体属性满足主体需要的关系，是人类社会生活中一种普遍存在的关系，是指客体的属性、作用以及它们的发展变化同主体及其需要相一致、适合或接近的状况，就是指"客体为主体服务"，或客体适应、满足主体及其需要的性质。而价值观则是人们对客观存在的价值关系的反映，是关于事物价值及其关系理论化、系统化的总的观点和总的看法，是一定社会在长期的社会生活实践中育化出来价值观念的总和。张岱年先生指出："'哲学的价值观'是一种理论化、系统化的价值观点、价值学说，是关于价值的理论体系。"② "价值观念是由多种因素构成的，这些因素就是各种评价的标准，这些标准按照一定的结构而形成价值观念的体系或系统。"③ 价值观包括价值取向、价值认同、价值标准、价值评价、价值理想以及价值创造等观点的体系，具体表现为信念、信仰、理想、追求等形态。价值观成为人们对事物有无价值和价值大小的一种认识，是处理价值问题所持的立场、观点和态度的总和，是主体以自身的需要为尺度，对外在于自身的事物或现象所蕴涵意义的认识和评价。

任何社会的价值观都不是单一的，而是多种多样的，甚至是相互冲突的价值观念构成的复杂体系。由于不同社会中有不同的经济利益关系和社会结构，不同的主体有不同的社会地位、不同的利益和价值需要，因而产生了多种多样的价值观念。其中，处于核心地位、对其他价值观念起着支配作用的价值观，这就是社会的核心价值观。核心价值观是在一定历史时期，由统治者倡导的对社会文化体系和个体行为起决定和支配作用的价值观，是在社会生活中居于统治和引导地位的社会价值观。社会的核心价值观是统治者所倡导的，因而具有权威性，社会生活中占据优势地位，担负

---

① 刘云山：《中国特色社会主义文化建设的实践探索和理论思考》，《求是》2010 年第 20 期。

② 张岱年：《文化与哲学》，教育科学出版社 1988 年版，第 204 页。

③ 李德顺、马俊峰：《价值论原理》，陕西人民出版社 2002 年版，第 231 页。

着指导和评判人们行为的作用。它力图指导、影响、左右更多个体的价值取向和价值选择，影响整个社会的精神面貌和人们的行为取向，达到社会群体中个体思想观念的高度一致，从而保证社会价值目标较顺利地得到实现，更好地促进社会的稳定发展。

　　一个社会的价值观念多元化是常态，相反，单一化则是不正常的。同一社会中，不同的价值主体产生不同的价值观。各种价值观不是杂乱无章的，而是一个系统，构成一个体系，即价值体系。价值体系即主体以其需求系统为基础，对主客体之间的价值关系进行整合而形成的观念体系，集中体现主体的愿望、要求、理想、需要、利益等。"价值体系属于社会意识范畴，是社会意识的本质体现。"① 它受一定社会基本制度的制约，是由一定社会崇尚和倡导的思想理论、理想信念、道德准则、精神风尚等因素构成的社会价值认同体系。一个国家、一个民族、一个社会在长期共同的认识和实践中，就会形成由一系列价值意识、价值观念组成的一定价值体系。社会的价值体系不是单一的而是多元的，就各种价值体系的性质、地位和作用而言，有核心价值体系与非核心价值体系。在"多元价值体系"中居于核心地位、起主导和统领作用的就是主导价值观体系，即"核心价值体系"。核心价值体系是反映一种社会制度、一个时代本质的价值体系，每个时代、每种社会形态、每个国家、每个民族，都有自己的核心价值体系。一个社会虽然可以有多个层次、多元并存的价值体系，但是，任何社会的存在和发展，都需要有一定的社会核心价值体系或主导价值体系的强力支撑。在中国封建社会，尽管儒、释、道等多种思想文化和价值观念长期并存，但长期居于正统地位的是儒家文化及其价值观。近代以来的西方国家，虽然各种各样的文化表达和文化思潮不断涌现，但以个人主义为核心的资产阶级思想文化及其价值观始终占据主导地位。当今世界，许多国家对建设自己的主流价值观更加重视、更加自觉。美国就始终把反映垄断资产阶级利益的价值观作为根本内容，以此来打造"美国梦"、强化"美国精神"。新加坡为团结国民共同致力于本国发展，以国会法案的形式，确定了以"国家至上、社会为先，家庭为根、社会为本"为主要内容的共同价值观，在全社会加以推行。可见，建设主流价值观是古今中外的通行做法。核心价值体系是一定社会系统得以运转、一定社会秩序得以维持的内

――――――――――

　　① 李前：《建设社会主义核心价值体系》，《大连干部学刊》2006年第11期。

在精神依托。旧社会的解体常常以核心价值的崩溃为标志，新社会的稳定和发展也常常以核心价值体系的确立和完善为支撑。虽然一个社会的价值观念多元化是一种常态，但价值观的多元化并未引发整个社会价值观念的混乱，这恰恰因为社会核心价值体系起到了引领和整合多元价值观作用的结果。

价值是整个文化体系的核心和灵魂，每一种文化都是一种价值体系。哲学、道德、科学、政治思想、法律、文学、艺术、宗教等文化的诸形式，都不过是文化的核心——价值观的外显形态或表现形式。人类文化活动由内向外推移，在观念层面、行为层面、制度和器物各个层面中的具体实践，离不开价值判断与价值选择。民族之间的差异并不在于外在的服饰、饮食、语言和习惯等有形的外显的东西，而在于内在的无形的文化价值体系的差异。当今世界，西方发达国家输出的不是肯德基和可口可乐，也不是好莱坞电影和日本动画，而是他们的价值观，快餐、电影和动画也只是文化的具体形式。任何形式的文化都包含着特殊的价值和意义，它一方面是不同民族在特定的生活环境中对外部世界思维的肯定形式；另一方面，它又构成一个有特殊价值和意义的文化世界，建构着不同民族的价值心理和价值观念，形成不同民族的文化价值意识的定式。[①] 威廉·文德尔班就曾指出："认识问题本身就具有某些价值性质的东西，这些东西引起由理论问题到实践问题的过渡。"[②] 一种文化形态变迁的标志和前提，就是其价值体系的转换；对某种价值观的认同，才是某种文化的最终确立；相反，某种文化的最终确立，也即是对某种价值观的认同。某种价值观在特定历史阶段是合理的，但在进一步的历史发展中却可能成为一种习惯势力或惰性力量，起着阻碍人们创造性行为的消极作用。因此，每当文化和社会转型的历史关头，人们必然会调整或改造原有的价值观，引进或创造新的价值观，从而导致文化体系和社会结构的重构。文化体系的核心和灵魂变了，文化模式自身必然随之改变，一部文化史就是一部文化价值转换的历史。

二 中国共产党对社会主义核心价值体系的自觉建构

唯物史观揭示了历史进程的合规律性与合目的性的统一。作为一个社

---

① 黄昌意：《中国文化价值体系的现代化转换："五四"文化精神的反省与重建》，《江汉论坛》1994 年第 5 期。

② 转引自夏基松《现代西方哲学教程》，上海人民出版社 1985 年版，第 117 页。

会占主导地位的核心价值观的形成，有其社会历史必然性。人类童年形成的是原始宗教的价值观，封建社会形成的是宗法等级专制价值观，而资本主义社会产生的是以个人主义为核心的价值观。尽管社会核心价值体系有其物质根源，但是任何一个社会核心价值观并非是自然而然形成的，而是统治阶级主观设计和自觉建设的结果。"统治阶级总是十分自觉地研究社会价值观念特别是其中的社会核心价值体系。"① 社会主义核心价值体系，是我们党面对国际国内新变化带来的文化困境与价值危机而自觉倡导和建构的结果。

中国经历了相当发达的封建主义社会，以儒家礼教为主要内容的传统核心价值体系，对于维系长达数千年的封建社会秩序，促进社会发展起到了积极的整合、统摄和引领作用。自近代以来，西方列强的炮舰侵略和随之而来的价值观念的冲击，中国传统价值观系统遭到了极大破坏。在迈向现代化的历史进程的相当长时期里，中国始终未能形成与民族传统融合的、适应现代社会发展需要的核心价值体系。尽管孙中山先生提出了"民族、民生、民权"的价值目标，却随着辛亥革命的失败而化为泡影。五四运动中，新文化派在"民族救亡"的历史主题下，将儒家传统价值当做封建主义的象征而全盘否定和抛弃，造成了国人的文化认同危机。另一方面，盲目输入西学的"全盘西化"，试图以"科学"和"民主"这种西方启蒙理性主义文化来填补由传统文化失范所引发的价值真空，既瓦解了民族信仰体系，却又无法使西方价值观真正融入中国社会。其结果事与愿违，引起国人的价值迷失、精神破产。②

自从马克思主义传入中国并成为中国共产党的指导思想以来，中国社会发展的核心价值体系建设进入新的历史时期。在新民主主义革命伟大实践中，中国共产党所倡导和形成的"革命价值观"，铸造了北伐精神、井冈山精神、苏区精神、长征精神、延安精神、抗战精神、西柏坡精神等一座座光耀中华、永垂不朽的精神丰碑。③ 贯穿这些精神链条的主线就是"革命价值观"，包括马克思主义的指导思想、革命的理想和信念、艰苦奋斗的创业精神、团结协作的高尚品德、全心全意为人民服务的道德情操等

---

① 陈新汉：《社会主义核心价值体系——从价值哲学的角度看》，《哲学研究》2007 年第 11 期。

② 许纪霖：《一溪集》，生活·读书·新知三联书店 1999 年版，85—88 页。

③ 参见李小三《中国共产党人精神研究》，中央文献出版社 2008 年版。

内容。伟大的理想和坚定的信念是激发斗志、凝聚人心的精神源泉，是一个人、一个政党、一个民族赖以生存和发展的强大精神动力。新中国诞生后，面对满目疮痍、百废待兴的局面，中国共产党的主要任务是恢复国民经济，探索一条适合于中国国情的发展道路。中国的社会主义事业前无古人，史无先例，路途异常艰辛坎坷，必须凝聚各方力量，一心一意搞建设。适应这一需要，社会倡导的为社会主义建设和实现共产主义理想而无私奉献的价值观，形成了铁人精神、雷锋精神、焦裕禄精神等社会所需要的价值观，在当时的社会主义建设中起到了重要作用。但由于中国特殊的历史背景，新中国成立后的较长时期内，我们党对社会核心价值体系建构的自觉程度，还未上升到一定的高度，还未对其进行系统深刻的理论阐述和理论创新。改革开放以后，不但经济体制发生了一场伟大的变革，社会价值观也发生了前所未有的变化，人们抛弃了"越穷越革命"的价值观，认可了利益、财富、金钱的正当性；计划体制时期的人身依附关系逐渐解除，人们的自由度大大提高，独立性和自主性大大增强。[①] 在新的历史条件下，涌现出孔繁森精神、郑培民精神、特区精神等时代所需要的价值观，在改革开放和社会主义现代化建设中起到了重要作用。江泽民同志提出要在全党和全社会大力宣传和弘扬五种精神，即"解放思想、实事求是的精神，紧跟时代、勇于创新的精神，知难而进、一往无前的精神，艰苦奋斗、务求实效的精神，淡泊名利、无私奉献的精神"[②]。对社会核心价值体系进行自觉建构和理论创新，就成为我们党必须重视的课题。思想文化领域的讨论以及学术领域为社会核心价值体系的建构提供了理论基础，但作为社会的核心价值体系，最终还需要国家的统治阶级自觉地建构和确立。我们党高度关注和重视对社会价值观念特别是核心价值体系的研究和阐述。自改革开放到党的十六届六中全会正式提出社会核心价值体系以来，几乎每个 10 年，我们党都对此有了更深刻的认识，每次都提出新的观点，极大地丰富了社会核心价值体系的理论。

　　1978 年的十一届三中全会的决议中，在确定党在新的历史时期的奋斗目标时，高度概括性地提出了社会核心价值观的基本取向，即建设"现代化的、高度民主的、高度文明的社会主义强国"。邓小平理论中包含的一

---

① 孙美堂：《新中国六十年价值观的变迁轨迹》，《中国教育报》2009 年 9 月 29 日第 2 版。

② 载《江泽民文选》第 3 卷，人民出版社 2006 年版，第 197—198 页。

系列思想，无不反映着"核心价值体系"的理念。党的十一届四中全会以党在新的历史时期的奋斗目标的形式，初步提出了社会核心价值体系的内容，即建设"现代化的、高度民主的、高度文明的社会主义强国"。1986年的十二届六中全会决议，在概括社会主义价值体系上更趋明确，提出了"培养有理想、有道德、有文化、有纪律的社会主义公民，提高整个中华民族的思想道德素质和科学文化素质"价值建设任务。把社会核心价值体系与"培养有理想、有道德、有文化、有纪律的社会主义公民，提高整个中华民族的思想道德素质和科学文化素质"联系在一起。

　　十年后，1996年党的十五届六中全会决议对社会主义核心价值有了更趋完备的表述，提出了"以马克思主义、列宁主义、毛泽东思想和邓小平建设有中国特色社会主义理论为指导，坚持党的基本路线和基本方针，加强思想道德建设，发展教育科学文化"，"团结和动员各族人民把我国建设成为富强、民主、文明的社会主义现代化国家"，把社会核心价值体系的内容与"以马克思主义、列宁主义、毛泽东思想和邓小平建设有中国特色社会主义理论为指导，坚持党的基本路线和基本方针，加强思想道德建设，发展教育科学文化"和"团结和动员各族人民把我国建设成为富强、民主、文明的社会主义现代化国家"联系在一起。世纪之交，江泽民提出的"三个代表"重要思想，以实现生产力发展和人的发展的统一为其着力点和价值评价，成为建构社会主义核心价值体系的重要思想内容。

　　又经过十年，2006年党的十六届六中全会正式提出了"建设社会主义核心价值体系"命题，并将其基本内容清晰明确具体地规定为"马克思主义指导思想，中国特色社会主义共同理想，以爱国主义为核心的民族精神和以改革创新为核心的时代精神，社会主义荣辱观"四个方面。这四个层次相互联系、相互贯通、相互促进，是有机统一的整体。[①] 党的十七大又进一步强调"社会主义核心价值体系是社会主义意识形态的本质体现"，"切实把社会主义核心价值体系融入国民教育和精神文明建设全过程，转化为人民的自觉追求。积极探索用社会主义核心价值体系引领社会思潮的有效途径"，等等。这一系列重要论述和重要决策，标志着我们党对社会主义建设在价值层面的探索达到一个新的高度。2011年党的十七届六中全

---

　　① 李长春：《深入学习实践科学发展观，推动社会主义文化大发展大繁荣》，《求是》2008年第22期。

会提出："社会主义核心价值体系是兴国之魂，是社会主义先进文化的精髓，决定着中国特色社会主义发展方向。"这就进一步指明了社会主义核心价值体系在思想文化中的战略作用，揭示了社会主义核心价值体系是对社会主义发展规律的认知和对社会主义发展目标的价值判断，规定了人们的价值观念和价值取向，更好地发挥其引领社会思潮、凝聚力量、齐心协力建设中国特色社会主义的历史作用。

三　社会主义核心价值体系：当代中国
　　社会主义文化的核心和灵魂

社会主义核心价值体系以指导思想、社会理想、精神动力和道德规范构成了中国特色社会主义文化建设的基本内容，成为我们党文化创新的突出体现。社会主义核心价值体系是社会主义文化的核心和根本，是社会主义先进文化的结晶，决定着中国特色社会主义文化的发展方向。

第一，以马克思主义为理论基础和指导思想，坚持中国特色社会主义文化的前进方向。马克思主义是社会主义核心价值体系的灵魂，是社会主义核心价值体系的首要和根本的内容。坚持马克思主义的指导地位，是从"意识形态"层面规定了马克思主义是立党立国的根本指导思想，从"思想文化"上树立了自己的旗帜。党的十七大报告进一步指出："社会主义核心价值体系是社会主义意识形态的本质体现。"① 我们建设社会主义核心价值体系的根本目的，就是要增强社会主义意识形态的吸引力和凝聚力。只有把握这一思想文化层面的内涵，坚持马克思主义的指导地位，才能抓住社会主义核心价值体系的灵魂，把握社会主义文化建设的性质和方向。

以何种理论为基础和指导思想是文化性质和发展方向的主要标志。以马克思主义为理论基础和指导思想进行文化建设，首先取决于马克思主义本身的科学性。马克思主义既是一种意识形态，也是一种科学理论，为我们提供了科学的世界观与方法论，提供了正确认识世界与改造世界的思想武器。一百多年来，无产阶级革命和民族解放运动的发展，以及它所带来

① 胡锦涛：《高举中国特色社会主义伟大旗帜，为夺取全面建设小康社会新胜利而奋斗》，人民出版社 2007 年版，第 32 页。

的世界进步，都同马克思主义的指导和影响是分不开的。迄今为止，没有哪一种理论学说能像马克思主义这样保持勃勃生机，对推动社会主义进步产生如此巨大的作用和深远的影响。中国社会历史和中国人民之所以选择了马克思主义，就是因为只有马克思主义才能救中国，也只有马克思主义才能发展中国，实现中华民族的伟大复兴。正如邓小平所说："对马克思主义的信仰，是中国革命胜利的一种精神动力。"① 正是在马克思主义中国化的过程中，我们不仅形成毛泽东思想和中国特色社会主义理论体系两大阶段性思想成果，开创了中国革命和中国特色社会主义现代化建设的道路。实践证明，马克思主义与时俱进的特质，在实践中不断地被赋予鲜明的时代精神，成为放之四海而皆准的真理。

以马克思主义为理论基础和指导思想的文化建设，最根本和最重要的是强调加强"思想理论"或"意识形态"建设。马克思主义是社会主义意识形态的旗帜和灵魂，评判我国思想文化领域或意识形态领域的形势，一个关键之点就是要看马克思主义的指导地位是否得到了牢固的确立，包括人们在哲学社会科学研究中是否自觉地坚持以马克思主义为指导。社会主义核心价值体系是从社会主义意识形态中概括提炼出来，是从不同层次上把社会主义意识形态的精髓提炼出来，把现阶段必须确立的世界观、人生观、价值观、道德观中的本质要求集中起来。建设社会主义文化必须坚持以马克思主义为指导，就是坚持马克思主义在文化建设中的指导地位，把握社会主义先进文化前进方向。我国作为一个社会主义国家，中国共产党作为中国特色社会主义事业的领导核心，马克思主义作为我们党的根本指导思想，这一切决定了马克思主义必然是社会主义文化建设的理论基础和指导思想。中国革命的胜利，使马克思主义由我们党的指导思想确立为整个社会的指导思想，也成为社会主义文化的理论基础和指导思想。以马克思主义为理论基础和指导思想，是建设社会主义的基本原则，是我们立党立国的根本指针，也是社会主义意识形态和思想文化的灵魂。马克思主义既是科学真理，又是价值信念，从根本上体现着工人阶级和最广大人民群众的利益、愿望和要求。中国共产党和中国人民对马克思主义的选择，是指导思想和理论基础的选择，也是一种价值选择。胡锦涛同志指出："我们说要建设社会主义核心价值体系，马克思主义指导地位是最

_____

① 《邓小平文选》第3卷，人民出版社1974年版，第63页。

根本的。"① 这一重要地位也决定了马克思主义对社会主义文化的极其重要性。建设中国特色社会主义文化，最根本的是坚持马克思主义的理论基础和指导地位；而坚持马克思主义对文化的指导作用，其实质是在"思想理论领域"坚持文化的先进方向，在当代中国就是坚持社会主义的文化，抵制封建主义和资本主义腐朽文化，用马克思主义的立场观点和方法来研究文化、创新和发展文化。

第二，以树立中国特色社会主义的共同理想为目标，明确中国特色社会主义文化的思想主题。中国特色社会主义共同理想，是从文化建设的层面，为人们提供理想蓝图，这就是高举中国特色社会主义伟大旗帜，走中国特色社会主义道路，实现中华民族的伟大复兴。文化建设就是要把握这一思想主题，努力在全社会树立中国特色社会主义的共同理想，凝聚现阶段全党全国人民的最大共识，为建设成为富强、民主、文明、和谐的社会主义现代化国家提供精神力量。

理想体现了人类对美好生活的向往和追求，是一个政党治国理政的旗帜，是国家和民族发展乃至个人生存的精神导向和精神动力。共同理想则是一个民族、一个国家、一个社会共同的价值追求、价值取向和价值目标。"共同的理想追求、共同的文化观念和价值取向，是一个国家和民族走向振兴的精神源泉。"② 只有树立起了坚定的共同理想，才能在共同理想的基础上，把亿万人民发动起来、组织起来、凝聚起来，才能形成统一的步调和强大的战斗力。共同理想是一个民族、一个社会的灵魂所系。在中国历史上，出现过许多伟大的理想者，他们曾经为建立一个理想社会提出了自己的设想甚至付诸实践。在古代曾把理想社会称为"大同"，其核心是"天下为公"。中国近代资产阶级维新派的代表康有为在他的《大同书》中把大同社会幻想成"无邦国、无帝王、人人平等、天下为公"的社会。而孙中山先生领导的资产阶级革命，则要建立一个"民有、民治、民享"的民主共和国，但是这一社会理想由于中国社会条件和状况的限制最终未能实现。中国共产党在领导人民群众进行新民主主义革命过程中，就确立了建立独立、自由、民主、统一和富强的新中国的共同理想。毛泽东

---

① 于凌纬：《论和谐文化与社会主义核心价值体系的关系》，《兰州学刊》2008 年 7 月，第 40—42 页。

② 韩震：《社会主义核心价值体系研究》，人民出版社 2007 年版，第 116 页。

在党的七大政治报告中就指出，中国人民的基本要求就是"将中国建设成为一个独立、自由、民主、统一和富强的新中国"。新中国成立以来，中国共产党人在探索社会主义建设的艰辛过程中追求着建设一个美好社会的价值理想。特别是十一届三中全会以来，中国共产党日益清晰中国社会的发展目标，党在社会主义初级阶段的基本路线所确定的共同理想是把中国建设成为富强、民主、文明的社会主义现代化国家。随着改革发展的逐步深化，我们党在对"什么是社会主义、如何建设社会主义"以及"什么是中国特色社会主义、如何建设中国特色社会主义"这一最根本问题进一步明晰的基础上，形成了中国特色社会主义共同理想，这就是在中国共产党的领导下，走中国特色社会主义道路，把中国建设成为富强、民主、文明、和谐的社会主义现代化国家。这一共同理想是经过历史和实践的检验的最终选择，是摆脱贫穷落后，走向富强、民主、文明、和谐，实现中华民族的伟大复兴的必由之路，是中华儿女世世代代的梦想和追求。中国特色社会主义共同理想，反映着中国共产党和人民对中国特色社会主义的总体认识、基本理念和理想追求，反映了中国最广大人民的共同愿望、利益和要求，是全民族的精神纽带和支柱，也是全国各族人民团结奋斗的强大动力。特别是随着社会主义市场经济深入发展，社会出现了"四个"多样化，社会思想意识也出现多样化，这就呼唤能够代表广大人民根本利益、为社会各阶层广泛认可和接受、能有效凝聚各个方面智慧和力量的共同理想。这个共同理想把党在社会主义初级阶段的目标、国家的发展、民族的振兴与个人的幸福紧密联系在一起，把各个阶层、各个群体的共同愿望有机结合在一起，具有广泛的社会共识，具有令人信服的必然性、广泛性和包容性，具有强大的感召力、亲和力和凝聚力。

把握了中国特色社会主义共同理想，也就把握了社会主义核心价值体系的主题。社会主义文化建设的根本任务，就是要通过一定的教育途径、方式和方法，将建设中国特色社会主义的共同理想转化为全社会和全体人民群众共同的价值追求、价值取向和价值目标；以中国特色社会主义共同理想吸引人、感染人、凝聚人、鼓舞人，引导人们树立正确的世界观、人生观、价值观，正确认识国家、民族的前途命运，不断增强对中国共产党领导、社会主义制度、改革开放事业、全面建设小康社会目标的信念和信心。只有以中国特色社会主义共同理想为思想主题进行文化建设，才能形成全民族奋发向上的精神力量和团结和睦的精神纽带，巩固中国特色社会主义的思想道德基础，从而推进中国特色社会主义事业的发展和社会的全面进步。

第三，民族精神和时代精神是社会主义核心价值体系的精髓，它揭示了中国特色社会主义文化建设的民族特色和时代特征。以爱国主义为核心的民族精神是中华民族之魂。在新的历史时期，中华民族精神同改革开放和社会主义现代化建设的实践相结合，又锻造了以改革创新为核心的时代精神。民族精神和时代精神是维系中华各族人民的精神纽带和中华民族的强大精神支柱，是建设中国特色社会主义的强大精神力量，因而是社会主义核心价值体系的精髓，是中国特色社会主义文化建设的重要内容。

民族精神是一个民族在长期共同生活与生产实践中所形成的民族意识、民族心理和民族品格的总和，是民族文化最本质、最集中的体现，是一个民族的优秀文化传统最集中的表现，具有民族凝聚功能、精神激励功能、价值整合功能、行为规范功能，是民族成员对于作为社会群体的本民族为之奋斗的理想、目标和前途的自我认同，是实现本民族理想、目标和前途的巨大力量。江泽民同志曾指出：“民族精神是一个民族赖以生存和发展的精神支撑。一个民族，没有振奋的精神和高尚的品格，不可能自立于世界民族之林。”[①] 在长期的社会历史发展中，中华民族形成了以爱国主义为核心的团结统一、爱好和平、勤劳勇敢、自强不息的伟大民族精神，构成了中华民族的民族精神之魂。历久弥新的民族精神成为中华民族进步的源源不断的动力，焕发出巨大的创造力，成为中华民族克服艰难险阻、战胜内忧外患、创造幸福生活的强大精神力量，成为当代中国人民不断创造崭新业绩的力量源泉。

时代精神是在一定历史条件下形成和发展的一个社会最新的精神气质、精神风貌和社会时尚的综合体现。反映一个时代人类社会发展变化基本趋势并已成为世界绝大多数国家和人民共同的心愿、意志和精神追求，是一个民族精神风貌的鲜明展现，反映社会进步的发展方向、引领时代进步潮流，标志一个时代的精神文明，对社会生产的发展产生积极影响的思想才是时代精神的体现。不同的时代具有不同的时代精神。共产党人在领导人民进行革命、建设与改革的实践中，不断结合时代和社会的发展要求，形成了各个时期鲜明的时代精神，是对民族精神的继承和不断丰富。

---

① 《十六大以来重要文献选编》（上），中央文献出版社 2005 年版，第 30 页。

在当代中国，时代精神的核心是改革创新，它具体表现为突破陈规、大胆探索、勇于创造的思想观念，表现为一种不甘落后、奋勇争先、追求进步的责任感和使命感，表现为一种坚韧不拔、自强不息、锐意进取的精神状态。改革开放30多年来，中国理论创新、制度创新、科技创新、文化创新以及其他各方面的创新全面推进，改革创新成为时代的最强音，成为社会发展的潮流。改革创新使社会生产力获得了极大解放，取得了改革开放和社会主义现代化建设的辉煌成就。改革创新是我们党和国家发展进步的活力源泉，是中国特色社会主义事业开拓前进的不竭动力。

民族精神和时代精神相辅相成、相融相生。民族精神也离不开时代精神，以爱国主义为核心的民族精神，既根植于中国优秀民族文化传统之中，也需要用时代精神丰富自身的内涵。民族精神也是时代精神形成的重要基础和依托。时代精神离不开民族精神，需要从民族精神中汲取养分，时代精神是民族精神的时代性体现，他们都共同体现了爱国主义这一中华民族的伟大传统。以改革创新为核心的时代精神，是马克思主义与时俱进的理论品格、中华民族富于进取的思想品格与改革开放和社会主义现代化建设实践相结合的伟大成果。以爱国主义为核心的民族精神和以改革创新为核心的时代精神相互结合，共同构成中华民族继往开来的强大精神动力，为中国特色社会主义事业提供了精神支柱。当前中国的社会主义文化建设，就是要把弘扬和培育民族精神和时代精神作为发展的重要任务，使全体人民始终保持昂扬向上、奋发有为的精神状态，不断增强民族自尊心、自信心和自豪感，凝聚起实现中华民族伟大复兴的强大精神力量。让伟大的民族精神和时代精神相互激荡、相互砥砺，必将壮大我们民族进步的血脉，增强我们国家发展的动力，激励亿万中国人民继往开来，用民族精神和时代精神凝聚力量、激发活力，增强民族自信心和自豪感，增强不懈奋斗、勇于攀登世界科技高峰的信心和勇气；开拓创新，成就伟业。

第四，社会主义荣辱观是社会主义核心价值体系的基础，它从实践层面规定了社会主义核心价值体系的内涵，因而成为社会主义文化建设的基础工程。荣辱观是人们在依据一定的思想道德标准进行自我评价、社会评价的活动中，逐渐形成的关于荣辱观念的总和，是个别的、零散的荣辱观念的理性升华。荣辱观是人们对荣辱的基本看法，是世界观、人生观、价值观的具体体现，更是一个民族思想道德的基点，是一定社会的最基本的或最基础的道德底线。它从根本上决定着人们的道德认知和行为选择，因而具有行为规范的社会功能。"每个社会集团都有它自己的荣辱观。"① 在我们党的历史上十分重视荣辱观念的教育，毛泽东指出："共产党员无论何时何地都不应以个人利益放在第一位，而应以个人利益服从于民族的和人民群众的利益。因此，自私自利，消极怠工，贪污腐化，风头主义等等，是最可鄙的；而大公无私，积极努力，克己奉公，埋头苦干的精神，才是可尊敬的。"② 邓小平指出："中国人民有自己的民族自尊心和自豪感，以热爱祖国、贡献全部力量建设社会主义祖国为最大光荣，以损害社会主义祖国利益、尊严和荣誉为最大耻辱。"③ 江泽民同志指出："提倡共产主义思想道德，同时把先进性要求和广泛性要求结合起来，鼓励一切有利于国家统一、民族团结、经济发展、社会进步的思想道德。"④

以"八荣八耻"为主要内容的社会主义荣辱观，是对我们党关于社会主义道德建设思想的继承和发展。明确提出"社会主义荣辱观"的概念，并以"八荣八耻"进行高度概括是我们党的文化创新。2006年3月，胡锦涛同志在看望出席全国政协十届四次会议的委员时，提出了以"八荣八耻"为具体内容"社会主义荣辱观"："以热爱祖国为荣、以危害祖国为耻"；"以服务人民为荣、以背离人民为耻"；"以崇尚科学为荣、以愚昧无知为耻"；"以辛勤劳动为荣、以好逸恶劳为耻"；"以团结互助为荣、以损人利己为耻"；"以诚实守信为荣、以见利忘义为耻"；"以遵纪守法为荣、以违法乱纪为耻"；"以艰苦奋斗为荣、以骄奢淫逸为耻"。用"荣"与"耻"一正一反鲜明对照的方法，高度精辟的概括，包含着极其丰富而深刻的内涵，体现了科学性、民族性、时代性的统一。这八个方面涵盖了社会主义世界观、人生观和价值观的基本内容，体现了以爱国主义为核心的中华民族精神、为人民服务的人生观以及以集体主义为原则的社会主义道德。以"八荣八耻"为主要内容的社会主义荣辱观，对社会主义思想道德体系作出了全面系统而又准确通俗的表达，它把先进性与广泛性统一起来，为社会全体成员提供了道德判断和行为选择的基本准则。它将

① 《马克思恩格斯全集》第39卷，人民出版社1974年版，第251页。
② 《毛泽东选集》第2卷，人民出版社1974年第2版，第522页。
③ 邓小平：《中国共产党第十二次全国代表大会开幕词》，载《邓小平文选》第3卷，第3页。
④ 江泽民：《高举邓小平理论伟大旗帜，把建设有中国特色社会主义事业全面推向二十一世纪》，载《江泽民文选》第2卷，人民出版社2006年版，第34页。

是中华民族传统美德、革命道德和时代精神的完美结合，是新时期社会主义道德价值内涵的系统总结和精辟概括，充分体现了马克思主义道德观和社会主义先进文化的本质要求，体现了中华民族传统美德与时代精神的有机结合，集中体现了社会主义思想道德体系的基本要求，体现了中国特色社会主义文化建设的社会主义方向。

以"八荣八耻"为主要内容的社会主义荣辱观，构成了社会主义文化建设的基础。以"八荣八耻"为具体内容的社会主义荣辱观，为全社会提供了普遍奉行的价值准则和行为规范，因而为社会塑造良好的公民品格，构建合乎理想的道德体系，提供了强大的精神动力。胡锦涛指出："在我们社会主义社会里，是非、善恶、美丑的界限绝对不能混淆，坚持什么、反对什么，提倡什么、抵制什么，都必须旗帜鲜明。"①

当前我国的社会主义文化建设，就是要以"八荣八耻"为具体内容的社会主义荣辱观为基础内容，在全社会大力弘扬爱国主义、集体主义、社会主义思想，倡导社会主义基本道德规范，扶正祛邪，扬善惩恶，培育文明道德风尚。社会风气是社会文明程度的重要标志，是社会价值导向的集中体现。当前我国的社会主义文化建设，应倡导爱国、敬业、诚信、友善等道德规范，在全社会形成知荣辱、讲正气、促和谐的风尚，形成男女平等、尊老爱幼、扶贫济困、礼让宽容的人际关系；发扬艰苦奋斗精神，提倡勤俭节约，反对拜金主义、享乐主义、极端个人主义，形成符合传统美德和时代精神的道德规范和行为规范，从而在整个社会范围内形成良好的社会道德风尚，促进经济社会和人的全面发展。

四　以社会主义核心价值体系破解精神困惑和价值迷茫

文化创新不仅体现在提出新思想、新观点、新概念和新范畴，而且体现为解决思想文化领域的难题，破解精神领域的困惑。社会主义核心价值体系作为思想文化的重大创新，突出体现在提供了科学的社会价值评价体系，为迷茫的人们指明了衡量当前社会是非曲直、善恶美丑的标准，具有鲜明的"辨别和评判功能"，为解开当前思想混乱和价值迷茫提供了一把

① 《十六大以来重要文献汇编》（下），中央文献出版社2008年版，第317页。

钥匙。

面对当前中国思想文化领域的复杂状况，如何解决当下人的精神困惑和价值迷茫？普遍的一种观点是"市场经济罪恶论"，把市场经济看成是带来一切灾难和罪恶的"潘多拉魔盒"，认为只要市场经济存在，这些问题就不可避免。依这种观点，要从根本上解决这一问题，唯一途径就是放弃市场经济。这种观点显然在理论上有失偏颇，在实践上不可取。市场经济的确有很多负面的作用，但它作为人类文明的成果，相比自然经济是巨大的进步，尤其对中国这样一个从落后的半殖民地半封建社会脱胎而来的社会主义初级阶段，必须搞市场经济。市场经济与道德滑坡并不具有绝对的因果逻辑。中国当下的思想混乱和价值困惑，虽然从根本原因在于社会发生的重大变革，但直接原因还是社会核心价值观上产生的混乱。如果我们能够建起核心价值体系这道无形的但又无坚不摧的防线，是可以避免至少可以减少由于社会价值观混乱而付出的成本和代价。另一种观点是认为，这些问题都是现代化进程必然出现的，在世界许多国家在现代化进程中都出现过，不必大惊小怪，社会经济发展了这些问题会自然而然地解决。的确，发展中的问题最终依靠发展来解决，但问题是，物质与意识的关系不是机械的，经济发展了思想层面的东西不能自然而然地解决，而且思想领域的问题会影响经济发展的进程。第一种观点，实际上是主张单一的"一元指导"，否定"包容多样性"，第二种则是主张放任多样性，无需一元指导，任其自由发展。显然这两种观点都是走向极端，不能很好地解决当下的问题。

文化的碰撞实质是价值观的碰撞，文化冲突的根源在于价值观的冲突；思想混乱、精神困惑的根源在于价值标准的缺失、混乱、错误。人们经常站在十字路口徘徊彷徨、犹豫不决、无所适从，应该赞成什么、抵制什么，应该追求什么、摒弃什么，没有清晰的目标，无法判断真善美和假恶丑，甚至真假不分、善恶混淆、以美为丑。社会主义核心价值体系的提出，为解决当下的价值迷茫指明了方向。"核心价值体系是文化的内核，规定着文化的性质。有什么样的价值体系，就有什么样的文化立场、文化选择。"[1] 社会主义核心价值体系是社会主义制度的内在精神和生命之魂，在所有社会价值目标中处于统领和支配的地位。社会主义核心价值体系的

---

① 刘云山：《中国特色社会主义文化建设的实践探索和理论思考》，《求是》2010 年第 20 期。

作用，主要体现为处理好"一元指导"与"包容多样"的关系，既坚持主流价值观不动摇，又要允许多样化的存在，实现社会思想文化领域内一元性和多样性的统一，主导性和宽容性的统一，文化意识形态性与文化的知识性、道德性、审美性的统一，实现主流意识形态与非主流意识形态要良性互动，共同发展。

首先，坚持"一元指导"，弘扬主旋律。坚持"一元指导"，弘扬主旋律，坚决反对指导思想多元化，在这一点上毫不含混、毫不动摇。以社会主义核心价值体系为标准，具体分析复杂的思想文化现象，对于多样性思想文化中的有害因素，特别是各种攻击马克思主义的社会思潮，必须旗帜鲜明地加以抵制和批判。党的十七大报告指出："积极探索用社会主义核心价值体系引领社会思潮的有效途径，主动做好意识形态工作，既尊重差异，包容多样，又有力抵制各种错误和腐朽思想的影响。"社会主义核心价值体系的引领作用是在尊重差异、包容多样和抵制错误思潮的统一中实现的。"尊重差异、包容多样"，其前提是多种文化在基本性质是相同的，尊重和包容的是"多样"，而不是"多元"。对于那些与社会主义文化相对立的错误和腐朽的封建主义和资本主义思想文化不是一个尊重和包容的问题，是必须加以坚决抵制的问题。学术研究和艺术创作可以"百花齐放，百家争鸣"，而且鼓励创新出多种多样新思想和优秀作品，但其前提都必须坚持马克思主义为指导。在这一点上，必须坚定不移，毫不含糊。一句话，学术研究和艺术创作可以"多样化"，但指导思想上不可以"多元化"。"主导"就是要有主心骨，在复杂多样的文化现象和文化思潮中不迷失方向，自觉抵制腐朽思想文化的侵蚀，始终如一坚持社会主义先进文化的前进方向。发挥先进思想文化的主导作用，是文化走向兴旺发达的必由之路。

其次，坚持"尊重差异、包容多样"。既要加强社会主义先进文化建设，又要增强中国特色社会主义文化的开放性和包容性。"一元指导"内含着多元多样的存在，"弘扬主旋律"意味着非主旋律的存在。"引领"的前提是肯定了非主流意识形态的多样文化的存在和发展。多样化文化存在，对于社会思想文化的发展具有有利的一面，也有不利的一面，关键是要"引领"，将其纳入主流意识形态的指导、率领下，更好地反映社会发展的客观要求。文化自身存在着矛盾性和不合理性。这种矛盾性和不合理性不是来自外部，而是来自文化内在结构上的自我相关性，来自文化意义、价值、功能上的二重性和不确定性。① 这也正是古人所云，"大道废，有人义；智慧出，有大伪"②，也正是西方学者所言的"智慧之锋芒反过来刺伤智者"③。这种矛盾性也有其积极的一面，它恰恰是人类文化发展和进步的内在动力。当今时代文化的发展也是一个不同思想文化激荡、碰撞、融合、创新的过程。思想文化的"多样化"和"多元化"并不是坏事，百花齐放、百家争鸣比思想僵化、教条主义要好得多，万马齐喑才是最悲哀、最可怕的事情。在社会主义文化建设中，主流意识形态要发挥主导作用，但也不能代替非主流意识形态的作用。多样文化在满足不同群体的精神文化需求的同时，它们之间的相互交融也体现了文化的繁荣，推动了文化的发展。倡导文化多样性是我们党的一贯传统。毛泽东在繁荣和发展中国的文化事业提出"百花齐放，百家争鸣"的方针，邓小平在思想政治建设上提出了坚持"四项基本原则"，江泽民提出了"主旋律"和"先进文化"的概念，认为："唱响社会主义文化的主旋律，坚持为人民服务、为社会主义服务，实行百花齐放、百家争鸣，是发展先进文化必须贯彻的重要方针。"④ 胡锦涛提出的"用社会主义核心价值体系引领社会思潮"的论断，都表明了我们的倡导文化多样性的立场。当然，在多样文化发展中，非主旋律不能代替"弘扬主旋律"而"喧宾夺主"。尊重差异、包容多样也并不意味着放弃重大原则，达到"一团和气"，而是始终以社会主义核心价值体系为主导的尊重和包容。尊重差异、包容多样是有原则和底线的，而不是无原则的迁就、妥协和纵容。

再次，提供了"社会价值评价体系"。社会主义核心价值体系为迷茫的人们指明了衡量当前社会是非曲直、善恶美丑的标准，体现其鲜明的"辨别和评判功能"。"价值观是关于价值的一定信念、倾向、主张和态度的系统观点，起着行为取向、评价标准、评价原则和尺度的作用。"⑤ 社会评价体系是由权威评价体系和民众评价体系构成的，社会通过两种方式来表达对某一社会事件的"普遍性"意见。⑥ 权威评价体系是以权威机构为

① 参见司马云杰《文化悖论》，陕西人民出版社 2003 年版，第 4—5 页。
② 《老子》，李泽伟译注，陕西师范大学出版社 2010 年版，第 18 页。
③ ［德］尼采：《悲剧的诞生——尼采美学文选》，周国平译，生活·读书·新知三联出版社 1986 年版，第 37 页。
④ 江泽民：《论"三个代表"》，中央文献出版社 2001 年版，第 159 页。
⑤ 夏征农：《大辞海》哲学卷，上海辞书出版社 2003 年版，第 126 页。
⑥ ［德］黑格尔：《法哲学原理》，商务印书馆 1982 年版，第 332 页。

主体、代表所属群体主体的需要和利益而自觉提出的一套社会评价标准，权威评价体系"总是与理性相联系"，在内容上排除了"偶然性"、"杂乱性"和"彼此之间的自相矛盾"① 的情形，是社会主体表达意见和意志的"有机方式"。② 社会主义核心价值体系首先与权威评价活动联系在一起，从国家权威层面为社会提供了社会评价体系，党中央作为全党的最高权威机构自觉地用人民和国家的需要和利益作为评价标准，自觉地对社会转型时期的价值现象进行反思，因而提出了社会主义核心价值体系。民众评价活动则不是通过权威机构而现实地体现出群体主体作用的评价活动，是社会评价活动的自发形式。民众评价活动所形成的价值观念变化为社会主义核心价值体系的内容提供了广泛的基础，它的自发性使得其在不受外来干扰的情况下，能比较真实地表达群体主体的意志。但也正是这种自发性，使得民众评价活动容易受到误导，从而对社会主义核心价值体系产生许多消极影响。社会主义核心价值体系不能从民众评价活动中自发地形成，这就使得权威评价活动对于民众评价活动的引导成为必要。"公共舆论总是一支巨大的力量"③，能否通过对民众评价活动的引导，使社会主义核心价值体系最大限度地成为社会的思想共识，这是社会主义核心价值体系的建设能否成功的关键环节。社会主义核心价值体系与民众评价活动联系在一起。通过权威评价活动和民众评价活动之间的相互作用，最终形成与社会转型期间价值观念变化的基本特点相一致的被大多数人所认同的社会主义核心价值体系。这样的价值体系才能够在社会多元价值观念中起到引领作用。④

五　把握社会主义核心价值体系建设的着力点

建设社会主义核心价值体系，最重要的是将其具体化为社会基本价值体系，明确社会主义文化建设的着力点。构建社会基本价值体系包含着丰

---

① 陈新汉：《权威评价论》，上海人民出版社 2006 年版，第 56 页。
② 尹岩：《试论社会主义核心价值体系转化为社会共识的一般机制》，《上海大学学报（社会科学版）》2008 年第 6 期。
③ ［德］黑格尔：《法哲学原理》，商务印书馆 1982 年版，第 332 页。
④ 参见陈新汉《社会主义核心价值体系——从价值哲学的角度看》，《哲学研究》2007 年第 11 期。

富的内容，但当下应以"国民信仰体系"、"新型集体主义"以及"新型道德体系"的构建为着力点。

一是构建国民信仰体系，将社会主义核心价值体系内化为国民信仰。歌德的经典之言"世界历史唯一真正的主题是信仰与不信仰的冲突"①，可谓是精辟地道出了信仰之于人类历史的重要性。信仰与价值观直接相连，价值观念是内化和升华的信仰，信仰则是价值观念体系的核心，是价值观念的浓缩形式。可以说，信仰就是人类最高的价值追求，它是指"特定社会文化群体和生活于该社群文化条件下的个体，基于一种共同价值目标的基础上，所共同分享或选择的价值理想或价值承诺，信仰的根本性问题或本质是一种生活价值导向问题"②。因此，人们一旦形成稳定的信仰观念，就会在其强大的感召力下形成对本民族精神和主流价值观念的认同感和归属感，并会自觉将社会的相关思想内化为自身的行为准则和信念追求，并不断使其"外化"来指导和规约自身的行为。③

社会主义核心价值体系只有被接受和认同才能有效发挥其作用。因此，社会主义核心价值体系引领的目标是将其转化为人民自觉的信仰和追求。面对当下普遍存在的"信仰缺失"和"信仰危机"，重建信仰成为我们党在意识形态领域的一个重要任务。党在十六届六中全会提出的要"建设社会主义核心价值体系，形成全民族奋发向上的精神力量和团结和睦的精神纽带"，在十七大报告中，又重申"建设社会主义核心价值体系"是"增强社会主义意识形态的吸引力和凝聚力"的共同思想基础，要"切实把社会主义核心价值体系融入国民教育和精神文明建设全过程，转化为人民的自觉追求"④。"精神纽带"、"吸引力和凝聚力"、"自觉追求"，其实质都进入了信仰层面。"法制必须被信仰，否则它将形同虚设。"⑤ 社会主义核心价值体系也只有被信仰，才不至于形同虚设，才能为社会转型期间

---

① 转引自《伦理学体系》，中国社会科学出版社 1990 年版，第 363 页。

② 万俊人：《信仰危机的"现代性"根源及其文化解释》，《清华大学学报（哲学社会科学版）》2001 年第 1 期。

③ 刘艳：《反思与重建：社会主义核心价值体系建设进程中的信仰养成》，《桂海论丛》2010年第 1 期。

④ 胡锦涛：《高举中国特色社会主义伟大旗帜，为夺取全面建设小康社会新胜利而奋斗》，人民出版社 2007 年版，第 32 页。

⑤ ［美］哈罗德·伯尔曼：《法律与宗教》，生活·读书·新知三联书店 1991 年版，第 14页。

人们的生活提供一种精神家园，才能为社会转型期间社会的发展提供方向和精神动力，才能为社会转型期间人们对种种社会现象的评价提供最高标准。①

科学的信仰是以科学为前提的。马克思主义是迄今为止关于人类历史发展规律的最严整最有生命力的科学，它是社会主义核心价值体系的核心和灵魂，自然也是社会主义信仰的核心和灵魂。信仰是普遍存在的但并非先天的。以社会主义核心价值体系为根本构建社会信仰体系，从根本上依赖于中国特色社会主义建设的伟大实践。但是，实践的发展并不能自然而然确立某种信仰体系。也就是说，社会信仰体系有赖于人的理性认识的提高和相关的保证机制。以社会主义核心价值体系为根本构建社会信仰体系，关键在于全体社会成员对社会主义核心价值体系的知晓和对它的认同，其前提是社会主义核心价值体系必须建立在理性的基础上的科学信仰。因此，必须加强对于马克思主义的科学研究，使科学社会主义理论不断地"和自己时代的现实接触并相互作用"②，不断地保持现实的属性。要用马克思主义中国化的最新成果武装全党、教育人民，引导人们深刻理解我们党理论创新成果的新思想、新观点、新论断，从而实现由自觉到自愿的飞跃。③ 同时，以社会主义核心价值体系为根本构建社会信仰体系的实现，取决于党和政府"利用其掌握的权力和威望通过层层相叠的组织或机构，围绕着其评价活动及其结论，实施一系列的活动和措施"。④ 这些活动和措施以制度化的形式表现出来，就是社会主义核心价值体系转化为构建社会信仰体系的社会保障机制，主要包括民主机制、宣传机制和法律机制。⑤

二是构建新型集体主义，将社会主义核心价值体系具体化为社会主义主导价值观。集体主义价值观与公有制的经济基础相适应，是这一经济基础在意识形态和价值观上的反映。以公有制为经济基础的社会主义国家必

---

① 参见陈新汉《社会主义核心价值体系内化为信仰的思考》，载《上海市社会科学界第五届学术年会文集（2007 年度）（马克思主义研究学科卷）》。

② 《马克思恩格斯全集》第 1 卷，人民出版社 1960 年版，第 121 页。

③ 参见陈新汉《社会主义核心价值体系内化为信仰的思考》，载《上海市社会科学界第五届学术年会文集（2007 年度）（马克思主义研究学科卷）》。

④ 陈新汉：《权威评价论》，上海人民出版社 2006 年版，第 310 页。

⑤ 尹岩：《试论社会主义核心价值体系转化为社会共识的一般机制》，《上海大学学报（社会科学版）》2008 年第 6 期。

然要以集体主义价值观作为正确处理国家、集体和个人之间利益关系的指导。与社会主义集体主义价值观相对立的是个人利己主义的价值观。尽管它在人类历史发展中起过积极作用，但它本质上是与人的发展和人类进步相悖的。由于我国目前还处于社会主义初级阶段，多种经济成分共同发展必然出现价值趋向的多元化。但坚持社会主义集体主义原则，依然是我国现阶段整个社会占主导地位的价值观。正如邓小平同志所指出的："我们提倡按劳分配，承认物质利益，是要为全体人民的物质利益奋斗。每个人都应该有他一定的物质利益，但是这决不是提倡个人抛开国家、集体和别人，专门为自己的物质利益奋斗，决不是提倡每个人都向'钱'看。要是那样，社会主义和资本主义还有什么区别？我们从来主张，在社会主义社会中，国家、集体和个人的利益在根本上是一致的，如果有矛盾，个人的利益要服从国家和集体的利益。"① 社会主义集体主义是社会主义核心价值体系的基本内容和中心线索。抓住社会主义集体主义就抓住了社会主义核心价值体系的基本内容和基本要求。社会主义核心价值体系所包含的马克思主义、共同理想、民族精神、荣辱观、时代精神等基本内容，无不以集体主义为维度。社会主义核心价值体系本质上就是集体主义价值观的展开与完善。② 社会主义核心价值体系坚持人民群众是历史主体的唯物史观，从全心全意为人民服务的价值观角度，反映了全民族的共同愿望，体现了社会主义集体主义精神。坚持社会主义集体主义价值观，是增强社会主义意识形态凝聚力和吸引力的关键，是将全民族的意志和力量凝聚起来，形成全民奋发向上的精神力量和团结和睦的精神纽带的精神动力。

中国自 20 世纪 50 年代就确立了集体主义的主导价值观，集体主义在中国特定的历史条件下发挥了巨大凝聚作用，成为中国社会进步的价值导向和精神动力。随着社会主义市场经济体制的建立与逐步完善，传统集体主义价值观已不再适应，因而在新的历史条件下，建构集体主义主导价值观势在必行。社会主义市场经济条件下的主导价值观念，应在反思传统价值观和西方价值观的基础上，对传统集体主义和西方价值观的扬弃与超越，是一种新型集体主义。它应该是以市场经济为物质基础的，以为人民服务为核心的，既能够体现出以集体为本位，又能够充分尊重个人价值，

---

①　《邓小平文选》第 2 卷，人民出版社 1994 年版，第 357 页。

②　杜鸿林、赵壮道：《集体主义与社会主义核心价值观》，《理论与现代化》2011 年第 4 期。

通过保障和维护个人利益而达到对共同利益实现为目的，从而实现个人利益与集体利益有机统一的新型集体主义价值观。它应实现三个方面的统一：既要保证集体利益的优先性，又要保证个人利益的合理性，实现个人正当利益与集体利益的有机统一；以功利原则为实践基础，奉献原则为规范导向，实现功利性与奉献性的有机统一；保持个人价值与群体价值、功利价值与超功利价值、义与利、理与欲等之间的平衡，实现主导性与宽容性的有机统一。

三是构建新型道德体系，将社会主义核心价值体系具体化为社会主义基本价值观。改革开放30多年来，我国经济和社会得到了迅猛的发展，但社会总体道德水平却严重下滑，尤其是近年来接连不断出现的"道德失范"现象再度引起人们的深思。道德困惑与道德危机并非中国现代化所独有，而是世界现代化进程中普遍的现象。工业革命和科学技术带给了人类社会巨大的物质进步，却也造成了物质进步与道德退步的"大裂变"，造成了全球性的"道德危机"。后现代哲学家齐格蒙特·鲍曼指出："我们的时代是一个强烈地感受到了道德模糊性的时代，这个时代给我们提供了以前未享受过的选择自由，同时也把我们抛入了一种以前从未如此令人烦恼的不确定状态。"① 因而，在享受到后工业社会"物质进步"的同时，也应深刻检讨我们的道德生活与道德理论。

面对当下我国道德失范的严峻形势，构建新型的道德体系刻不容缓。从深层次上看，当前的"道德困惑"实际上是价值混乱的结果。索科洛夫说过："在人的道德完整性系统中里，价值是其道德意识的核心，规定着人的方向。"② 社会主义核心价值体系，特别是其中的社会主义荣辱观的提出，既为构建新型道德体系提供指导思想，也提出了基本要求和基本原则。首先，新型道德体系必须体现社会主义的本质要求，要与社会主义经济关系和社会主义基本制度的本质要求相适应，必须体现社会主义的本质，符合社会主义发展方向，为实现共产主义远大目标奠定基础。新型道德体系构建，既要反映在全社会提倡共产主义思想道德的内容，又要体现社会主义初级阶段的现实社会生活，与我国社会主义初级阶段的发展水平

---

① ［英］齐格蒙特·鲍曼：《后现代伦理学》，张成岗译，江苏人民出版社2002年版，第2页。

② ［苏］索科洛夫：《人的道德发展社会学》，社会科学文献出版社1988年版，第84页。

相适应。恩格斯曾经指出，在现代社会中，人们"只能得出这样的结论：人们自觉地或不自觉地归根到底总是从他们阶级地位所依据的实际关系中——从他们进行生产交换的经济关系中，吸取自己的道德观念"①。由社会经济基础决定并反映社会经济基础的道德体系，必然受到社会经济、政治等现实社会条件的制约和影响，我国社会主义初级阶段的基本国情、社会成员的现实生活实践，是我们建构适应社会主义市场经济道德体系不能不重视的又一个依据和现实基点。要从我国还处于社会主义初级阶段的现实状况出发，制定能为广大人民群众广泛接受和认同的、具有可操作性的道德规范，切忌提出脱离实际、超越阶段的道德要求。

胡锦涛总书记在党的十七大报告中明确指出，要"加强社会公德、职业道德、家庭美德、个人品德建设"②。我国当前的文化建设，要积极构建一个反映社会主义本质特征、市场经济特征以及初级阶段特征的，以政治道德为引导，以社会基本道德为基础，以职业道德为目标的道德体系。这个新型道德体系，要把对思想道德的社会普遍性要求同各层次、各领域的特殊性道德要求结合起来，形成社会理想道德、职业道德、社会公德、家庭美德、个人品德五个层次互相渗透、互为补充、互相促进的有机整体。一是社会理想道德，即共产主义道德，如全心全意为人民服务、毫不利己、专门利人、无私奉献等等，以此约束共产党员特别是领导干部，并教育、引导广大人民群众。正如邓小平同志指出的："没有共产主义思想，没有共产主义道德，怎么能建设社会主义？"所以，在全社会认真提倡共产主义思想道德，约束共产党员干部，教育和引导广大人民群众。二是职业道德，即市场经济条件下，与人的职业角色和职业行为相联系的一种高度社会化的角色道德。从社会主义制度与市场经济结合的新的要求出发，把为人民服务作为职业道德的灵魂，在各行各业、各个领域大力倡导敬业意识、勤业精业意识和职业规范意识，通过文明的职业活动和良好的社会效果，体现时代风貌，实现行业经济效益与社会整体效益的协调统一。三是社会公德，即每个社会公民在履行社会义务或涉及社会公众利益的活动中应当遵循的道德准则，是社会公共生活中最基本的行为规范，是社会成

---

① 《马克思恩格斯选集》第 3 卷，人民出版社 1995 年版，第 434 页。
② 胡锦涛：《高举中国特色社会主义伟大旗帜，为夺取全面建设小康社会新胜利而奋斗》，人民出版社 2007 年版，第 32 页。

员普遍认可的公共生活文明准则。社会公德主要包括文明礼貌、助人为乐、爱护公物、保护环境、遵纪守法等道德规范。四是家庭美德，即夫妻平等，互敬互爱；尊老爱幼，提携晚辈；各尽所能，和衷共济等内容在内的道德规范。它是覆盖全社会的道德"细胞工程"，是我们中华民族优秀的家庭传统美德，应加以继承创新、发扬光大，以更好地促进全民族的思想文化道德素质的提高。五是个人品德。即每个社会公民在私人生活领域应当遵循的道德准则。它是一定社会的道德原则和规范在个人思想和行为中的体现，是一个人在其道德行为整体中所表现出来的比较稳定的、一贯的道德特点和倾向，是整个社会道德建设的基础。正如亚里士多德所言："所有的公民都应该有好公民的品德，只有这样的城邦才能成为最优良的城邦。"① 良好的个人品德本应成为每个人立足社会不可或缺的"无形资本"，恪守道德规范乃是每个人应当具有的理念之一。党的十七大报告在论及建设和谐文化、培育文明风尚时首次提出"个人品德建设"的重要命题，由此，"个人品德"成为社会主义道德建设体系的重要内容。因此，要把个人品德建设纳入社会主义道德建设的范畴，加强个人品德建设，必须从多方面入手，政府要有配套的衡量标准，强化教育和引导，提高道德认识；社会要创造扶正祛邪、强化先进典型示范，营造培养良好的个人品德建设的大环境；个人应当要加强自律意识，自觉遵守社会规则，培养自身为人正直、对人友善、诚实守信、待人宽容等良好的道德品质和行为习惯。

---

① ［古希腊］亚里士多德：《政治学》，吴寿彭译，商务印书馆1983年版，第121页。

第 六 章

文化生产力的理论创新

在当今时代，先进文化的生产离不开先进的生产方式。20世纪以来，文化与经济的高度融合，使文化物化形态和传播方式发生了根本性变化，产生了新的生产力形态和新的文化形态——文化生产力，成为人类文化发展的重要推动力。虽然文化生产方式的变革有其历史必然性，但其产生也取决于人类主体的自觉。中国共产党审时度势，适应时代发展要求，在党的正式文献中明确提出"解放和发展文化生产力"的命题，形成了一系列关于文化生产力的观点和思想，不仅指导实践取得了巨大成就，促进社会主义文化大发展大繁荣，而且引起的文化内涵、文化属性以及文化价值功能等一系列观念的变革，成为党的文化创新的重大成果之一。

一 文化的物化形态与传播方式的发展

文化创新与文化进步与其物化形态和传播方式有着密切的联系，特别是在当代社会具有直接的联系。从古老的竹简到近代的书籍、再到现代音像影像制品、广播电视、互联网，从语言传播到文字传播、印刷传播再到现代的信息传播，人类文化的物化形态和传播方式经历了由低级到高级的发展过程。这一切既是人类精神活动及其结果物化的形式，也是文化得以传播的手段。

人们一般习惯于把文化分为物质文化和精神文化。实际上，无论哪一种文化，如果没有相应的物质承担者，没有特定的物化形态作为载体，都无法存在和传播。马克思在《剩余价值理论》中论述非物质生产领域中的资本主义表现时指出，根据精神生产的产品与精神生产者之间不同的关系把精神生产分为两种。"在非物质生产中，甚至当这种生产纯粹为交换而进行，因而纯粹生产商品的时候，也可能有两种情况：（1）生产的结果是商品，是使用价值，它们具有离开生产者和消费者而独立的形式，因而能在生产者和消费者之间的一段时间内存在，并能在这段时间内作为可以出卖的商品而流通，如书、画以及一些脱离艺术家的艺术活动而单独存在的艺术作品。（2）产品同生产行为不能分离，如一切表演艺术家、演说家、演员、教员、医生、牧师等等的情况。"① 在这里，马克思把精神生产分为一种是具有一定的物质载体，能够作为商品而独立存在的生产，如一首诗歌、一部音乐、一幅绘画、一件雕塑，只有采取一定的"可感觉"的物的形式，才能成为人们欣赏的对象。即使是那些被称为观念形态的文化，如科学、宗教、哲学、道德思想等，如果不借助于一定的可感知的物化形式（振动的空气、可听的声波即有声语言和可见的符号形式文字、图画等），既不能被理解，更不能传递和传播，也就没有文化可言了。另一种是不可以被物化，它没有独立存在的形式，离不开精神生产者，或一离开精神生产者，就转瞬即逝地生产，最典型的是各种表演艺术的活动，如歌唱家、舞蹈家、演说家等以及具有类似特点的其他精神文化活动。但后一种也仍然需要一定的物质东西才能存在，如振动的空气、有声语言、无声语言（肢体语言）以及可见的符号形式文字、图画等。如歌唱家的演唱活动离不开物质——振动着的空气层，舞蹈家的表演是把自己的身体当成了物质的手段。空气层、演员的身体就是物质的载体。这种可感觉的形式具有流动性、暂时性，随着歌唱的结束、舞蹈的结束，这种可感觉性也随之消失。现代文化生产把歌唱和表演录成音像制品，使它们获得了长久的物化形式。② 离开了这些物质的东西，精神产品是无法存在的，尤其是在现代信息社会，科学技术的发展已经能够使马克思当年所说的"产品同生产行为不能分离"即不具有独立性存在的形式的精神产品也能独立存在了，如唱片、录音、影像，等等。可见，文化的"超感觉"性离不开"可感觉"的东西，精神注定要受物质的纠缠。文化表现的不是"直接呈现"在自然界和人们面前的"对象"的自然物质基质，而是人"灌注"到对象中去的意义和价值。因此，文化的本质是一种"价值"符号或"意义"符号，它

① 《马克思恩格斯全集》第 26 卷第 1 册，人民出版社 1972 年版，第 142—143 页。
② 参见李文成《精神的让渡——试论精神商品及其生产》，河南大学出版社 2000 年版，第 7 页。

借助人们可感知的物质载体，来表达表示一定的对象或表达某种意义。

精神文化的物化形态和传播方式的演进取决于人类发展不同时期的社会历史条件。在人类历史上，特别是近代以来，对文化的物化形态和传播手段影响最大的是技术和物质生产手段以及市场经济。其中的每一次变革都推动着文化的创新。在西方近代，正是随着印刷时代的到来，报纸杂志书籍的大量印刷，才使孟德斯鸠、卢梭的思想广为人知。作为中国古代历史上使用时间最长的书籍形式竹简出现，使传播史上发生了一次重要的革命，形成百家争鸣的文化盛况，使孔子、老子等名家名流的思想和文化得以广泛流传。在中国近代，正是由于现代出版业的出现和发展，才大大促进了马克思主义先进思想文化在中国的传播。当今时代，信息技术以及互联网的迅猛发展，促进了全球文化的交流与发展，成为推动文化大发展大繁荣的新引擎。

对文化的物化形态和传播手段影响最大的首先是技术。人类之所以优越于动物，进而创造人类文明，不仅仅是因为人类具有创造能力，更重要的是人类能够把自己创造的文化保存起来、传承下去。人类发明了储存和传播文化的语言和文字，后来又有了纸张、印刷术，以解读前人的智慧和文化，并在此基础上继续前进。于是，人类的智慧和文化就这样依靠语言、文字、纸张、印刷术等技术条件一代一代地不断积累和递进。技术条件的不同直接制约着的智慧物化和文化传播。历史上的每一项科技成果的运用，都给文化发展以巨大的推动。1877 年爱迪生发明的留声机，直接导致了今天索尼公司几十亿美元的年收益；1895 年卢米埃尔兄弟发明了电影，创造了"好莱坞"梦工厂的神话。新的科技成果创造了新的文化生产方式和文化消费方式，刺激了人们新的文化需求，开发出新的文化市场空间。①

20 世纪以来，以信息科学为标志的现代科学技术迅猛发展，技术以前所未有的速度和规模进入文化领域，使文化的物化形态和传播方式发生了革命性变革，综合性的电信网络把全球连为一体，高密度的资讯革命使生产力日益信息化。作为文化生产所依赖核心技术的复制技术和传播技术，是 20 世纪的科技革命重要成果。"文化产品或服务的载体上负荷的主要是诉诸人们观听、体验、理解、共鸣的，符号化了的精神性产物；他们或者

---

① 花建：《产业界面上的文化之舞》，上海人民出版社 2002 年版，第 21 页。

是公共信息，或者是种种个人表达，尤其是在各种文化中流传下来的思想、信念，文学、艺术，印象、文字等。"① 因此，可以说，文化生产的主要特点不在于创作或原创，而主要在于通过对原创文化符号大批量的复制生产并推销的产品（或服务）。文化生产实际上就是应用复制技术和市场运作来完成文化传播的活动，更确切地说，文化生产就是通过各种技术渠道把文化符号、把那些无形的"精神""灌装"到各种载体中去，再通过市场营销送到文化消费者手中。② 印刷技术是复制的第一种形态。印刷术是在前工业时期就存在的技术，但作为传播媒介第一次革命的是 15 世纪德国人约翰·古腾堡发明的金属活版印刷术。印刷术的诞生使文字以从前手抄本根本无法比拟的速度传播开来，提供了第一批可重复生产的商品、第一条流水线、第一次大规模生产，文化传播有了全新的生命。电子技术的出现，是传播媒介的第二次革命，包括广播、电视，录音录像（唱片、磁带等）。电子艺术、电子工业、电脑设计、电子出版、电子报纸杂志的出现，大大加快了文化产品的生产和销售速度，大大拓展了文化辐射的空间。传播媒介的第三次革命应是 20 世纪末出现的网络技术，即电子计算机技术或比特技术、微电子技术。广义的电子技术包括网络技术，但网络技术的革命性意义更为明显。这里所有的信息都是用 0 和 1 两个代码编制而成的。如果说，广播技术还主要是单向传播的话，那么网络技术则是交互的、普遍参与的信息传递与对话。网络上的信息资源越来越丰富，构筑起一个空间相当广阔的虚拟现实。③ 它集现代传媒的所有特点于一身，在表达思想和感情上超过了任何媒体，即有极其丰富表现力；记录信息的长久性和传递信息的快速性，使它超越了时间和空间；极大的扩散性使它波及所有人群；高保真性能和高复制性能甚至威胁到原作的权威性。现代科学技术不仅是当代物质生产力的决定的力量，而且对文化生产力也起着至关重要的作用。文化生产过程、文化产品的风格以及产品的数量都与当时的技术水平密切相关。可以说，没有现代科学技术，就不可能有现代文化生产。

　　社会化大生产和市场经济是影响文化传播手段和生产方式的又一重要

---

　　① 章建刚：《文化产业发展的几个基本逻辑》，载《中国文化产业评论》第 1 卷，上海人民出版社 2003 年版，第 65 页。

　　② 参见章建刚《文化产业发展的几个基本逻辑》，载《中国文化产业评论》第 1 卷，上海人民出版社 2003 年版，第 66 页。

　　③ 同上书，第 72—73 页。

因素。文化生产是社会分工不断细化和商品生产逐步发展的必然结果。近代以来，特别是 20 世纪以来，文化传播是直接以社会化大生产和市场经济为依托的，没有社会化大生产和市场经济，也就不可能有文化生产的形成。"文化是一种生产，而且随着社会生产力的发展，越来越成为大规模的社会生产。它天然地具有社会生产的基本特征，具有流通、交换、消费等基本环节，具有市场条件下经济运作的全部过程，而不仅仅是某个艺术家的内在的独创的心理活动。"①　文化与经济本质上就是同构、互动的关系。只是这种联系经历了由潜在到显性、间接到直接的过程。"文化生产力之于社会生产力从来就具有本原性，只是在物质、经济相对突出而急需发展的时期，它潜在化、隐匿化了；当文化生产力确定地处于显在的状态之后，文化生产力与物质生产力是互参互入、互促互动的同构、同化和同在关系，并且文化生产力正逐渐在其中起着主导、主控和主驱的作用。"②考察文化与经济的关系演进的历史，我们会发现两者的关系走了一个否定之否定的过程：原始混沌一体—相互独立发展—在更高的基础上的融合。文化借助于经济而发展，经济依托于文化而发展，实现了文化的经济化、经济的文化化、经济文化一体化。③

　　无论是对远古山洞、墓穴的识别考证，还是对当今某些部落的仔细观察，两者都印证一个基本事实：凡是有人类生活的地方就存在着精神文化活动和文化产品，精神文化活动是伴随人类产生而产生的每时每刻都存在的一般实践活动。可以说，人类制造石器和创造文化是同时起步的。马克思曾指出："动物只生产它自己，它和它的生命活动是直接同一的，而人则是再生产整个自然界。动物只是按照它所属的那个物种的尺度和需求来塑造，而人则按照任何物种的尺度来进行生产，并且随时随地都能用内在固有的尺度来衡量对象。有意识的生产活动直接把人同动物的生命活动区别开来。"④　有意识的生产活动始于那块最原始和最粗笨的打制石头，准确讲，始于那块打制的"最粗笨的石刀、石斧"。正是这些石刀、石斧的打

---

① 金元浦：《文化生产力与文化产业》，《求是》2002 年第 20 期。
② 方伟：《文化生产力：一种社会文明驱动源流的个人观》，河北教育出版社 2006 年版，第 58 页。
③ 李春华：《文化生产力：一个经济与文化互动发展的当代范畴》，《生产力研究》2004 年第 5 期。
④ ［德］马克思：《1844 年经济学哲学手稿》，人民出版社 2000 年版，第 56—58 页。

制，开始了人类的文明史。这"最粗笨的石刀、石斧"既是经济的：它生产出了满足人类的生存和发展需求的物质财富；也是文化的：它是人类智慧外化的一种形式，承载着人类对生命对象的理解和思考，记载着思想、感情的过程，记载着"有意识的生产过程"。因此，人类的一切经济（产业）活动都是文化产业，都具有文化意义，而一切文化活动本身一开始就内蕴着经济（产业）的因子。① 正是从这个意义上讲，文化和经济同时存在或融化于人的生命行为和生命存在方式之中，你中有我，我中有你，从而形成了初始形态的文化经济共同体，即经济文化原始统一。可见制造工具和使用工具作为"人猿相揖别"的标志，对于人类的一切方面都具有极其深远和广阔的意义。这一时期也有相对独立的精神活动形式。如祭祀仪式以及为庆祝丰收和战争胜利而进行的原始舞蹈、音乐表演活动。但是由于人类刚刚脱离自然界，生产力极端低下，人类的精神活动与物质生产活动尚未分化与独立，各种活动尚处于原始的混沌未开的状态，原始地统一在一起，精神文化活动还处于萌芽状态。这时，原始社会还没有严格独立的精神活动，从而形成了初始形态的文化经济共同体，即经济与文化的原始混沌一体。

到了原始社会末期，随着物质生产力的发展，出现了两次社会大分工，尤其是生产资料氏族公有制的逐渐解体，社会财富的增加、剩余产品的出现，出现了脑力劳动与体力劳动的分工，人类的精神活动第一次从物质生产活动中分离出来，成为一种独立的社会活动形式。从这时起，经济与文化的原始统一被打破了，文化更多的指精神财富，经济更多的指物质财富。毫无疑问这种分离是有利于文化与社会发展的，是二者关系发展的必经过程。然而，由于劳动分工不足，在脑体分离过程中，出现了阶级对立与阶级统治。文化的生产属性（经济）逐步被淡化，意识形态属性（狭义的文化）得到强化。不仅如此，在阶级统治社会，由于统治阶级掌握着统治工具，所以统治阶级控制着社会精神领域。出于精神统治的需要，统治阶级将文化转变为相对独立的上层建筑，成为其控制人们思想、实施统治的工具，文化形成与经济领域相分离，文化游离于经济领域之外，对经济只具有间接的作用。文化成为纯粹的意识形态，文化与经济的原始统一关系被割断了。

---

① 冯子标：《论文化的产业属性》，《山西日报》2003 年 4 月 21 日。

在人类漫长的历史时期，自给自足的自然经济占主要地位，社会分工极不发达，生产的直接目的是实现实物形态的使用价值，生产过程是周而复始的简单再生产，经济和社会处于缓慢发展的状态。在自然经济条件下，文化产品（文化作品）都是由少数人创作、同样是由少数人在很少的时间里观赏（消费），无论是创作还是欣赏都是少数人的专利。文化产品（文化作品）"到达"观赏（消费）者那里不需要通过市场交换。进入商品经济社会，随着社会分工的出现，不同的产品分别由不同的生产者来生产，同时劳动产品又归属于不同的所有者，这样各个生产者对他人产品的需求，就必须通过商品交换的途径来满足。生产分工和社会分工充分发展起来的时候，生产的直接目的是取得交换价值，使用价值仅仅作为增加交换价值的手段，价值规律支配一切经济活动，价值增值成为一切活动的动机，市场是商品生产和交换关系的枢纽。随着现代社会市场化程度的提高，一切生产都更加紧密地与市场相联系。商品经济条件下，文化产品作为商品进入市场，受到商品生产和交换以及价值规律的制约。在市场化程度较高的市场经济条件下，文化产品大多是以文化商品或文化服务的形式进入流通领域，逐步形成了企业化组织、规模化经营的文化产业，文化生产力水平明显提高。特别是随着 20 世纪以来传播媒介的高速发展和信息时代的来临，随着经济全球化的迅速发展，文化生产已日益成为经济生活的一部分，成为复杂的现代化大生产的一部分。像电视、电影、出版、音像、文艺演出、工艺美术、体育比赛，乃至广告、信息、传播、娱乐等产业，已越来越发展为庞大的产业集团，成为经济结构中的重要组成部分，甚至成为许多国家国民经济的支柱产业。市场化运作使文化产品的生产进入竞争机制，使资源得到合理配置，从而也大大提高了文化生产力的水平。

从 20 世纪中叶开始，特别是 20 世纪 60 年代以来，世界文化经济一体化的特征更为明显。当下，"经济的文化化"与"文化的经济化"或者"经济文化"和"文化经济"，已不再是一种趋势，而是一种活生生的现实。文化与经济相互渗透、相互促进、相互交融，形成你中有我、我中有你的经济与文化一体化态势，在更高的基础上又一次融合在一起，实现了二者关系发展过程中的否定之否定。

"文化的经济化"。经济因素向文化的渗透，文化现象中的经济含量日益突出、日见明显，知识、科技等文化现象的经济价值越来越充分体现出来，文化不再是与经济毫无联系的"清高之物"，它进入市场、融入产业，即增加了自身的造血功能，也成为一种现实的经济形态和现实的经济力量，成为社会经济的重要组成部分。当今时代，文化经济已是一种相当普遍的现象。在传统的意义上，唱歌、跳舞、音乐、体育等只是单纯的文化现象，但随着经济因素向文化的渗透，生长出了音乐磁带、激光唱片、MTV、影视音像、文化娱乐以及拳王争霸赛和奥林匹克运动会等广泛的文化经济现象，而随之出现的是亿元歌星和亿元球星，他们所代表的文化经济产业也成为年创收千亿美元的新兴产业。

"经济的文化化"。文化因素向经济领域的渗透，知识、科技、信息乃至审美、心理等文化要素在现代经济发展中越来越具有举足轻重的作用，间接或直接地影响着经济发展的效率和效益，成为当代经济发展的关键性资本，即智力资本、文化资本。文化因素以越来越多的种类和越来越高的程度参与并融入经济活动的过程中，影响经济活动的过程及其结果。目前国际上一般认为，如果经济中的科技文化含量达到50%以上，该种经济就已经"文化化"了。以科技对经济增长的贡献率为例，目前美国、日本平均科技贡献率现已达到80%左右，英国、法国、德国等西欧国家为50%—60%，俄罗斯为30%—50%，经济的文化化达到了较高的程度。而中国在20世纪90年代为30%[①]，目前平均科技进步贡献率为20%—40%。[②] "经济的文化化"使商品经济的文化含量、文化附加值成为商品的关键价值成分，文化成为影响经济的关键因素，以至于经济活动离开文化简直寸步难行。传统意义的商品装潢、包装、设计和商品的推广、促销、宣传、广告等只是单纯经济现象，但是，随着经济的日趋文化化，产生了装饰文化、设计文化、广告文化等经济文化现象。

"经济的文化化"与"文化的经济化"的进一步发展，必然是经济与文化高度融合，即经济文化一体化，其结果就是文化产业的诞生。文化产业依据市场需求按照一定的标准、大批量生产文化产品，又通过市场运作将大批量生产文化产品送到消费者手中，并获得经济价值。随着经济文化一体化的发展，形成了由图书出版产业、广播影视产业、音像制品产业、网络产业、旅游产业、娱乐产业、参观会展业、体育健身业等组成的当代

---

① 袁梦德：《中国科技对经济增长贡献率为30%》，《中国青年报》1999年9月30日。

② 周京平：《诺贝尔经济学奖：科技进步贡献率——与中国经济理论与实践》，《经济研究导刊》2011年第7期。

文化产业群。经济依赖文化而快速发展，文化依托经济而广泛传播，形成了"经济的文化化"和"文化的经济化"的亮丽景观。文化生产力便是文化产业生产文化产品和提供文化服务的能力和水平，是新一代生产力的重要表现。文化与经济、与技术相互融合，创生了文化生产力这一新事物，它既推动了社会生产力的发展也推动了文化的变革与进步，是现代文化发展的重要体现。

二　中国共产党对文化生产力的认识过程

文化生产力的出现是人类社会发展和文化自身发展的逻辑必然，但这种必然性也需要人类自觉地认识和遵从这种规律。实践证明，越是及早认识到这种必然性，行动就越自觉、代价就会越小。尽管文化生产力的出现有其必然性，但是作为执政党能否认识到它的产生及作用，并自觉把发展文化生产力作为党领导文化建设的重要问题，则是另一回事。"文化生产力"概念在我们党的正式文件中第一次出现，是在十六届四中全会通过的《中共中央关于加强党的执政能力建设的决定》中。但对于文化生产力的认识经历了一个过程。

文化生产力是当代社会以社会化生产和市场经济为依托、以现代科学技术为手段、以文化产业的兴起为标志和典型形态，生产满足人们精神需求的文化产品的水平和力量。国际上虽无此概念，但以此方式生产文化产品却早已是不争的客观事实。作为文化与经济、技术高度融合的现象，文化生产力是现代社会的产物，但文化具有的经济属性和商品属性却具有悠久的历史。作为现代文化生产力，早在 19 世纪的欧洲发达国家就已经存在了。在中国的历史上，从郑板桥明码标价卖对联、梅兰芳拿了包银才粉墨登场这些现象中看到了文化的经济属性，也从杨柳青的年画、景德镇的瓷器、吴桥的杂技中看到了具有复杂分工、标准化流程、大规模贸易、严密的组织等为特点的文化生产的工业特征。在新中国成立之前的民国时期，中国已经出现了现代文化生产力的萌芽，当时的文化产业已经拥有了演艺业、古董业、出版业、电影业、唱片业、娱乐业等并且都有了一定发展。①但新中国之前中国的文化产业生产的产品和提供的服务依然是有钱有权人

---

① 邹广文、任丽梅：《科学发展观与中国文化产业实践》，中央编译出版社 2007 年版，第 24 页。

的专利，特别是娱乐业只是少数有钱人挥霍浪费、醉生梦死的场所，弥漫着低俗、沉沦等不健康的景象。

当人类文明已经进入现代社会、文化发展已经进入到社会化大生产轨道、西方马克思主义已经提出文化霸权理论的时候，我国却还处在史无前例的"文化大革命"时期。文化被理解为只有意识形态属性的存在，计划经济成为文化发展的唯一的方式。文化生产力是一个当代范畴，是与伴随着人类社会大生产的发展、市场经济的成熟和科学技术的发展而密切相关的。而对于我国来说，我们党提出文化生产力有其历史原因和背景，这就是我国长期存在的文化体制对文化发展的束缚。由于特殊的历史原因，我们党对文化生产力问题的认识，经历了由被动到主动的曲折过程。我们党虽然没有给文化生产力下过定义，但每次谈及文化，都是与"解放和发展文化生产力"相联系的，把深化文化体制改革作为解放和发展文化生产力的根本途径。也就是说，解放和发展文化生产力，就是根据文化生产力的发展水平和要求，正确处理文化生产力与生产关系的矛盾。因此，我们党关于文化生产力的思想，具体地体现在关于文化体制改革上的一系列政策和思想中。

1949年新中国诞生，为中国新文化的发展奠定了前提基础。1956年"三大改造"的基本完成，社会主义制度基本确立，中国自近代以来的传统农业社会向现代工业社会的历史转型，也被纳入到社会主义的旗帜下，中国开启了社会主义现代化建设的征程。社会主义、共产主义的价值取向、公有制为基础的经济制度和经济理念的确立，全国人民鼓足干劲谋求经济社会发展的精神等，也标志着社会主义文化建设拉开了序幕。在这种特殊的历史条件下，强调文化为政治服务，保证社会主义新兴国家能够被广大民众所接受和认同是非常必要的。但是，由于特殊的原因，我们教条地理解马克思列宁的有关论述，完全割断了文化与经济的联系，文化的经济属性和商品属性被完全消解，意识形态属性几乎成为文化的唯一属性，文化越来越成为为政治服务的手段和工具。在很长的一段时间，我们是将文化完全作为一项事业工作来管理，文化的经营与管理完全归国家所有，文化部门的一切完全由国家包揽了，文化体制单一，文化形式单一。而且，在"左"的思想观念盛行和权力高度集中的社会管理体制下，虽然涌现出了一批追求社会效益、不计个人报酬、注重奉献、不讲索取的社会主义新型主体，但在计划经济体制下，个人、企业、下级、地方根据行政命令、指令性计划、长官意志从事经济活动，抑制了人的主体潜能的开发、抑制了人的积极性和创造性的发挥。这一切都严重地束缚了文化生产力的发展。

党的十一届三中全会后，我们党实现了新中国成立以来具有深远意义的伟大转折，中国逐步拉开了改革旧体制、开创新局面的序幕。我们党恢复党的思想路线，实事求是、解放思想，对许多事物的认识发生了根本性的变革，开始了一场解放和发展社会主义文化生产力的艰辛探索。经历了从党的十一届三中全会到党的十二大，我国文化体制改革的酝酿和准备阶段；从党的十二大到党的十四大，文化体制改革的初步展开阶段；从党的十四大到党的十六大，文化体制改革的稳步推进的阶段；从党的十六大到党的十七大，中央从战略高度深刻认识文化的重要地位和作用，文化体制改革实现重大突破阶段；从党的十七大至今，深入贯彻落实科学发展观，文化生产力快速发展阶段，我国文化体制改革经历了从不完善到逐步完善的历程，大大解放了文化生产力，并深化了对文化理念、文化属性及文化功能的认识。

中国共产党首次在党的正式文献中提出"文化生产力"概念，是2004年党的十六届四中全会。但"文化生产力"这一概念的使用，要追溯到在20世纪90年代。1998年，由薛永应任顾问、王恒富为主编的《文化生产力的崛起》一书，较早使用了"文化生产力"的概念，认为"当代社会文化'正以日益增进的规模和深度渗透到社会生产力之中，文化经济一体化已经成为世界性的潮流'。将其理解为：文化与生产力的相互渗透、相互包含的关系"，认为"在大文化观和大生产力观看来，文化与生产力已不再是互不相干的两码事，它们之间你中有我，我中有你，正在经历一场一体化运动"①。此后有许多学者使用这一概念，基本上都是在这个意义上使用的，并没有明确规定文化生产力概念的内涵。金元浦在其《文化生产力与文化产业》中所使用的"文化生产力"，强调的是文化不仅仅作为物质生产力的渗透要素，而是作为一种产业、一种经济形式而存在。②但没有具体阐述文化生产力的概念内涵。李德顺在《深化体制改革，解放和发展文化生产力》一文中，认为"文化生产力就是创作和制造文化产品及提供

---

① 薛永应、王恒富：《文化生产力的崛起》，人民出版社1998年版，第3页。
② 金元浦：《文化生产力与文化产业》，《求是》2002年第20期。

文化服务的社会能力”，“随着文化产业的兴起，精神文化生产日益走上社会经济生活的前台，在思想文化和经济生活两个方面都构成国家和社会的'核心竞争力'”。[①] 方伟在《文化生产力：一种社会文明驱动源流的个人观》一书中，认为“文化生产力，是社会人们所拥有的、在社会发展到一定阶段上与物质生产力互渗互入、互融互动并逐渐在其中占有主导地位而去改造自然和社会（包括人自身）的总能力”[②]。

细数目前国内学者对“文化生产力”概念内涵的解读，其基本思路是马克思在《资本论》（3 卷本）手稿中明确使用了“物质生产力和精神生产力”，使用过“精神生产”、“艺术生产”这些概念，探讨过精神产品的“价值”、“交换”问题。概括起来有以下几种观点：第一类是经济维度的文本解读，即把“文化生产力”等同于“文化经济力”，着重强调文化生产力为社会创造财富的功能，这种解读侧重从文化生产力的经济功能的立场出发，多出自于研究经济的学者之手；第二类是把“文化生产力”等同于发展“文化产业”，认为政府在党的十六届四中全会提出“大力发展文化生产力”就是要大力发展文化产业，以应对入世带来的文化市场开放之需；第三类是把“文化生产力”、“文化经济力”、“文化工业”、“文化产业”视为同一意义。这种观点与现代西方文化工业理论基本一致，认为大力发展文化生产力，就是要大力发展文化产业，即文化工业，创造更多的经济利润，即文化经济力，同时附加地带来了社会效益，显示出文化在综合国力中愈来愈重要的作用。[③] 归纳以上观点，学界对文化生产力的内涵基本有两种理解，一种认为“文化生产力”主要是指物质生产力和市场经济活动中包含的精神文化因素，是指物质产品的泛文化特征；另一种是指文化本身已经成为一种经济形式和产业形式，直接成为国民经济的增长点，即承认文化活动及其产品的商品化、市场化、产业化。

[①]　李德顺：《深化体制改革，解放和发展文化生产力》，《理论视野》2009 年第 12 期。

[②]　方伟：《文化生产力：一种社会文明驱动源流的个人观》，河北教育出版社 2006 年版，第 51 页。

[③]　万希平：《解读“文化生产力”——关于发展文化生产力的再思考》，《中共天津市委党校学报》2007 年第 1 期。

三　文化生产力的内涵及其基本特征

在当今时代，由于社会化大生产和市场经济的高度发展、科学技术的广泛应用以及经济全球化趋势的加深，人类社会系统的各个要素和环节的发展都被纳入了其中。作为社会系统重要组成部分的文化当然也不能游离于其外而孤立发展。运用社会化大生产的形式、以市场经济为运作机制、依托现代科学技术手段、依据物质生产的一般规律来生产文化产品和提高文化服务，是当今时代文化发展的必然途径。可见，人类的精神文化活动，如果采取经济活动的方式进行，就转变成了文化生产活动，文化生产力便是这种文化生产活动的发展程度、规模和水平。因此，可以把文化生产力的内涵规定为：为满足人的精神文化需要而生产文化产品和提供文化服务的现实力量和水平。[①] 文化生产力具有多种特征，但作为文化与经济互动融合的当代范畴，其基本属性是物质属性和精神属性。

（一）文化生产力具有生产力的一般属性：客观实在性或物质属性

文化生产力是一种主观抑或精神力量，还是一种客观的物质力量？在18世纪，经济学中开始出现了生产力概念，把能够生产出物质产品的要素称作生产力。在魁奈和李嘉图的著作中，把土地、人口、资本看做生产力；萨伊则把土地、河流都看做生产力；亚当·斯密前进了一步，把劳动看做是生产力，称作劳动生产力。这些经济学家，只是把生产力的某一因素或自然条件看做生产力，尚未揭示出生产力的本质。在马克思的著作中，提到生产力之处很多，能够揭示出生产力本质的是下述论断："人们不能自由选择自己的生产力——这是他们全部历史的基础，因为任何生产力都是一种既得的力量，是以往的活动的产物，所以生产力是人们的实践能力的结果。"[②] 根据马克思的这段论断，可以把生产力的本质概括为人的实践能力，体现在要素上，可以把生产力要素看做生产力，如马克思把劳动者看做最大的生产力，把机器看做生产力。人的实践能力体现在功能上，就是人控制和改造客观对象的能力。马克思在《资本论》中说："劳

[①] 李春华：《文化生产力初探》，《生产力研究》2004 年第 4 期。

[②] 《马克思恩格斯选集》第 4 卷，人民出版社 1995 年版，第 532 页。

动首先是人和自然之间的过程，是人以自身的活动来引起、调整和控制人和自然之间的物质变换的过程。人自身作为一种自然力与自然物质相对立。"① 人的实践能力体现在结果上，就是生产产品的能力或生产使用价值的能力。因此，生产力的本质实质上是人的生产实践能力，即改造客观对象获得一定产品或使用价值的能力，表现为一定的规模、布局，等等。可见，生产力的实质是一个实践范畴，是一种客观的现实的物质力量。

文化生产力与一般生产力具有共同的本质、共同的构成要素和共同的特征。其实质是一种客观的现实的物质力量。虽然文化生产力生产的产品是物质载体所承载的、内含着文化意义的特殊产品，但这一点并不能改变它的一般生产力本质。作为一种生产力，无论它有多么特殊，都是人类为满足自身需求，借助于一定的生产资料加工改造某种对象，获得一定产品的客观的物质力量。文化生产力是生产力发展的一种新形态或新阶段，与一般生产力一样具有共同的构成要素、特征和规律，具有不以人的意志为转移的客观性。我们之所以把这种生产力称为文化生产力，是依据其生产的产品主要是满足人类精神需求的这一点来界定的，并不是说它是一种精神力量。因此，作为一种生产力，无论它有怎样的特殊性，它仍然具有一般生产力的特征，是一种现实的客观的物质力量。

文化生产力的客观物质性，从静态上表现为文化生产力的构成要素具有物质实体性。文化生产力不能抽象地存在，必须具有实体要素，才能成为创造和生产精神文化产品的力量。作为一种生产能力，文化生产力不是虚无缥缈的，而是通过物质实体要素或物质载体来体现和实现。文化生产是通过人的有目的的活动，借助于文化生产资料（资源），生产文化产品和提供文化服务的过程。从整个文化生产来看，文化生产力与一般生产力一样，也是由劳动者、劳动资料和劳动对象这三个"基本要素"构成的。文化生产者是指在文化生产领域现实地从事文化产品的创作和生产（含服务）的一切劳动者，是具有较高专业素质和经营管理能力的复合型劳动者。主要包括在文化生产领域从事影视媒体、出版发行、演出、娱乐、会展、文化旅游及休闲健身等工作的劳动者。文化生产活动并不是纯粹的主观认识活动，而是一种生产活动，因此，必须借助于一定的物质生产资料才能进行。文化生产资料是指文化生产者在文化生产过程中用来扩大自己

---

① 《马克思恩格斯全集》第 23 卷，人民出版社 1972 年版，第 201—202 页。

对劳动对象的作用能力，为完成文化产品的创造所运用的一切手段。进行任何文化生产劳动，都必须借助一定的劳动资料，从最古老、最传统、最简单的纸、墨、笔、砚，到书籍、报刊、广播电视、多媒体、互联网，再到今天演出的灯光音响设备、出版印刷业的激光照排、音像生产中的复制手段等等，都是文化生产劳动所不可缺少的。而且，在现代科学技术飞速发展的今天，文化生产资料不仅是文化生产力必不可少的要素，而且劳动资料的状况对文化生产的能力产生着越来越大的影响。文化生产是文化生产者加工、处理和改造各种形式存在物，从而得到一定文化产品的过程。因此，文化生产对象也是文化生产过程的必备要素。所谓文化生产对象，是文化生产者在从事文化生产或文化活动的过程中，利用文化生产资料，把自己的劳动施于其上的各种资源的总和。其中包括文化自然资源和文化社会资源两种。一是自然存在物，可以作为文化生产原料的以及文化生产所必需的环境条件，如雕刻用的石料、绘画用的颜料、旅游景点的自然景观等等；二是社会存在物，包括整个社会生活可以用于文化生产的各个方面，主要有教育、科学、文学、艺术、道德、风俗、信仰等各种社会现象。但在诸要素中，文化生产者是文化生产活动的主体，没有文化生产者，就不可能形成文化生产活动，当然也就不可能生产出文化产品。文化生产者在文化生产力系统中居于重要地位，起着首要的主导性、能动性的作用，是其他因素存在的前提。这不仅表现在一切文化劳动资料和文化劳动对象都是文化劳动者生产出来的，而且表现在这些客观因素在发挥其功能的过程中，都是由文化劳动者去掌握、操纵和使用的，无论多么先进的生产资料，如果没有生产者就无法发挥其作用。

文化生产力的物质属性，还表现在动态上——文化生产活动具有物质生产活动的一般特征。文化生产是生产文化产品和提供文化服务的大规模商业运作，通过产业化和市场化的组织形态，进行可持续的简单再生产和扩大再生产的活动。与一般的精神活动不同，在本质上它是一种生产活动，因而具备了生产过程的一切特征，体现生产过程的一般规律。文化生产同工业生产、农业生产一样是一种生产门类。其本质和标志是按照市场经济来运作，使文化产品的生产进入马克思主义经济学所讲的生产、流通、交换、消费过程。文化生产活动所具有的物质生产活动特征，体现在文化生产过程与物质生产过程一样，是一个诸环节有序运行的过程。文化生产是一种可持续的简单再生产和扩大再生产的物质生产活动。因而具备了生产过程的一般规律，生产和消费完全是按照市场经济来运作，使文化产品的生产进入马克思主义经济学所讲的生产、流通、交换、消费过程。因此，文化生产力实际就是文化产品的生产、流通、交换、消费过程空间上和时间上不断更新的有序过程，文化生产各个环节互相衔接、首尾呼应，形成系统内部运动在时间上的制约关系。在上述有序转化过程中，每一个环节既是它上一个环节的终点，又是它下一个环节的起点，它们在时间上是继起的，在空间上是并存的，形成相对独立的阶段，构成一个完整的过程。

（二）文化生产力的本质属性：精神属性或意识形态属性

文化生产力作为一种生产力形态，与物质生产力一样，都是一种客观的现实的物质力量，但这只是说明了两者的共性、一般性、普遍性，只凭这一点并不能把两者区别开来，不能把握文化生产力的特殊性。文化生产力与物质生产力存在着本质区别，这种区别正是文化生产力之所以成为自身的理由。我们把两者的区别点称之为文化生产力的本质特征。

文化的"超感觉"性必须通过"可感知"性表现出来，文化产品离不开物质载体。但物质载体只是精神文化产品的外在形式。文化生产力具有精神属性或意识形态属性，它与人的精神生活息息相关。马克思在谈到精神产品与一般物质生产的产品的不同时，曾举例说："人们对律师、教士和音乐家等等的服务支付了报酬，但既不能用这些服务来还债，也不能用它们来购买商品，也不能用它们来购买创造剩余价值的劳动，这些服务像容易消失的消费品一样消失了。"① 工人制造画笔和小提琴是物质生产劳动，而艺术家用画笔创造美术作品和小提琴演奏乐曲是文化生产劳动，这两种劳动所提供的消费有着原则的区别。前者所提供的是生产资料，而后者所提供的则是人的精神上的消费、情感上的享受，满足的是人们的精神需要。② 消费文化产品和享受文化服务并不是"消费"其物质载体本身，人们或阅读书籍、或欣赏影视作品、或听音乐会、或观看演出、或参观旅游等等，都是要获取其包含的内在精神内容和意义。这就是文化生产力精神属性、意义属性、意识形态属性或称符号化特征。因此，物质本身并不

① 《马克思恩格斯全集》第 26 卷第 1 册，人民出版社 1979 年版，第 318 页。
② 张潮：《试论文化的"生产"属性》，《理论月刊》2007 年第 8 期。

直接就是文化，文化是观念性的、精神性的东西。比如，一朵玫瑰花表达的是爱情，一块黑纱传达的是哀悼之情。在这里，玫瑰花和黑纱本身是物质的东西，是由于不同的文化观念和风俗习惯而赋予了不同的意义。可见，文化表现的不是"直接呈现"在人们面前的物质对象，而是人"灌注"到对象中去的意义和价值。因此，文化的本质是一种"意义"符号。所谓"符号"就是借助人们可感知的一定的物质载体而指称人们待知的对象或表达"超感觉"的某种意义的东西。人们通过对各种文化符号的解读，来领会人的生命的情感、意志、认知、信念、希望、追求、各种精神需要，乃至于人的全部生命意蕴。文化哲学家卡西尔有言："人不再生活在一个单纯的物理宇宙之中，而是生活在一个符号宇宙之中。语言、神话、艺术和宗教则是这个符号宇宙的各部分，它们是组成符号之网的不同丝线，是人类经验的交织之网。人类在思想和经验之中取得的一切进步都使这个符号之网更为精巧和牢固。……在某种意义上说，人是在不断地与自身打交道而不是应付事物本身。他是如此地使自己被包围在语言形式、艺术的想象、神话的符号以及宗教的仪式之中，以致除非凭借这些人为媒介物的中介，他就不能看见或认识各种东西。"① 因此，对文化产品的需求乃是一种精神的需求，对文化产品的追求乃是对人自身所认同的文化意义的追求，也是人类自我创造、自我塑造、自我更新、自我解放的过程。正是由于文化产品的精神属性或意识形态特征，我们在发展文化生产力过程中，才特别强调发展文化生产力必须处理好经济效益和社会效益的辩证关系，把社会效益放在首位。

四 文化生产力对文化内涵、属性和功能的丰富与拓展

作为经济与文化互动融合的结果，文化生产力不仅引起了经济的变革，也一定引起文化的变革；不仅会产生全新的经济发展观，也会引起人们对文化的一系列认识发生巨大变化，使人们对文化的认识发生了全新转变。它突破了人们对文化的传统认识，丰富和拓展了文化的内涵和属性，使人们认识到了文化不仅仅具有意识形态属性和教育功能，还具有非意识

---

① ［德］卡西尔：《人论》，甘阳译，上海译文出版社 1985 年版，第 33 页。

形态属性，如物质属性、经济属性、社会属性、娱乐属性功能、休闲功能，等等。因此，文化生产力的产生可谓是文化创新的最突出体现。

（一）文化活动采取产业化形式，以物质生产的方式生产文化产品

长期以来，我们受社会主义与市场经济不共戴天的教条主义影响，认为社会主义国家不可能采用生产的方式来进行文化活动和创造文化产品。因此，文化生产力的提出，尽管引起多方面的变革，但主要还是文化生产方式的变革。文化的属性及价值功能的变革，都是因为我们采取了一种与以往不同的文化生产方式和文化发展方式所引起的。文化生产方式和文化发展途径取决于人类发展不同时期的社会历史条件，在人类历史上，每一次变革都推动着文化的创新。

文化生产力是先进文化在当代的存在形式和表现形式。尽管文化生产力的提高与先进文化的建设并不是完全等同的，文化生产既可以生产出先进的文化产品，也可以生产出消极的不健康的文化产品。但是，文化生产力与先进文化之间并不存在必然的对立关系，二者之间存在着文明运动总趋势上的一致性。文化选择了产业化、工业化和商业化的形式，整合优化了更多的文化资源，开拓出了前所未有的文化市场，极大地推动了人类文化的发展。在当代，先进文化的建设必须依靠大力发展文化生产力。文化生产力代表着先进文化的存在方式和生产方式，离开了现代工业文明和现代文明，先进文化就会失去它的先进生产力的现实基础。

文化生产是生产文化产品和提供文化服务的大规模商业运作，通过产业化和市场化的组织形态，进行可持续的简单再生产和扩大再生产的活动。文化生产的重要特征就是文化活动产业化、文化产品的商品化、文化传播的市场化。文化生产力首先表现为文化产业化的能力，即依据市场需求按照一定的标准、大批量生产文化产品，又通过市场运作将大批量生产文化产品送到消费者手中，并获得经济价值的能力。

"产业"是由提供相近商品或服务、在相同或相关价值链上活动的企业共同构成的，具有某类共同特性是企业划分为不同产业的基础。产业的一般含义或现代的含义包括两个方面：一是技术性的即大规模制造，标准化的批量生产；二是商业性的即市场化营销，产业的产出（含服务）是通过市场销售，甚至是以市场（消费者的需求）为导向的。以市场需求为导向进行大批量生产，大批量产品又通过市场环节送（分配）到同样大量的

消费者手中，这就是产业化的运作过程。① 文化成为产业即文化产业，就是文化产品的制作和传播采取了具有上述特点的方式来进行的产业。这里面的关键是"按照工业标准"，而那些小规模，零散的，没有按照生产、流通、销售、消费这种循环去生产文化产品的行为，就不属于文化产业。一般意义上的文化创作活动，可以说伴随着人类走入文明时代就已经开始了。但是，文化活动的产业化却是近代的事情。只有按照产业化的原则组织起来，使文化的产出成为大规模的商业活动，通过获得的利润来进行简单再生产和扩大再生产，才能称之为文化产业。在文化产品的生产和经营过程中，要有稳定的投入和稳定的产出，不仅能进行简单再生产，维持自身的生存，而且要进行扩大再生产，扩大自身的市场占有率，关键是形成独特的文化经营模式。如果没有这种商业化的经营结构，那么，艺术只是艺术，仅仅是文化现象、文化活动，而不是文化产业。

文化生产力作为当代社会生产精神文化产品的力量和水平，是通过具体的文化生产活动得以实现的，离开具体的文化生产活动，文化生产力就无从体现。而文化生产活动又必须通过文化产业来具体进行。因此，文化产业便成为文化生产力的表现形态，文化产业发展状况可以反映文化生产力水平。作为一种产业，首要的价值就是经济功能，即文化产业也需要进行投入产出的成本计算，也要创造经济价值。随着全球化进程的加深和知识经济时代的到来，文化生产活动十分复杂，具体形式多种多样，并且出现了高度综合化的特征。因此，当代文化产业是由图书出版产业、广播影视产业、音像制品产业、网络产业、旅游产业、娱乐产业、参观会展业、体育健身业等组成的文化产业群。按其功能又可分为两大类："媒体产业"和"休闲文化产业"。与之相对应，文化生产力主要包括"媒体产业生产力"和"休闲产业生产力"。

以流行音乐产业和电影产业为例。流行音乐产业是现代文化产业的重要组成部分。人类自从有了语言，就有了歌唱。中国最古老的诗歌集"诗三百"，后人称之为《诗经》，就记录了 2000 多年前中华民族先民古朴的歌谣。古希腊出现了著名的史诗《伊利亚特》，它记录了当时流传在南欧和中亚的许多民间歌谣。在亚洲和欧洲的广阔原野上，后来又有了一群一

---

① 参见章建刚《文化产业发展的几个基本逻辑》，载《中国文化产业评论》第 1 卷，上海人民出版社 2003 年版，第 66 页。

群的行吟歌手、民间歌手、宫廷乐队和专门的表演艺人。但是，这些并不能被称为文化产业，而只能称为历史上的音乐文化现象。如果它们没有了宫廷的豢养或者民间的资助，很快就会因为饥饿和寒冷而难以生存，根本谈不上继续创作。1954年9月19日，这是一个普通的日子，又是一个不寻常的日子，它宣告了一个新产业——摇滚乐产业的诞生。美国的"滚石"乐队在纽约举行了第一场演唱。它的演唱风格融合了欧洲爵士乐、非洲黑人音乐和西班牙水手音乐的某些要素，形成了一种奔放自由和无拘无束的风格。在"滚石"乐队的带动下，又雨后春笋般地出现了"披头士"、"猫王"、"西部牛仔"等摇滚乐歌星和乐队。随着现代电子传媒的发展，深受大众喜欢的流行音乐很快通过无线电广播、电视播放与盒式录像带、CD和MD等现代载体，进行大规模的复制，以低廉的价格和大众化的销售，像洪水一样扩散到世界上许多国家，销售给无数的听众，从而最终形成了一个稳定的市场需求、能够带来巨大商业利润并不断扩大的流行音乐产业。再以电影产业为例。电影以其丰富多彩、娱乐大众的消费方式，赢取票房，自我更新，雄踞文化市场，获得了广大观众的喜爱，被列为与古老的戏剧和现代电视并列的三种综合艺术之一。但是，电影也经历了由文化活动向文化产业的转化，1895年法国的卢米埃尔兄弟发明了电影放映机，进行了世界上第一次电影放映，引起了法国舆论的极大好奇；1896年，在中国的北京，就有人拍摄了第一部戏曲电影《定军山》，把谭鑫培先生演唱的京剧片段搬上了银幕。但这也只是一个重要的文化现象、文化活动，并不是文化产业，而只是一种实验性的拍摄和播放。尽管世界电影自1895年由法国卢米埃尔兄弟发明后，以商业化的经营方式风行于世已有百年的历史，但电影产业生产力最发达的还属美国。正如一位电影史学家所感叹的："法国人创造了电影，而美国人创造了电影产业。"

（二）以市场化运作进行文化产品的生产

在市场经济条件下，文化产品大多是以文化商品或文化服务的形式进入流通领域，逐步形成了企业化组织、规模化经营的文化产业，文化生产力水平明显提高。马克思曾说，随着国际市场的形成，民族历史向世界历史转变，必然出现"世界文学"，出现文化的全球化运动。无论是哪个民族哪个国家的文化，都以一种资源的方式为所有的人所吸收、所欣赏、所利用，也面向着世界性市场来进行谋划，只要为市场所认可，就能够获得进一步发展的动力。为了在市场竞争中获得认可，文化生产者的积极性、创造性被极大地激发了出来，新的文化样式和产品如同雨后春笋般涌现，并广泛而深刻地渗入到物质生产过程之中，文化产业、创意产业的出现就是明证。

市场化运作使文化产品的生产进入竞争机制，使资源的配置得到合理配置，从而也大大提高了文化生产力的水平。市场经济的重要功能就是依照经济规律对社会资源进行配置，在市场经济条件下，所有的社会资源都必须进入市场，受市场规律的制约，按照市场经济规律来运作。市场评价成为一种直接挑战政府权威评价、学术权威评价的存在，同时也使得精英文化与大众文化、高雅文化与通俗文化、生产性文化与消费性文化的矛盾激化了起来，为文化管理提出了新的难题。但无论如何，任何无视这个潮流并逆此而动的管理方式都势必难以奏效，最终难免被淘汰的命运。① 文化产品一旦进入市场，也就被赋予了商品的属性，它不再是少数文人墨客在书斋玩赏的东西，它必须受到市场经济的制约，接受市场的检验，体现其价值。市场经济水平越高，那么其受市场经济的作用和影响就越大。突破传统的文化单一的事业化发展方式，以市场化运作进行文化产品的生产，是中国文化发展史上具有革命性的变化，"这在中国文化的改革开放史上都应该写上一笔"②。20 世纪 80 年代初，开始出现"文化市场"现象，进入新世纪，中国文化市场体系逐步建立和发展。市场经济发展和文化的市场化，使文化人有了自由发挥的空间，大大激发了文化人的独立性和创造力。

（三）以企业化的经营方式进行文化生产活动

与一般生产活动一样，文化生产以追求最大利润为直接目的，在提升企业竞争力的过程中，不断提高经营效益。就文化生产的动力和发展机制来说，它与物质生产力并没有本质的区别，文化生产的运行也同样是以资本动力，通过市场运作获取最大利润的过程。在这里文化不再是高高在上超凡脱俗的"圣火"，而是与其他生产要素如资金、技术、劳动力等一样的生产要素。

---

① 参见马俊峰《文化发展的方向和趋势》，《理论视野》2009 年第 9 期。
② 韩永进：《文化发展史三个里程碑》，《瞭望》新闻周刊 2009 年 10 月 28 日。

文化本来就是人类的群体行为。世界上有各种各样从事文化活动的机构和组织，比如民间的、宗教的、学术的、艺术的团体，学校、基金会、政府的文化机构，各种松散的文化人沙龙和俱乐部等等。但是，它们并不能成为文化生产的主体。因为，只有企业才能在生产和经营文化产品的过程中把追求利润的最大化作为目标，也只有企业会产生无穷无尽的发展冲动，追求最大限度地占有文化市场，在创造巨大的商业利润之同时，也给社会创造大量的文化消费品。文化企业在经营的文化产品和提供的文化服务上，会和其他产业比如航空、石油、通信等有明显的区别，但是，就企业的动力和发展机制而言，和其他企业并没有本质的区别。文化企业的动力就是资本，它运转的速度越快，获得的利润就越大。它推动企业去追求利润，同时又在社会反馈的过程中，受到社会的制约。更重要的是，文化企业的核心是企业家，而不像其他文化团体是艺术家、文化人甚至是政府官员。从立足好莱坞的美国电影公司，到不断开发高清晰度视像制品和音像制品的日本音乐公司，一直到经营"世界之窗"、"锦绣中华"而闻名遐迩的中国深圳华侨城公司，它们都有一个共同的特点，那就是以优秀的企业家作为核心和灵魂。这些企业家当然也要懂得一般文化艺术创作，有比较广泛的文化修养。但更重要的是，他们追求利润的最大化，追求无限扩张的市场占有率和经济增长。[①] 20 世纪以来，众多文化企业以其空前的规模迅速发展，在短短几十年间拥有几十万名员工，发展到排名全球 500 强的经济巨人，比如日本索尼公司拥有 177000 名员工，沃尔特·迪斯尼公司拥有 117000 名员工，时代华纳公司拥有 38000 名员工。美国著名管理学家约瑟夫·熊彼特说："正是企业家把要素（资本积累和技术进步或资本、劳动和技术）组合起来进行生产，并通过不断创新改变其组合方式才带来了经济增长。隐藏在增长要素后面的'国王'就是企业家。"企业家的思维方式，就是文化企业的思维方式，也是文化企业的发展奥秘。在日本的历久不衰、家喻户晓的宝冢歌舞剧团，是高度企业化的运作机制的典型代表。几十年来，宝冢歌舞剧团还利用各国的中介商和经纪人，也就是它的商业伙伴们，建立了一个遍布世界的票务销售网络，各国的观众可以提前一年就预订他们的演出，包括从网上看到他们的精彩介绍，购票极

---

① 王春美：《创新意识是欠发达地区发展文化产业的关键》，《青海民族研究》2003 年第 3 期。

为方便。无数事实充分证明，文化企业是文化产业的动力之源和活力细胞。如果只有文化人和艺术家，可以创作出好的小说和歌曲，也可以有一个散漫的读者群；但是，如果没有真正的文化企业，就永远不会建立一个稳定的文化市场，更不会有经受竞争风浪的大规模文化产业。

（四）文化具有巨大的经济价值，而且日益成为当今社会经济发展的强大动力

作为一种产业，文化生产与其一般生产一样，以追求最大利润为直接目的，以资本的有效运行为动力，以企业化的经营方式创造经济价值。文化生产力的提出，也使人们对文化的价值和功能有了全新的认识：文化除了具有信息功能、培育功能、教化功能之外，还有巨大的经济价值。在当代社会，文化生产力作为社会生产力的重要组成部分的作用日益突出，文化生产成为经济领域中的重要生产领域，占经济总量的比重越来越大，对国民经济的发展起着特别重要的作用，文化产业成为国民经济的新增长点，在许多国家成为新型的支柱产业，文化生产力的发展状况成为衡量一个国家综合国力的重要指标之一。

文化产业是文化生产力的表现和实现形态，因而，文化生产力的功能和作用主要是通过文化产业体现出来的。文化产业的经济价值首先体现在，文化产业是现代经济利润的增长点。20 世纪下半叶以来，在发达国家，文化生产力飞速发展，文化产业成为增长最快的产业。据统计，在西方发达国家国民生产总值增长率中，文化因素的贡献率越来越高，一些发达国家文化产业已经成为国民经济的支柱产业。美国的影视业成了全美居于前列的创汇产业，可与其航天航空业和现代电子业并驾齐驱，迪斯尼娱乐业等文化产业竟跻身世界大型企业 500 强；美国 400 家最富有的公司有 72 家是文化企业，美国的音像业仅次于航天工业居于出口贸易的第二位，占据了 40% 的国际市场份额；英国文化产业年产值近 60 亿英镑，平均发展速度是经济增长的两倍；日本娱乐业的年产值早已超过了汽车工业的年产值，日本的动漫产品仅在美国市场的规模就达 43.5 亿美元，是日本对美国钢铁出口额的 4 倍；加拿大文化产业的产值也超过了诸如农业、通信及信息技术等行业。后起之秀的韩国力图跻身世界五大文化出口国之一，不断刮起"韩流"和"韩潮"，文化产业发展之迅猛令人震惊。2002 年韩国的游戏产业规模达到 30 亿美元，比 2001 年增加了 12%，是

2002 年韩国 GDP 增长（6.3%）的 2 倍。韩国最大的游戏公司天堂年收入约 1000 多亿韩元，纯利润约为 350 亿韩元，比韩国最大企业三星电子还要多。[①] 在发展中国家，文化商品贸易的增长也呈现赶超趋势，并逐渐成为其贸易的重要特征。按照联合国教科文组织的统计，从 1980 年到 1997 年，其贸易量增长了 10 倍。[②] 目前，中国的文化生产力水平很低，但在积累资金、增加外汇收入、促进国民经济增长上起到了明显的作用。2004 年，中国接待了 1 亿左右的游客，成为世界第四大接待游客人数最多的国家。中国的故宫和兵马俑吸引的游客超过了意大利佛罗伦萨的乌菲兹美术馆和罗马的竞技场。2005 年，中国生产的电影仅次于印度和美国。艺术爱好者们同样也转向中国作品。中国画家的作品在纽约索斯比拍卖行拍出了 97.92 万美元的高价，非常接近于 100 万美元的坐标。[③] 文化产业的发展，促进了文化生产力的解放和文化的进一步繁荣，对于促进人的全面发展和社会的全面进步起到了重要作用。

五　文化生产力对马克思"精神生产力"思想的新发展

马克思的"精神生产力"主要是指人类的精神活动、观念的活动的能力，尽管马克思没有系统、深入地论述"精神生产力"思想，但这一思想是完整的马克思主义不可分割的重要组成部分。但面对当代社会大发展，马克思的"精神生产力"思想的局限性也日益明显地表现出来。文化生产力理论正是对马克思"精神生产力'思想新发展。

在人类思想史上，"精神生产力"概念并不是马克思首先提出来的。在马克思之前，古典经济学家就已经提出并研究精神生产问题。德国经济学家弗里德里希·李斯特在他的《政治经济学的国民体系》中就谈到了精神生产力问题，他认为一个国家最重要的生产，就是物质生产和精神生

---

① 江蓝生、谢绳武主编：《2005 年：中国文化产业发展报告》，社会科学文献出版社 2005 年版，第 82 页。

② 林拓、李惠斌、薛小源主编：《世界文化产业发展前沿报告（2003—2004）》，社会科学文献出版社 2004 年版，第 6 页。

③ 塔曼·巴斯克兰：《中国的文化影响大》，《韩国时报》2006 年 6 月 14，转引自《环球时报》2006 年 6 月 13 日。

产，不能只把"单纯的体力劳动认为是唯一的生产力"，人类的精神资本、科学和艺术成就，决定着一个国家生产力总合的进退。只有既注意物质生产力的发展，又注意精神生产力的发展，使国家的生产力实行协调，才能达到生产力的平衡或协调。①但李斯特把生产力归结为人的本性，特别是人的精神本质。马克思肯定了李斯特"精神生产力"思想的合理因素，但这时期马克思还尚未彻底与费尔巴哈的人本主义决裂，因而不能对此作出完全科学的分析。在马克思创立唯物史观、特别是创立剩余价值学说之后，在批判继承古典政治经济学"精神生产"理论的基础上，重新考察了精神生产和精神生产力问题，充分肯定了"精神生产"在整个社会生产中的地位和作用。马克思的"精神生产力"概念，在不同场合使用时具有不同的含义，大概基本有两种。

马克思关于"精神生产力"的两种含义，第一种是精神生产力，是本来意义的精神生产力，即人类所特有的精神活动以及成果；第二种精神生产力，是转化了和改变了自己面貌的精神生产力，它被物质生产力所"同化"，成为物质生产力系统的一个因子和要素。

马克思对于"精神生产"的理解，也就决定了他对"精神生产力"的规定。既然"精神生产"是指人的"反映"和"认识"活动，那么"精神生产力"便是人类进行"反映"和"认识"活动的能力，表现为科学的发展、艺术创作、思想理论的创新，等等，它并不一定与经济相联系，并不一定借助于市场来传播。在人类历史上，古希腊罗马时期、中国春秋战国百家争鸣时期、文艺复兴时期创造了灿烂的思想文化，是人类历史上精神生产力发达的时期。

马克思把精神生产当做相对独立的领域，承认了人们的精神生产能力的相对性。他论述了"精神生产能力"的两个因素："精神生产者"和"精神生产资料"，人们生产精神产品的能力，当然也可以说是"精神生产力"。在《巴枯宁"国家制度和无政府状态"一书摘要》中，把"语言、文学、技术能力"看成为"已经获得的生产力（物质方面的和精神方面的）"②。马克思在这里所说的"文学"并不是仅仅指作为具体意识形式"文学"本身，而是包括哲学、艺术、宗教、科学等精神成果，获得"文

---

① 参见李陶达主编《资产阶级庸俗经济学选辑》，商务印书馆1964年版，第291—297页。
② 《马克思恩格斯全集》第18卷，人民出版社1964年版，第682页。

学能力"，也应该是指创造精神成果的能力。他在《剩余价值理论》中，讲"人类的生产力"是"人类的天性的财富"，是人类的"才能"。① 这种"人类的天性的财富"，当然也包括精神财富，而这种"才能"，无疑也包括精神方面的能力。现在，人们已经广泛地接受和使用这种含义的精神生产力概念。比如，在科学的著作中，人们不仅把科学当做一种知识成果，而且把科学看成是科学活动、科学生产，并且谈到了有关科学生产力的问题。在艺术领域，人们也已经把艺术当做是艺术生产活动，并且研究了艺术生产力问题。②

但是马克思在使用"精神生产力"概念时大多数场合都是与"物质生产力"联系在一起的，有时甚至明确把精神生产力包括在物质生产力之中，其含义是指物质生产力系统中的一个独立因素，与物质生产力的其他要素相结合而对生产力发生作用。从实践的观点出发看到了人类认识和改造世界的两种力量，即在处理人与自然关系中取得的物质成果所表现出来的物质生产力，在处理人与人关系及满足人们精神需要"以特殊形式"取得的精神方面成果所表现出来的精神生产力。马克思还明确提出了与物质生产力相对应的"精神生产力"概念，强调"精神生产力"是社会生产力的重要组成部分，指出"一切生产力即物质生产力和精神生产力"③，马克思在这里所使用的"精神生产力"就不包括道德、心理因素等，而仅指"自然科学及其应用"。他指出：物质生产的发展"部分地又可以和精神生产领域的进步，特别是和自然科学及其应用方面的进步联系在一起的"。④ 自然科学及其应用在物质生产中的地位日益重要，以至于直接劳动与科学劳动相比，变成了"从属的因素"。科学成了生产过程的"独立要素"，成为"直接的生产力"。因此，在"劳动生产力"中包括"科学的发展水平和它在工艺上的应用的程度"，"科学应用于私人生产"是"物质生产力"的因素。人类历史的发展，已充分表明了自然科学与物质生产力相结合，转化为物质生产力的过程。不仅是自然科学可以转化为物质生产力，社科科学也可以转化为物质生产力。马克思经常使用"精神生产"、"艺术

---

① 《马克思恩格斯全集》第 26 卷（2），人民出版社 1973 年版，第 124 页。
② 李文成：《追寻精神的家园——人类精神生产活动研究》，北京师范大学出版社 2007 年版，第 225 页。
③ 《马克思恩格斯全集》第 46 卷（上），人民出版社 1979 年版，第 173 页。
④ 《马克思恩格斯全集》第 25 卷，人民出版社 1974 年版，第 97 页。

生产"等概念，深入讨论过精神产品的"价值"和"交换"问题。并把语言、文学、技术包括在"精神方面的生产力"之中①，并认为物质生产力对精神生产力起决定作用，而精神生产力反过来又影响着一定社会关系的形成和解体，他在《1857—1858 年经济学手稿》中写道："所有这些关系的解体，只有在物质的（因而还有精神的）生产力发展到一定水平时才有可能。"②

马克思把"精神生产力"理解为人类"生产"精神产品（观念、思想）的能力，是与他对"精神生产"的理解紧密联系在一起的。马克思的著作中大量出现了"生产"概念，但实际上是在两个意义上使用的。一种是广义的或哲学意义的"生产"概念，如"生活的生产"、"两种生产"、"动物的生产"和"人的生产"、"片面生产"和"全面生产"等，是指人类广泛的实践活动；另一种是狭义或单纯经济学意义上的"生产"概念，即关于物质生活资料的生产和再生产活动。③ 而马克思的"精神生产"的概念，主要指的是广义的或哲学意义的"生产"概念。在《1844 年经济学哲学手稿》中，马克思指出，由于人的需要的丰富性，从而生产的某种新的方式和生产的某种对象就会产生，他指出："宗教、家庭、国家、法、道德、科学、艺术等等，都不过是生产的一些特殊的方式，并且受生产的普遍规律的支配。"④ 马克思认为精神生产是整个社会生产的一个组成部分，它与物质生产同属于人的"生命活动"，是人的存在方式之一。马克思的精神生产主要包括这样几层意思：第一，精神生产是在物质生产和经济发展的一定条件下产生出来的，受生产的普遍规律的支配，是整个社会生产力中的一个组成部分；他强调精神生产的"属人方面"，从人类的本质及人与动物相区别的角度，把精神生产理解为自由自觉活动的一部分，是不受肉体需要支配而进行的"真正的生产"，是"按美的规律来创造"的生产。第二，是把艺术与宗教、法、道德、科学等归为不同于一般生产的另一类生产，这类生产虽受生产的普遍规律的支配，但却是一种特殊的生产活动。在《德意志意识形态》一书中，马克思恩格斯在论述艺术风格形成的条件时指出，"社会组织"、"当代分工"以及与当地有交往的世界

① 《马克思恩格斯全集》第 18 卷，人民出版社 1964 年版，第 682 页。
② 《马克思恩格斯全集》第 46 卷（上），人民出版社 1973 年版，第 505 页。
③ 参见俞吾金《作为全面生产理论的马克思哲学》，《哲学研究》2003 年第 8 期。
④ 《马克思恩格斯全集》第 42 卷，人民出版社 1979 年版，第 121 页。

各国的分工等，对包括艺术在内的文化生产者有较大的影响。他特别强调精神的生产要"受到他（艺术家）以前的艺术所达到的技术成就——条件的制约"①，并把它放在诸种条件的首位；"艺术所达到的技术成就"，实际上是指构成精神生产者从事文化生产的技术的、经济的生产水准以及传播的、公共领域的构建程度等与那一时代社会生产力和文化发展程度相适应的制约因素。

马克思主义的精神生产实际上是一个认识论范畴，是人类特殊的认识活动，是认识产生的直接来源。精神生产即"关于意识的生产"。其基本内容，包括"思想、观念、意识的生产"和"政治、法律、道德、宗教、形而上学"等诸种社会意识形式的生产。此外，马克思主义其他经典作家还程度不同地把"脑力劳动"、"科学实验"、"科学和艺术的生产"以及"天文学上的观察、发现等等"，也列入精神生产范畴。人是有意识、有实践能力的行为主体。人生活在社会中不像动物那样，仅靠体力、四肢去直接作用于外部世界，而且还要靠智力、智慧和人的大脑活动去调解和控制人与自然、人与社会、人与人之间的关系。人类的这一特征，就决定了人类要生存、发展就必须要以正确地认识外部世界的规律和属性为基础。一方面，根据客观事物的属性及其发展的"外在尺度"去服从、适应世界；另一方面，在认识、把握客观事物的规律和属性的同时，又根据人的"内在需求"或"内在尺度"去改造世界。通过对外部世界"实践—精神"的把握，在现实社会的实践中，做到既"懂得按照任何一个种的尺度来进行生产，并且懂得怎样处处都把内在的尺度运用到对象上去"，从而使人的活动既符合真理性，又符合价值性，达到"求真"与"求善"的同一。

马克思的精神生产的实质是人类认识活动，是人类认识活动的高级形式（马克思把意识活动区分为低级和高级的两种）。认识活动是人本身所固有的生命活动，是人的存在方式之一。自有人以来就有人的认识活动，但精神生产作为人类认识活动的高级形式，它是一个历史范畴。它是人类社会和社会意识发展到一定阶段的产物。它是在原始社会末期，由于社会发生分工，物质劳动和精神劳动发生分离后产生的。认识的产生是一个复杂的过程，它不仅包括"反映"，而且还包括"生产"。认识从其结构上讲，它包括社会心理和社会意识形式两个层次。社会心理是一种低水平的

---

① 《马克思恩格斯全集》第 3 卷，人民出版社 1960 年版，第 459 页。

认识，它是人们直接与日常社会生活相联系的过程中所形成的自发的倾向和信念，是一种不系统的、不定型的、自发的反映形式。社会意识形式则是一种高水平的认识形式，它不是人们在日常生活中自发形成的，而是在反映外部事物的基础上，通过精神生产的主体——知识分子"内化"、"创造"、"生产"出来的。马克思在《1844 年经济学哲学手稿》中，把精神生产称之为"特殊的生产"，指出："宗教、家庭、国家、法、道德、科学、艺术等等，都不过是生产的一种特殊形式，并且受生产的普遍规律的支配。"① 同时在现实中，如果把认识的本质仅仅归结为反映，那么它不能解释和说明下列事实：即在现实社会实践中，人们生活在同一条件下，使用同一工具，研究同一对象，为什么有的人能生产出优秀的精神产品，而另一些人则不能呢？因此，要正确地把握认识的本质，就不能只讲反映，不讲生产。否则就会导致旧唯物主义的直观的、消极的反映论。

精神生产与物质生产相比具有不同的特征。第一，活动的性质不同。从人的生理器官的自然分工来讲，物质生产是以体力劳动为主的活动；精神生产是以脑力劳动为主的活动。一般来讲，人们从事的任何一种劳动都要动手动脑的，都要消耗一定的体力和脑力，没有脑力参加的物质生产和不消耗体力的精神生产都是不存在的。但它并不妨碍我们说，物质生产主要是以体力劳动为主的劳动，精神生产主要是以脑力劳动为主的劳动。第二，产品的形态不同。物质生产主要生产的是物质产品；精神生产主要生产的是精神产品。在现实中尽管一些精神产品也采取某种物化的形态，但就其内容和实质讲，仍属于精神性、观念性的东西。第三，主体系统不同。一般来讲，物质生产的主体是体力劳动者，如工人、农民等；精神生产的主体是脑力劳动者，如知识分子等。第四，在认识形成中的地位不同。在逻辑上，精神生产是认识产生的直接来源。精神生产先于认识而存在，认识是其活动的结果。物质生产不直接产生认识，它的存在则以认识为前提。因为它是在一定的目的、意识、计划指导下的活动。第五，本质特征不同。精神生产的过程，从一定意义上讲是一个从已知领域向未知领域探索的过程，其目的是要认识和探索前人所没有解决或没有解决好的问题。因此，探索性、创新性、风险性是精神生产的本质特征。物质生产的过程，是按照确定的程序、确定的目标、按照一定的规格、质量进行的。

---

① ［德］马克思：《1844 年经济学哲学手稿》，人民出版社 2000 年版，第 82 页。

在生产过程中，虽然有一定的经验和知识的参与、指导，但相对于精神生产来讲，物质生产本质上是一种周期性、重复性的实践活动。

文化生产力理论是马克思主义精神生产力理论的新发展。在马克思所处的时代，文化生产规模狭小，市场经济不够发达，经济与文化的联系没有像今天这样密切，文化在经济社会发展的作用尚不突出，精神活动还没有普遍的产业化、市场化。这一时代的局限性，使马克思不可能形成自己的文化生产的理论。但是，面对今天经济文化一体化的特征，显然马克思所讲的作为人类一般精神文化活动的"精神生产力"，就不能容纳这一事实。

马克思的精神生产是人的主观活动，其实质是人类认识活动，是人类认识活动的高级形式，精神生产力仅仅是创造精神财富的能力。从人类一般的精神生产理论发展到文化生产力理论，是对马克思精神生产理论的又一次提升和发展。因为虽然二者都属于人类的基本实践活动，但在马克思那里，精神生产是意识的生产，属于人类的认识活动；文化生产则属于生产活动，具有人类生产活动的一切特征，而生产活动是一种客观的物质活动，既然文化生产属于生产活动，其本质上也是一种物质生产活动。实际上我们说物质生产和文化生产这两个概念时，是从需求和生产的角度来区分的，不能因为文化生产活动生产的是文化产品，而认为它是人的纯主观的精神活动或认识活动。只要是生产活动，都是客观的物质活动。这一本质并不因为需求和产品的不同而改变。

精神生产活动是伴随人类始终的基本活动之一，在原始社会末期，生产力的发展和社会分工的出现，其中的一部分才发展成为生产活动。在漫长的人类发展史中，文化生产只占精神活动的一小部分，还不是社会的普遍现象。精神生产活动由一般的实践活动发展成为一种自觉的大规模的生产活动，经历了一个过程。从一般的精神活动发展到文化生产活动有其内在的和外在的原因。精神活动转化为文化生产活动，首先是由它本身所具有的特殊性本质决定的，是精神活动自身内在矛盾的必然结果。人类的精神活动和物质活动存在着根本区别，精神活动的特点是内在性，即人的主观的内在的东西，是与人的肉体、大脑不可分离的。但是这种内在的现象又必须通过物质的东西表现于外才能存在。德国古典哲学家黑格尔称为"让渡"。因此，精神离不开物质，无论是古代的精神创造，还是今天各种各样的文化活动都是如此。这就产生了精神与物质的矛盾。原本是自由自在的精神却又离不开物质，它处处要受物质的缠绕。精神的作品不能以纯粹精神的形式存在，而要借助于物质载体才能存在。

　　但是精神生产究竟怎样"让渡"，采取什么样的具体形式"让渡"则取决于时代发展状况和人类的需求状况。在人类社会发展的漫长历史时期，由于生产力发展水平低下，物质需求占主导地位，精神文化需求还只是极少数人的奢侈品，这种条件决定了精神活动的"让渡"或外化形式有两种基本形式，一是非生产活动方式，不通过商品交换方式使精神得到"让渡"，如极少数人的自我欣赏的形式，或者以公益的形式，等等；二是以生产经营的方式，通过商品交换的形式使精神生产得以"让渡"，即提供文化产品供人们使用和消费（欣赏和娱乐）。在当代社会，社会化大生产的发展和日趋成熟的市场经济、高科技所提供的现代化生产手段，使得精神生产的"让渡"必然采取社会化大生产的形式。随着人类社会生产力的发展，物质财富的增长，人类从整体上告别物质匮乏，精神文化需求大大提高。为满足这种需求，精神生产的"让渡"形式必然发生转化，只有采取社会化大生产的形式和市场经济机制，利用现代科学技术手段的方式，才能生产更多更好的文化产品，以满足人类日益增长的精神文化需求。因此，在当代社会，社会化大生产、市场经济机制以及现代科学技术手段就是人类精神"让渡"的最佳方式，只有依托于上述条件的文化生产活动才是我们所讨论的文化生产活动。现代文化生产直接以社会化大生产和市场经济为依托，没有社会化大生产和市场经济，也就不可能有文化生产力的形成。文化生产力是社会分工不断细化和商品生产逐步发展的必然结果。文化生产是一种大规模的社会化生产。作为一种大规模的社会化生产，它就天然地具有社会生产的基本特征，具有流通、交换、消费等基本环节，具有市场条件下经济运作的全部过程。现代科学技术直接制约着精神生产的"让渡"和物化性。"科学技术是第一生产力"在现代文化生产中体现得最为突出，20世纪文化的"进步"和"发展"，在很大程度上应从文化传播技术的提高及传播领域的扩张上来分析，文化的进步总是通过其物化形态和传播方式决定的。文化生产通过对原创文化符号（精神生产）大批量的复制生产出来，再通过市场送到消费者手中，文化生产就是应用复制技术和市场运作来完成文化传播的活动（文化生产的社会功能应是完成文化传播）。现代科学技术是精神生产转化为文化生产的关键因素。

　　进入21世纪，文化生产力飞速发展，在经济及社会发展中的作用越来越突出，面对这一现实，显然马克思所讲的作为人类一般精神文化活动的"精神生产力"，已不能说明今天的文化生产活动。把马克思的精神生产理论发展到文化生产力理论，既是实践的需要，也是马克思主义哲学本身发展的迫切要求，文化生产力理论是马克思精神生产理论的升华和发展。

下　篇

新时期中国共产党文化创新的
实践成就

十五大以来，我们党不仅在文化理论创新上提出了先进文化、社会主义核心价值体系、文化生产力等观点和思想，而且在这些思想的指引下，取得了文化创新的重大实践成就，我国文化建设出现了空前的繁荣发展。邓小平理论和"三个代表"重要思想以及科学发展观日渐深入人心；民族精神和时代精神得到进一步弘扬与发展，广大人民群众的精神面貌发生了可喜的变化，中华民族的凝聚力进一步增强。思想文化创新是党的文化创新的鲜明特征，它强调坚持马克思主义先进文化在社会主义文化中的指导地位，强调文化的意识形态属性。因而，文化创新在实践层面也必须反映和体现这一本质要求。实施马克思主义理论研究与建设工程，是繁荣和发展我国哲学社会科学空前的重大举措，对于提升我国文化软实力、确保文化安全起到了重要作用；以全国"道德模范"评选活动和央视《感动中国》节目为典范的精神文明创建活动，在培育社会主义文明道德风尚方面发挥了重要作用。坚持经济效益与社会效益统一，社会效益有限的原则，文化体制改革取得突破性进展，文化市场的面貌明显改观。弘扬主旋律、提倡多样化，在实践中探索主旋律与多样化统一的有效模式，广大文艺工作者坚持文艺"为人民服务、为社会主义服务"的方向，贯彻"百花齐放，百家争鸣"的方针，深入生活、深入群众、潜心创作，涌现出了一批思想性、艺术性、观赏性相统一的优秀文艺作品，不断满足人民群众的精神文化需求。"国家舞台艺术精品工程"等重大举措、"高雅艺术进校园"等文化活动、"农家书屋"等惠民工程、"孔子学院"等对外交流模式，从不同侧面展现文化各领域缤纷多彩、姹紫嫣红的绚丽风采和欣欣向荣的喜人景象。

第 七 章

党的十五大以来文化创新的实践历程及其成就

从党的十五大以来，在党的文化创新理论的指导下，我国文化建设坚持以先进文化为指导，以建设社会主义核心价值体系为核心内容，以文化生产力为重要发展方式，文化建设各个领域都取得了前所未有的成就。优秀作品不断涌现，文艺创作进一步繁荣；文化基础设施建设步伐加快，公共文化服务体系日益完善；文化产业蓬勃发展，文化市场体系日益完善；物质文化遗产的保护力度不断加大，优秀传统文化得到弘扬；对外文化交流空前活跃，中华文化在世界上的影响不断扩大。从党的十五大开始、经过十六大、再到十七大期间，文化发展呈现出明显的阶段性。"把握中国先进文化的前进方向"，构成了党的十五大以后文化实践创新的基本特征；深入贯彻落实科学发展观，积极推进以社会主义核心价值体系为根本的和谐文化建设，构成党的十六大以后文化创新实践的基本特征；关注文化民生、建设公共文化服务体系构成党的十七大以来文化建设的基本特征。

一 党的十五大至十六大期间文化创新的实践成就[①]

1994 年江泽民同志提出，我国思想文化建设要始终坚持"以科学的理论武装人，以正确的舆论引导人，以高尚的精神塑造人，以优秀的作品鼓舞人"。1997 年党的十五大，根据社会主义初级阶段基本路线的要求，提

[①] 本部分资料主要摘引自：孙家正《牢牢把握中国先进文化的前进方向——党的十五大以来我国文化建设的伟大成就》，《求是》2002 年第 21 期；刘琼：《面向基层、贴近生活、形式多样：群众文化健康蓬勃发展》，《人民日报》2002 年 11 月 4 日第 1 版；欧阳友权：《文化产业通论》，湖南人民出版社 2006 年版，第 14 页；江蓝生、谢绳武：《2003 年：中国文化产业发展报告》，社会科学文献出版社 2003 年版，第 12 页。

出建设有中国特色社会主义经济纲领、政治纲领的同时，正式提出了建设有中国特色社会主义文化纲领。指出："有中国物色社会主义的文化，就其主要内容来说，同改革开放以来我们一贯倡导的社会主义精神文明是一致的。文化相对于经济、政治而言。精神文明相对于物质文明而言。""建设有中国特色社会主义的文化，就是以马克思主义为指导，以培育有理想、有道德、有文化、有纪律的公民为目标，发展面向现代化、面向世界、面向未来的，民族的科学的大众的社会主义文化。"① 党的十五大是改革开放新时期，我们党由"社会主义精神文明"转变为"中国特色社会主义文化"的转折点。2000 年，江泽民同志提出"三个代表"重要思想，其中之一是明确提出中国共产党始终代表"中国先进文化的前进方向"，2001 年，江泽民在庆祝中国共产党成立 80 周年大会上指出，"坚持什么样的文化方向，推动建设什么样的文化，是一个政党在思想上和精神上的一面旗帜"。始终代表中国先进文化的前进方向，突出了社会主义先进文化的伟大历史作用，体现了文化建设对党的建设的重要意义，是中国特色社会主义文化建设的一个重要的理论创新成果。

党的十五大到十六大的五年，我们党在文化上提出了一系列创新思想，我们党对文化建设的战略地位和重大意义的认识越来越提高，文化自觉越来越强，文化建设的指导思想、发展方向、目标任务更加明确。党的文化创新理论极大地推进了文化实践的创新。广大文化工作者坚持先进文化的前进方向，全面贯彻党的文艺方针，有力地推动了文化事业的全面繁荣和发展。因此，强调"把握中国先进文化的前进方向"，构成了党的十五大到十六大期间文化实践创新的基本特征。

（一）以先进文化引领，文艺创作百花争妍，优秀作品不断涌现

在坚持"先进文化的前进方向"、"以优秀的作品鼓舞人"等思想的指引下，文化艺术领域"弘扬主旋律，提倡多样化"，作品基调健康向上，内容形式丰富多彩，城乡广大人民群众的精神文化生活日益丰富。文艺工作者高举邓小平理论伟大旗帜，贯彻"三个代表"重要思想，坚持先进文化的前进方向，深入基层、贴近生活、汲取艺术营养，努力创作反映广大

---

① 江泽民：《高举邓小平理论伟大旗帜，把建设有中国特色社会主义事业全面推向二十一世纪》，载《十五大以来重要文献选编》（上），人民出版社 2000 年版，第 35—36 页。

人民生活、为大众喜闻乐见的文艺产品。由文化部和财政部联合实施的重点文化项目"国家舞台艺术精品工程"，自 2000 年启动以来，每年都将评选出 10 台精品，在社会产生了强烈反响，引起广泛关注。

艺术产品的市场营销意识明显增强，1997—2001 年，全国艺术表演团体共创作推出了 2.3 万余台新剧节目，其中一批剧目演出超百场，甚至上千场，文化部门所属艺术表演团体平均每年演出 42 万场，平均每团每年演出 160 场次。五年中观众人数达 24 亿人次，演出收入逐年增加，2001 年达到 5.74 亿元，比 1996 年的 3.98 亿元增长了 1.76 亿元，提高了演出的经济效益和社会效益。为配合党和国家一些重大纪念、节庆活动，举办了迎接香港回归大型文艺晚会《回归颂》，迎接澳门回归大型音乐会，纪念党的十一届三中全会召开 20 周年文艺晚会，庆祝中华人民共和国成立 50 周年大型晚会《祖国颂》等一系列大型文艺活动，社会反响热烈。健康向上的基层活动内容不断丰富充实，群众喜闻乐见的活动方式得到总结推广，文艺下乡制度灵活多样、行之有效。1996 年以来，有关部门先后精心组织了"老区特区心连心艺术团"、"京九文化列车"和"南昆文化列车"等一批文化下乡慰问演出活动。5 年间共组织各类基层文化活动 138.66 万次，举办展览 50 万个，开办培训班 66 万期次。文艺下乡示范性演出，由点到线，由线及面，加强了基层文艺队伍的创作力量，激活了基层文艺的造血功能，文艺由"下乡"而扎根当地，极大地丰富了基层人民群众的文艺生活。

（二）文化事业经费投入明显增加，文化基础设施建设步伐加快

20 世纪 90 年代开始，在各级党委、政府的重视和支持下，政府投入大量资金，开展文化下乡、文化扶贫、万村书库工程、文化先进县评选等活动。1997—2001 年，全国文化事业经费总支出 488.23 亿元，基本建设实际完成投资额 104.2 亿元。国家财政对公共图书馆的投入达 60.86 亿元，5 年新购图书 3570 万册，图书馆流通总量达 9 亿多人次。基础文化设施有了极大的改善，群艺馆、文化馆、图书馆、文化站"三馆一站"建设，纳入城乡建设整体规划的重点，基本形成了覆盖城乡的群众文化工作网络，90% 以上的县实现了县有文化馆、图书馆，乡镇有综合性宣传文化站的目标。截至 2001 年，全国县以上的公共图书馆有 2696 所，群众艺术馆共有 402 个，文化馆 2851 个，乡镇文化站 40138 个，农村集镇文化中心

20117 个，图书室 55846 个，文化户 160176 户，群众业余演出团（队）32903 个，农村文化基本队伍建设得到加强，从业人员达 16.9 万人。

各类专项经费投入力度明显加大，兴建了一批重点基础文化设施工程，新建、改建和扩建了部分图书馆、博物馆、文化中心、影剧院和音乐厅等公共文化设施。5 年中交付使用的工程项目有 1047 项，面积达 396.3 万平方米。2000 年，国家大剧院正式开工建设，国家博物馆、中国美术馆改扩建工程、国家图书馆二期工程暨国家数字图书馆工程、为期 20 年的故宫博物院地下展厅和古建筑维修工程也正在抓紧进行。仅中央一级文化设施建设就预计投资 90 亿元。各地也根据当地实际情况，建设了一批重点文化设施。充分利用高新技术手段，启动了文化信息资源共享工程。为了解决农民看电影难的问题，1998 年，国家计委、广播电影电视总局、文化部联合发起跨世纪的农村电影放映"2131"工程，即在 21 世纪初基本实现全国农村一村一月放映一场电影。农村文化建设出现新气象。推动"星火电视下千县"活动，努力搞好农村电影发行放映工作。1998 年为解决广播电视覆盖"盲村"群众听广播、看电视的问题，国家广电总局启动了"广播电视村村通"工程。国家对基层文化建设的投入力度进一步加大，特别是加强了对西部地区、少数民族地区文化建设的扶持力度。为了改善西藏、新疆等西部边远少数民族地区广播影视基础设施条件，2000 年国家实施"西新工程"。文化部与国家计委落实了 4 亿元补助投资，主要用于"十五"期间西部贫困地区图书馆、文化馆空白点的建设。为改善西部地区农牧民文化生活贫乏状况，为部分西部省区配备了流动文化车。在地广人稀、人口分散的少数民族地区、边疆地区、边远地区和农牧区，积极发展流动文化车、汽车图书馆和流动剧场。长达 3.9 万公里的"全国万里边疆文化长廊"，经过 10 年建设，已经在沿边沿海边疆地区形成了一条较大密度的文化设施网络，对边疆地区的文化、经济和社会的发展发挥着重要作用。

（三）文化产业发展迅猛，逐步建立了比较完善的文化市场体系

1998 年 8 月，文化部文化产业司成立并制定工作规则，这是政府部门第一次设立文化产业专门管理机构。2000 年 10 月，《中共中央关于制定国民经济和社会发展第十个五年计划的建议》，提出了"深化文化体制改革"、"完善文化产业政策"的任务，并首次在政府文件中使用"文化产

业"概念。文化主管部门初步明确了文化产业发展的思路和对策，确定了"十五"期间文化产业发展的基本方针、主要目标和基本任务。各级文化部门加大了对文化市场治理整顿力度，相继开展了一系列专项治理行动，逐步解决了人民群众广泛关注的热点问题，文化市场体系逐步确立，文化市场日益繁荣。截至 2001 年底，文化部门主管的文化娱乐业、音像分销业、演出经纪与代理业、艺术品经营等门类的产业单位共有 22.3 万个，从业人员近 92 万人，固定资产原价 468 亿元，年上缴各项税金 20.2 亿元，创增加值 118.9 亿元。

我国文化产业增加值 1998 年为 207.62 亿元，2001 年为 210.68 亿元，这三年的增长速度为 1.47%，而 2002 年就发展到了 250 亿元，比 2001 年增长了 18.66%。这一期间，一些新兴文化产业异军突起，如信息产业，中国 20 世纪 90 年代以来的信息产业发展始终以超过 GDP 数倍的速度增长，2002 年已经超过 1.6 万亿元。与此同时，社会力量所办的文化产业发展更为迅猛。1990 年，社会所办的文化产业在总量上还远远小于文化系统，但到 1998 年，社会所办文化产业机构总数已经是文化系统的 2.7 倍，从业人员为 1.5 倍，所创增加值为 1.5 倍。初步形成了由文艺演出市场、电影电视市场、图书音像市场、文化娱乐市场、文化旅游市场、艺术培训市场、广告传媒市场等门类构成的文化市场框架体系。

（四）加大物质文化遗产的保护力度，历史文化遗产保护取得显著成绩

贯彻落实"保护为主，抢救第一，合理利用，加强管理"的方针，文物保护专项经费的投入力度逐年加大，及时抢救和保护了一大批濒临损坏的珍贵文物，西藏布达拉宫、秦始皇兵马俑、延安革命旧址等一批重点文物得到修复。从 1997 年到 2001 年，对 5145 个文物保护单位进行了维修，维修面积达 464.8 万平方米。进一步加强了对古遗址、古墓葬特别是大遗址的保护和规划工作。以配合基本建设为主，考古勘探、调查、发掘工作成绩显著。三峡文物抢救保护工作取得阶段性成果。公布了第五批全国重点文物保护单位，全国重点文物保护单位由 750 个增至 1268 个。中国的世界文化和自然遗产增加到 28 处，名列世界第三位。非物质文化遗产保护受到广泛关注，2001 年，昆曲被联合国教科文组织列入《世界人类口头与非物质遗产代表作名录》。2002 年，民族民间文化遗产保护工程开始启

动。全国博物馆的数量和质量有了新的提高，2001 年全国有博物馆 1454 个，文物藏品 1260 余万件。陈列展览工作日益活跃，1997—2001 年，全国文博机构举办各种陈列 21057 个，举办展览 29263 个，参观总数达 13.17 亿人次。

（五）对外文化交流空前活跃，中华文化在世界上的影响不断扩大

这一时期，中国对外文化交流从服从、服务于现代化建设和国家外交大局出发，积极主动地向世界介绍中国优秀的文化，特别是当代中国的新文化，以增进中国人民与世界各国人民的了解和友谊，在树立社会主义现代化中国的形象，促进国家政治关系的发展上发挥了不可替代的独特作用，成为中国外交工作中继经济、政治之外的第三大支柱。党的十五大到十六大的 5 年，对周边国家的文化交流稳步发展，多边和区域文化合作取得明显进展，对非洲和广大发展中国家的文化交流力度不断加大，同美国、俄罗斯、日本、欧盟等重点国家和地区的文化交流有了突破性进展，在法国、韩国、埃及和马耳他设立中国文化中心的各项工作取得实质性进展，逐步构建了全方位对外文化交流的新格局。1997—2001 年，中国已与 160 多个国家和地区有不同形式的文化往来，与数千个外国和国际文化组织保持着各种形式的联系。中国政府与各国共签订了 13 个文化协定，133 个文化合作协定执行计划，经文化部批准的文化交流往来项目达 8158 项。民间交流发展迅猛，每年有 1 万多起，占整个对外文化交流项目的 90% 以上。一些大型对外文化活动效果显著，对外文化交流的渠道更加宽广，初步形成了官方和民间并重、政府交流项目和商业展演项目并举、临时项目派出和文化中心建设并行的对外文化交流体系。

二　党的十六大至十七大期间文化创新的实践成就[①]

党的十六大到十七大的五年，是中国社会主义文化建设稳步推进、全

---

①　本部分资料主要摘引自：孙家正：《大发展大繁荣是广大文化工作者的不懈追求——十六大以来文化建设成就巡礼》，《求是》2007 年第 18 期；单三娅：《兴奋中有忧虑艰难中见希望》，《光明日报》2004 年 12 月 24 日第 T00 版；张宗堂、周玮、赵超、白瀛等：《党的十六大以来我国文化体制改革发展纪实》，《人民日报（海外版）》2010 年 8 月 13 日第 1 版；谌强：《非遗保护：文化建设重要内容》，《光明日报》2011 年 2 月 20 日第 1 版。

面发展的五年。2003 年 12 月，胡锦涛在全国宣传思想工作会议上提出"坚持把积极发展文化事业和文化产业作为宣传文化部门的重要任务"。2005 年 10 月 11 日，《中共中央关于制定国民经济和社会发展第十一个五年规划的建议》提出："丰富人民群众精神文化生活。积极发展文化事业和文化产业。"在以胡锦涛同志为总书记的党中央的领导下，广大文化工作者坚持以邓小平理论和"三个代表"重要思想为指导，深入贯彻落实科学发展观，积极投身以社会主义核心价值体系为根本的和谐文化建设，文化氛围更加融洽和谐，文化创新更加积极活跃，文化产品日益丰富，文化服务质量不断提高，文化建设与政治建设、经济建设、社会建设协调发展，文化领域大团结、大繁荣、大发展的良好局面已初步形成。

（一）文艺创作进一步繁荣，优秀作品不断涌现

十六大以后，广大文化工作者坚持贴近实际、贴近生活、贴近群众，坚持民族化、大众化、精品化的创作取向，坚持精品剧目创作生产与创新体制机制相结合，创作出了一大批面向群众、面向市场的优秀作品。"实施艺术精品战略"，带动文艺创作园地百花争艳。自 2002 年起，启动"国家舞台艺术精品工程"，资助 150 台舞台艺术各门类的佳作，推出 40 台原创民族文艺作品，培养了一批名牌院团和名牌剧目。国家实施的"国家舞台艺术精品工程"，在十六大到十七大期间共进行了三届。2004 年，第二届"国家舞台艺术精品工程（2003—2004 年度）"评选，从全国申报的 85 部作品中选拔出来 30 台剧目，最后，通过评审组评价与社会评价相结合的评价方法，舞剧《大梦敦煌》、话剧《父亲》、儿童剧《一二三，起步走》、歌舞《八桂大歌》、话剧《虎踞钟山》、梨园戏《董生与李氏》、舞剧《大红灯笼高高挂》、京剧《膏药章》、川剧《变脸》、话剧《万家灯火》等 10 部作品荣获了 2003—2004 年度"十大精品剧目"的称号。综观这些剧目，都有较好的市场业绩：话剧《虎踞钟山》、梨园戏《董生与李氏》已经演出 130 余场，话剧《父亲》已在 10 余个省份演出 270 场，川剧《变脸》已经演出 168 场，舞剧《大红灯笼高高挂》在国内外演出 105 场，京剧《膏药章》、舞剧《大梦敦煌》、话剧《万家灯火》、戏曲蒙古剧《满都海斯琴》均已有百场业绩，儿童剧《红领巾》已演出 330 场，儿童剧《一二三，起步走》更是创下了在 10 多省市演出 3400 余场的纪录。民族音画《八桂大歌》也完成了 80 多场的演出。虽然这些演出场次对于我

们这么一个人口大国来说还不算多，但已经可以看出艺术家们努力地在市场上为舞台艺术争得了一席之地。

自 2005 年起，实施"重大历史题材美术创作工程"，拟创作 100 幅（件）反映 1840 年以来中国人民革命历程以及社会主义建设的历史题材美术作品；启动"国家美术作品收藏和捐赠项目"，设立"国家美术作品收藏和捐赠奖励资金"，用于抢救与收藏 20 世纪具有代表性的重要美术作品；改革重大艺术活动举办方式，艺术精品的引导、带动作用得到了更充分的发挥。将"文华奖"与第七届中国艺术节相结合，整合了大型赛事和展演，扩大了院团面向市场、政府引导创作的平台。精心组织纪念邓小平诞辰 100 周年、抗日战争和世界反法西斯战争胜利 60 周年、长征胜利 70 周年的大型文艺晚会等重大演出活动，赢得了各界的广泛好评。

这一时期，国家加强了对传统艺术的抢救、保护和扶持，中华民族文化瑰宝在创新中薪火相传。国家完成了地方戏、京剧、昆曲、话剧、儿童剧、交响乐、民族歌剧音乐剧、舞剧舞蹈、杂技、曲艺、木偶皮影等一系列现状调查报告，进一步提高了决策的科学性和针对性。实施昆曲艺术抢救、保护和扶持工程，在昆曲优秀传统剧目的挖掘与整理、昆曲新剧目的创作、昆曲优秀折子戏录像、昆曲普及公益性演出、昆曲资料的抢救与保存、昆曲人才培养等方面，开展了一系列卓有成效的工作，有力地推动了昆曲艺术的传承与发展。开展全国重点京剧院团评估工作，共评选出 11 个全国重点京剧院团和 17 个省级重点京剧院团，在此基础上制定了《国家重点京剧院团保护和扶持规划》。先后举办多届中国京剧节、昆曲节、越剧节、评剧节、全国地方戏优秀剧目展演等活动。2007 年为中国话剧百年华诞举办了多项活动，迎来了话剧发展的新阶段。

同时，坚持面向群众、服务基层，艺术普及活动蓬勃开展，极大丰富了群众文化生活。各地艺术院团深入广大农村和贫困地区、革命老区、少数民族地区进行慰问演出。2002—2006 年，在农村演出场次达 136 万场，观众人数超过 20 亿人次。自 2006 年以来，文化部、教育部和财政部联合实施"高雅艺术进校园活动"。以"走近大师，感受经典，陶冶情操，提高修养"为主题，采取组织国家级艺术院团和优秀地方艺术院团赴高校演出，组建全国普通高校艺术教育专家讲学团赴中西部高校讲学，以及开展全国普通高校和中学普及高雅艺术活动等形式，用高雅艺术引领校园文化活动。2006 年，文化部直属院团奔赴全国 14 个城市的 98 所高校，免费为十几万大学生奉献了 111 场高雅艺术的演出，把代表人类优秀文化成果的艺术作品送进校园，让大学生走近高雅艺术，丰富了大学生的课余生活、促进了大学生全面发展，深受广大学生的热烈欢迎。

（二）文化基础设施建设步伐加快，公共文化服务体系日益完善

"公共文化服务体系"是党的十六大以后提出来的，在这之前，我们将"文化事业"、"文化基础设施"等统一意义上使用的。2005 年 10 月，党的十六届五中全会首次提出要"逐步形成覆盖全社会的比较完备的公共文化服务体系"，全国各地不断加大公共文化服务体系建设力度，在公共文化设施建设、公共文化产品生产、公共文化服务形式和内容创新等方面取得了一系列显著的成绩。为配合社会主义新农村建设，公共文化服务网络逐渐向农村延伸，县、乡两级公共文化服务网络进一步形成。在政府主导、社会力量积极参与下，农村和中西部地区公共文化服务网络得到较大改善，公共文化产品供给能力大幅度提高，公共文化服务体系进一步健全。

十六大到十七大的 5 年，国家财政对文化事业的投入达到了历史最高水平。全国文化事业经费累计达到 580.82 亿元，年均增长 22.5%，2006 年全国文化事业经费比 2001 年增加 88.6 亿元。重大文化项目的建设力度不断加大，而且成为推动文化工作的有力抓手，带动了各地文化经费的增加和公共文化资源的整合。国家一大批重点文化设施相继开工或投入使用，各地重点文化设施建设也取得了显著成效，形成了新中国成立以来文化设施建设的新高潮。5 年来，国家投入舞台艺术精品工程近 2 亿元。全国文化信息资源共享工程自实施以来，中央财政投入资金 9.03 亿元，地方财政安排配套资金超过 7 亿元。流动舞台车工程拟投资 3 亿元，购进 1000 辆车，现已完成投资 1 亿元。2003 年开始实施的送书下乡工程，已完成投资 8000 万元。

5 年来，全国共完成基建投资 153.73 亿元，并以年均 10.8% 的速度逐年增加。大中型文化设施建设项目显著增加，其中中央重点文化设施建设项目总建筑面积 62.18 万平方米，概算总投资 90.71 亿元，已完成投资 47.69 亿元。中央补助 1186 个基层文化设施建设项目共 5 亿元。此举带动了各地对县级图书馆、文化馆建设的投入，各地配套资金达到 14 亿元，基本实现了县县有图书馆、文化馆的建设目标。

国家文化部和财政部联合实施全国文化信息资源共享工程，为城乡群众提供了先进的数字化文化服务。2006 年已整合数字资源量达到 60TB，相当于 1500 万册电子图书或 55560 小时视频节目，辐射上亿人口，在丰富广大人民群众特别是经济欠发达地区群众的精神文化生活，缩小城乡之间、区域之间文化发展差距等方面发挥了重要作用。1998 年国家广电总局启动的"广播电视村村通"工程，至 2005 年已解决了近亿广播电视覆盖"盲村"群众听广播、看电视问题，广播、电视人口综合覆盖率也分别从 1997 年的 86.02% 和 87.68%，提高到了 2005 年的 84.48% 和 95.81%。实施送书下乡、流动舞台车工程等一系列重大文化共享工程，为城乡群众提供了丰富的公共文化资源。充实基层文化机构的服务内容，基层群众看书难、看戏难的问题得到一定程度的缓解。

着力加强农村公共文化建设，农民文化生活质量有所提高。在中办、国办《关于进一步加强农村文化建设的意见》指导下，地方财政也努力增加农村基层文化投入，并积极创新投入方式和管理模式。各级文化部门充分发挥公共文化机构的作用，挖掘优秀民族民间文化资源，开展各种文娱活动、民俗活动，活跃农民群众的文化生活。农民自办文化活动蓬勃兴起，已成为新时期农村文化生活的重要形式和国办文化的重要补充。这期间，文化建设的财政投入逐渐向西部倾斜，累计对农村投入 159.44 亿元，并以年均增长 16.5% 的速度快速增加，自 2006 年起，国家财政安排"农村文化建设专项资金"，通过"以奖代补"的方式，支持中西部地区开展有地域特色、适合当地风俗的农村文化活动，促进农村普及文化和特色文化协调发展。仅 2006 年对农村文化的投入就达到 44.6 亿元，占总投入的 28.5%，比 2001 年增加了 1.8 个百分点。中央和省级财政设立了专项扶持资金，加大对农村地区特别是老、少、边、穷地区文化建设的扶持力度，配合西部大开发战略，国家财政逐年加大了对西部地区的文化投入力度，五年累计投入 126.09 亿元，年均增长 15.4%，仅 2006 年对西部地区的文化建设就投入 34.3 亿元。

（三）文化产业蓬勃发展，产业新格局初步形成

从 2002 年 11 月党的十六大报告首次提出"积极发展文化事业和文化产业"，"根据社会主义精神文明建设的特点和规律，适应社会主义市场经济发展的要求，推进文化体制改革"，为新的历史时期深化文化体制改革，

加快文化事业发展指明方向。党的十六大到十七大的 5 年，我国文化体制
经历了一场波澜壮阔的深刻变革，是我国文化产业蓬勃发展的时期。2003
年 6 月，包括深圳在内的 9 个地区和 35 个文化单位成为文化体制改革试
点。试点地区和单位积极培育市场主体、深化内部改革、转变政府职能、
建立市场体系。2005 年出台了《关于深化文化体制改革的若干意见》，我
国文化产业在各项政策的指引和扶持下快速发展。2006 年 3 月，中央召开
全国文化体制改革工作会议，新确定了全国 89 个地区和 170 个单位作为
文化体制改革试点。

文化体制改革在稳步推进的基础上，走上全面推开的新里程。2006 年
9 月，中共中央办公厅、国务院办公厅印发《国家"十一五"时期文化发
展规划纲要》，对"十一五"时期文化发展的指导思想、方针原则、目标
任务作出全面阐述，对进一步加快文化建设、推动文化体制改革作出部
署。十六大以来，随着国家一系列鼓励发展文化产业的政策措施相继出
台，大量资本和人力资源进入文化产业，一个以公有制为主体、多种所有
制共同发展的文化产业新格局正在逐步形成。2004 年和 2006 年，文化部
分两批命名了 78 家国家文化产业示范基地。国家设立了奖励文化产品出口
专项资金。2006 年我国文化及相关产业实现增加值 5123 亿元，比 2005 年增
长 17.1%，增长速度高出同期 GDP 年增长速度 6.4 个百分点。2006 年文化
产业增加值占 GDP 的比重为 2.45%，文化产业对 GDP 增长的贡献率为
3.41%，拉动 GDP 增长 0.36 个百分点。文化产业成为提供就业机会的国民
经济重要行业、产业结构优化的主导行业和经济增长的重要支柱产业。

在政策的引导和推动下，文化企业向着集团化方向发展，并带动文化
产业向集群化方向发展。全国各地涌现出许多像中国对外文化集团、北京
儿童艺术剧院股份有限公司、江苏演艺集团等大中型国有或国有控股文化
企业，以及上海盛大网络、北京麦乐迪、浙江宋城集团等一大批民营龙头
文化企业。在大型文化企业和企业集团的带动下，我国文化产业的聚集效
应明显增强，规模化、集约化、专业化水平不断提高。这一时期，文化产
业多元化投资格局初步形成。国家颁布了《关于非公有资本进入文化产业
的若干决定》等一系列文件。民营文化企业已成为发展文化产业的一支不
可缺少的重要力量。2005 年，内资私营文化企业营业收入达 1913.1 亿元。
外资进入文化领域的积极性也不断增强。目前，我国已初步形成了以公有
资本为主体，民营和外资迅速进入的多元化文化产业投资格局。这一时

期，一些新兴的文化产业迅猛发展。如网络游戏市场规模在 2006 年已达到 65.4 亿元，与 2005 年相比，发展增速高达 73.5%，为相关行业带来的直接收入达 333.2 亿元，已经成为全球最具发展潜力的市场。在政府的引导和支持下，一批有实力的文化企业积极开拓国际文化市场，培育出一批具有民族特色、自主知识产权和原创性的知名文化品牌，演出收入大大提高，影响力大大提升。有的剧目节目已接近或达到国际演艺产品的价格水平，如上海城市舞蹈公司推出的杂技芭蕾舞剧《天鹅湖》，国际演出价格最高的场次达 5 万美元，创下我国舞台剧国际商业演出单场收入的最高纪录。

（四）文化遗产保护力度不断加大，优秀传统文化得到弘扬

2005 年，国务院下发了《关于加强文化遗产保护的通知》，国家设立了"文化遗产日"，成立了国家文化遗产保护领导小组，文化遗产保护宣传深入人心，社会各界保护文化遗产的意识逐渐增强。贯彻"保护为主，抢救第一，合理利用，加强管理"的方针，文物保护工作全面推进。国务院公布了第六批全国重点文物保护单位 1080 处，全国重点文物保护单位总数达到 2351 处。组织开展了第六批全国重点文物保护单位保护状况调查，制定了保护方案。文物保护科技水平不断提高。我国拥有的世界遗产达到 35 处，位居世界前列。同时，非物质文化遗产保护工作提上政府重要议事日程，并取得突破性进展。2003 年启动了中国民族民间文化保护工程，2005 年国务院办公厅发布了《关于加强我国非物质文化遗产保护工作的意见》，成立了中国非物质文化遗产保护中心。大多数省、区、市建立了省级非物质文化遗产保护中心。2005 年启动了全国非物质文化遗产普查工作。2006 年 5 月，国务院批准公布了第一批国家级非物质文化遗产名录项目 518 项，涉及 758 个申报地区或单位。目前，全国各省、区、市都已建立了省级非物质文化遗产名录。

（五）对外及对港澳台文化交流日益活跃，中华文化在世界上的影响不断扩大

中国的对外文化交流持续向广度和纵深发展，5 年来先后与 145 个国家签订政府间文化合作协定和近 800 个年度文化交流执行计划，同世界上大部分国家保持着良好的文化交流关系，在重要外交场合和国际多边场合

开展了丰富多彩的文化外交活动。文化交流服务于国家外交大局的优势进一步发挥，在出访国组织一系列影响较大的文化活动，有力地配合了党和国家领导人的出访活动。充分利用举办"文化年"、"文化月"、"文化周"、"文化节"等方式，加强了对重点国家和地区的文化交流。大型国际文化活动逐渐成为在世界上广泛传播中华文化的重要载体。海外中国文化中心建设取得历史性突破。与联合国教科文组织及其他国际文化组织的联系与合作进一步加强，中国在国际社会的地位进一步提高。另外，与香港、澳门特别行政区和台湾地区的交流与合作领域不断拓展，增进了港澳台同胞对中华文化的认同。5 年来，年均交流项目逾 200 项，8000 余人次，呈现出渠道增多、范围扩大、层次提高的特点。

三　党的十七大以来文化创新的实践成就[①]

关注文化民生、建设公共文化服务体系构成党的十七大以来文化建设的基本特征。从关注文化民生、满足老百姓的基本文化需求、实现人民群众的基本文化权益着手，加大公共文化建设投入，构建公共文化服务体系，让最广大的人民群众享受文化发展成果，构成十七大以来文化建设的突出特征。党的十七大以后，我国文化发展进入了一个新的阶段。广大文艺工作者主动深入人民群众，深入社会实践，重心下移，服务下移，积极参与公共文化服务体系建设。2011 年 11 月 15—18 日召开的中共十七届六中全会通过的《中共中央关于深化文化体制改革推动社会主义文化大发展大繁荣若干重大问题的决定》提出，进一步强调要构建完善覆盖城乡、结构合理、功能健全、实用高效的公共文化服务体系，保障民众文化权益。

---

① 本部分资料摘引自：陈原：《我国公共文化服务体系建设成就显著——文化阳光暖民心》，《人民日报》2011 年 9 月 25 日第 1 版；杨雪梅：《改革不断推进，文化空前繁荣——十七大以来文化建设成就综述（上）》，《人民日报》2011 年 10 月 4 日第 1 版；《让人民群众共享文化发展成果——十七大以来文化建设成就综述（下）》，《人民日报》2011 年 10 月 5 日第 1 版；屈菡：《让人民群众乐享文化发展成果——我国公共文化服务体系建设成绩显著》，《中国文化报》2011 年 9 月 30 日第 1 版；李舫：《阔步迈向大发展大繁荣——我国"十一五"期间文化建设、文化体制改革发展综述》，《人民日报》2010 年 10 月 15 日第 1 版；文化部部长蔡武：《我国将进一步完善支持文化产业发展政策》，《中国老区建设》2011 年第 1 期。

（一）加快建设公共文化服务体系，让人民群众共享发展成果

公共文化服务体系是以保障公民基本文化权益、满足基本文化需求为目的，以政府为主导的公共文化事业，所以，加强基层文化设施建设是公共文化服务体系建设的首要任务。"十一五"以来，对城市和农村地区文化建设的投入已实现"翻一番"，5 年同比增幅分别达到 110.24% 和 140.98%，人均文化事业费从 2005 年的 10.23 元增加到 2009 年的 21.9 元，同比增幅 114.07%。财政部还从 2009 年起，实施城市社区文化中心（文化活动室）设备购置计划，到 2009 年底，全国共有县级公共图书馆 2491 个，覆盖率达到 87.16%；县级文化馆 2862 个，覆盖率达到 100%；乡镇（街道）文化站 38736 个，覆盖率达到 94.8%，基本实现了"乡乡有综合文化站"的建设目标，覆盖城乡的公共文化服务网络已初步形成。

全国文化信息资源共享工程正稳步推进，至 2009 年底，数字资源量达 92.27TB，基本建成资源丰富、技术先进、服务便捷、覆盖城乡的数字文化服务体系。2009 年底，已建成 1 个国家中心，33 个省级分中心，县级支中心达到 2814 个，覆盖率达到 96%；乡镇基层服务点达到 15221 个，覆盖率达到 44%。"广播电视村村通"工程是新中国成立以来，全国广电系统实施的投入最多、时间最长、覆盖面最广、受益人数最多、人民群众最欢迎的一项系统工程，使广播电视综合覆盖水平明显提高，提供的广播电视节目内容越来越丰富。我国广播、电视人口综合覆盖率分别从 1997 年的 86.02% 和 87.68% 提高到 2009 年的 96.31% 和 97.23%。解决基层群众看电影难问题的农村电影放映工程取得初步成效，农村数字电影流动放映系统服务监管平台、农村数字电影的供片体系和覆盖全国的农村数字电影放映网络目前已经初步建立；"广播电视村村通"工程和西新工程成效卓著。2006—2010 年，中央财政已投入专项资金 32 亿元，用于补助中部地区贫困县和西部地区 20 户以上已通电自然村的"村村通"建设；中央财政累计投入资金 48.5 亿元，实施了农村中央广播电视节目无线覆盖工程建设。"农家书屋"也是我国为解决农村人口阅读难而开展的公益文化事业，"农家书屋"工程自 2007 年实施以来到 2010 年，全国已建成农家书屋 24 万个。

在加强基础文化服务设施建设的同时，改善和创新服务方式也成为公共文化服务体系建设的重要内容。2009 年全国向社会免费开放的各级文化

文物部门归口管理的公共博物馆、纪念馆达 1447 家，2011 年底，所有文化部系统的图书馆、博物馆、文化馆都免费开放，中央专门拨付的财政补助经费已经全部到位。有数字显示，2009 年中央财政对地方各项文化工程资金投入取得突破性进展，总量达到 30.59 亿元，比 2008 年增加 8.92 亿元，增长 41%，中央财政还安排免费开放专项经费 20 亿元，重点补助地方博物馆纪念馆免费开放所需资金，为加强公共文化服务体系建设提供了有力的支持和保障。

（二）文化建设繁荣发展，让人民共享艺术发展的优秀成果

深入基层，让文化艺术为广大群众服务。在有关部门的倡导下，以中国东方演艺集团与福建南安市蓉中村建立了战略合作关系为先导，国家交响乐团在重庆南岸迎龙镇建立了服务基层基地，国家京剧院与中国人寿建立了战略合作关系，中央芭蕾舞团与上置集团有限公司建立战略合作关系，国家画院在天津蓟县盘龙谷文化城建立了创作基地。专家认为，这些合作关系的建立将使文化下乡有一个长效机制，真正实现文化常下乡、常在乡。文化部于 2009 年开展了首届优秀保留剧目大奖评选，从 1200 多部申报作品中评选出越剧《五女拜寿》等 18 台优秀保留剧目，并组织这些精品在全国 31 省市区和港澳台地区的 100 多个城市开展巡演，以政府搭台、市场运作、让人民共享艺术发展的优秀成果为宗旨，在规定时间内，院团完成一定的场次任务后，文化部予以奖励。这一模式有效地调动了艺术院团和演出公司、剧场、院线以及地方政府等多方面的积极性。目前演出总场次近 500 场，观众达 40 多万人次，其规模之大、范围之广是新中国成立以来在文化系统前所未有的。

人民群众不仅是文化的享有者，更是文化的创造者。十七大以来，文化部通过积极组织开展群众喜闻乐见的活动，使广大人民群众的创造力得到极大的释放，群众文化活动空前活跃。2010 年 2 月，名为"大地情深"的全国城乡基层群众小戏小品展演在北京举办，此次展演活动是新中国成立以来规模最大的一次城乡基层群众小戏小品展演活动，充分反映了当前基层文化建设发展繁荣、群众文化生活丰富多彩的生动局面。花鼓小戏、临县道情、曲沃碗碗腔、小淮剧等近 20 个剧种精彩亮相，小品内容涉及新农村建设、军民鱼水情、邻里关系、计划生育等社会生活的方方面面。演职人员近千人，来自各行各业，甚至包括残疾人、外国友人等。1999 年中国老年合唱节开始举办，每年举办一届，已先后在北京、山东、内蒙古、重庆等省（市、区）成功举办了 12 届，成为在全国具有广泛影响力的示范性群众文化活动。2011 年 9 月 26 日，第十三届中国老年合唱节在辽宁沈阳闭幕，来自全国各地 50 支合唱团的 2000 多名老年朋友通过合唱这种艺术形式，展示了中国老年人积极乐观、老有所为的精神风貌。作为城市重要成员的外来务工人员的文化生活也开始活跃。2011 年 1 月，在北京五棵松体育馆成功举办了"我们的节日——2011 年春节慰问外来务工者文艺晚会"。参加演出的 200 多名演员都是从外来务工者中脱颖而出的文艺人才。晚会以"保障外来务工者基本文化权益、丰富外来务工者节日文化生活"为出发点，以"演农民工、农民工演、农民工看"的方式，尊重和突显了人民群众在文化建设中的主体地位。

（三）文化产业快速增长，促进文化大繁荣大发展

文化产业的快速增长，不仅是国民经济发展的重要增长点，更重要的是成为满足人民群众精神文化需求的重要途径。保障公民的基本文化权益，主要依靠以政府为主导的公共文化事业，建立健全公共文化服务体系，在现代社会，满足人们的精神文化需求，也同样离不开文化产业的发展。党的十七大以后，"文化大发展大繁荣"、"文化创造活力"、"文化软实力"、"文化生产力"等新词频现，体现了党中央在新世纪新阶段对文化发展的新思路和新部署。十七大从中国特色社会主义事业"四位一体"总体布局的战略高度，提出兴起社会主义文化建设新高潮、推动社会主义文化大发展大繁荣的战略任务。2009 年 7 月，中国第一部文化产业专项规划——《文化产业振兴规划》出台。2010 年 7 月，胡锦涛总书记主持中央政治局第二十二次集体学习时强调，一定要从战略高度深刻认识文化的重要地位和作用，以高度的责任感和紧迫感，顺应时代发展要求，深入推进文化体制改革，推动社会主义文化大发展大繁荣。

党的十七大以来，文化体制改革大踏步前进，文化生产力进一步解放和发展。目前，全国近 3000 家新华书店已有 2900 多家转企改制。全国148 家中央部门和单位出版社，已有 102 家核销事业编制，地方需要转企改制的出版单位已基本完成任务。35 家需转企改制的电影制片厂已全部完成，204 家省市电影公司、293 家影院以及 58 家电视剧制作机构完成转企改制。文化部门通过大力推进经营性文化事业单位转企改制，国有文化单

位的发展活力和市场竞争力显著增强。文化部直属 6 家事业单位转企改制，组建中国对外文化集团公司、中国东方演艺集团有限公司、中国文化传媒集团有限公司和中国动漫集团有限公司等 4 家国有文化企业。全国一大批演出公司、电影公司、音像公司、影剧院完成转企改制，成为合格文化市场主体。国有文艺院团体制改革全面推进，截至 2010 年上半年，全国转企改制的国有文艺院团达到 228 家。北京、辽宁、吉林、上海、江苏等近 20 个省市整合资源组建了演艺集团公司，使演艺企业规模不断扩大，竞争力得到增强。文化体制改革使文化生产力进一步解放和发展，文化产业规模迅速壮大，文化产业投资和文化资源开发持续升温，大量资本和人力资源涌进文化领域，文化产业成为社会资本追逐的新热点，文化产业多元化投资格局开始形成。一大批有活力、有实力、有竞争力的文化企业脱颖而出，新华文轩、光线传媒、歌华有线、电广传媒、华谊兄弟等文化企业先后上市，资产和营业收入过亿元的文化企业数量大幅攀升。

　　文化产业集群化发展趋势日益明显，北京市已有文化产业集聚区 21 个，文化企业达到 8000 多家；上海市有文化产业园区 75 家，集聚了 2500 多家文化企业和 2 万多名高层创意人才；文化部和北京市、天津市分别共建的中国动漫游戏城和国家动漫产业综合示范园正式启动，国家级文化产业示范园区和国家文化产业示范基地有效地发挥了引领、示范和辐射作用。文化产业成为各地经济发展的新亮点，在促进经济发展方式转变中的作用日益突出。北京、上海、广东、湖南、云南等省市文化产业增加值占 GDP 的比重已超过 5%，文化及相关产业的增加值占国内生产总值的比重不断提高。据国家统计局的报告，2008 年，中国文化产业增加值达到 7630 亿元，比 2004 年增加了 4190 亿元；文化产业增加值相当于同期 GDP 的 2.43%，比 2004 年提高了近 0.3 个百分点。2008 年至 2009 年，面对金融危机的冲击，文化产业逆势上扬，2009 年上半年，中国文化产业增速达到 17%，大大超过 GDP 和第三产业的增速；动漫、游戏、数字音乐等新兴文化产业迅速崛起，2009 年，全国动画片创作生产数量达到 17 万分钟，比 2006 年翻了一番多；文化市场繁荣发展，截至 2009 年，全国文化市场经营单位 239571 个，从业人员 1294912 人，固定资产原值达到约 1088 亿元的规模，利润约 350.5 亿元，新创增加值约 692.3 亿元；大量民间资本进入演出市场，全国各地民营文艺表演团体约 6800 家，年演出 200 多万场次。电影产业繁荣发展，2003 年以前，国产电影年产量不到 100 部，

2010 年已经达到 526 部，成为世界第三大电影生产国，全国城市票房总收入突破 100 亿元，连续第六年保持 30% 以上增长，共有 13 部国产电影票房过亿元，改变了进口大片主导中国电影市场的格局。文化产业的快速增长，不仅是国民经济发展的重要增长点，也提供了更为丰富的精神文化产品和服务，满足精神文化需求，促进了人的全面发展。

第 八 章

当代社会文化创新的崭新领域

进入当代社会，随着社会生产力的巨大进步，人类社会生产活动日益多样化，精神文化活动也日益丰富多彩。经济、科技与文化日益融合渗透，不断开辟和拓展文化实践的新领域和新形态。网络文化、旅游文化、城市文化可谓是当代文化新领域和新形态的典型。网络文化为人们开辟了崭新的文化领域，成为人类文化家园中的一道独特景观。旅游休闲产业蕴涵丰富的文化内涵，成为当代文化的重要组成部分。文化融入一座城市的建设，塑造城市形象，提升城市的品位，展示城市特色与魅力，也创造了城市文化这一新的文化领域。中国共产党的文化创新，在于立足于当代社会的发展，发挥新兴文化的积极作用，用先进文化引导其健康发展，使其成为中国特色社会主义文化的重要组成部分。

一　网络文化：人类文化家园的一道独特景观①

进入 21 世纪，人类进入了一个崭新的时代——网络时代。互联网作为 20 世纪和 21 世纪最具影响力的科技进步，带来了人类生产方式、生活方式和思维方式的深刻变化，也极大地促进了文化的发展。互联网的发展和普及成为文化发展的新引擎、文化传播的新载体和文化消费的新领域，催

---

① 本部分资料主要摘引自：黄文玲、李锐锋：《网络文化的价值特性及其发展路径》，《华中农业大学学报（社科版）》2005 年第 2 期；辛向阳：《网络文化何以成中央关注的重点问题》，《中国青年报》2007 年 3 月 12 日；2011 年中国互联网发布中心：《第 28 次中国互联网络发展状况统计报告》（http://www.cnnic.net.cn/dtygg/dtgg/201107/t20110719_22132.html）；《中国特色网络文化与时俱进、蓬勃发展——党的十七大以来我国网络文化建设综述》，《新华每日电讯》2011 年 10 月 14 日第 1 版。

生了一种全新的文化领域或文化形式——"网络文化"的诞生。"网络文化"是指建立在计算机技术和信息网络技术以及网络经济基础上的精神创造活动及其成果，是人们在互联网这个特殊世界中，进行工作、学习、交往、沟通、休闲、娱乐等所形成的活动方式及其所反映的价值观念和社会心态等方面的总称，包含人的心理状态、思维方式、知识结构、道德修养、价值观念、审美情趣和行为方式等方面。

网络文化为人们开辟了崭新的文化领域，成为人类文化家园中的一道独特景观。网络文化作为反映人们社会活动的一种最新的文化形态，使人类社会发生了全方位的变化，使人类文化由传统文化向现代网络文化的变革。网络文化使人类突破了时间和空间的限制，把世界各地的人们联系起来，极大地开阔了人们的视野，使具有不同文化背景和政治观念的人们能够平等地交流，使不同民族之间的文化有了更多的理解和包容。网络文化改变了传统的人际交往方式，突破了交往的时空限制，为人类交往提供了巨大的文化空间，增进了交往中人与人之间的平等性，任何一个人——不分地域、不分肤色、不分民族，都可以以虚拟的形象和身份在网络空间里进行沟通和交流。网络生存方式的变革在最深层次上就体现为文化价值的变革。网络作为技术现象和文化现象的产生和发展，使人类基本价值观念如自由与民主、开放与多元、平等与共享、创造与创新发生新变化，出现新形态。网络的社会文化价值使网络经济成为一种新的生产方式，有助于政治民主化和法制化建设，并促进人与人的沟通理解，不断提升个人的综合素质和能力，促进个性的张扬，为人自身全面自由的发展提供强大的手段。

网络促进了文化的创作、生产、传播和消费，实现了文化传播方式的现代化。因此，从一定意义上说，网络文化代表着先进文化的发展趋势。先进的网络文化是中国特色社会主义文化的重要组成部分，是体现先进生产力发展要求和最广大人民根本利益的文化新形态。进入新世纪、特别是党的十六大以来，中国网络文化蓬勃发展，各类网站发展迅猛，形成网络文化建设新格局。新华网、人民网、中国网络电视台等一批中央重点新闻网站驶入快速发展的新时期，成为宣传党和国家路线、方针、政策的重要渠道，中国文明网的"红色中国"、新华网的"红色博客"受到网民普遍欢迎。这些网站在学习实践科学发展观活动、北京奥运会、上海世博会、广州亚运会、改革开放 30 周年、新中国成立 60 周年、建党 90 周年等重大活动的报道中，唱响主旋律，在服务党和国家工作大局中发挥了重要作用。四川汶川地震、青海玉树地震、西南地区旱涝等重大自然灾害发生后，广大网民纷纷利用互联网传递救灾信息，发起救助行动，表达同情关爱，充分展示了网络文化的凝聚力量。当代雷锋郭明义等道德模范的先进事迹经微博、博客、视频分享、社交网站等在网上迅速传播，网络正面典型的可亲、可敬、可爱、可信成为社会主义核心价值体系的重要内容。网上图书馆、网上博物馆、网上展览馆、网上剧场快速发展，目前，全国已经建成1万多个文化信息资源共享中心和服务点，国家数字图书馆数字资源保有量已达560TB。网络文化产业迅猛发展，网络游戏、网络文学、网络动漫、网络音乐、网络影视等产业迅速崛起，大大增强了文化产业的总体实力。截至2010年3月，中国已有各种经营模式的上市互联网企业30多家，分别在美国、中国香港和内地上市，进一步提高了网络文化产业的规模化、集约化、专业化水平。网络文化产业打造了一大批主题鲜明、格调健康、形式多样的优秀的网络文化产品，形成丰富多彩的网络精神家园，不断满足网民多样化、多层次的精神文化需求。

网络文化的负面影响也是不容忽视的，正如人们常说的，"网络是一把双刃剑"。黄色网站、暴力网站、黑客事件、垃圾邮件、虚拟财产失盗、木马病毒等问题，以及"人肉搜索"、"网络推手"、"网络打手"、"网络谣言"等严重影响了网络秩序。党和政府十分重视网络文化建设，积极探索依法管理、科学管理、有效管理网络文化的途径和方法。2002年11月，党的十六大报告指出："互联网站要成为传播先进文化的重要阵地。"2003年7月，由文化部制定的《互联网文化管理暂行规定》正式施行。2004年12月，十六届四中全会决定强调，"要高度重视互联网等新型传媒对社会舆论的影响，加快建立法律规范、行政监管、行业自律、技术保障相结合的管理体制，加强互联网宣传队伍建设，形成网上正面舆论的强势"。2006年10月，十六届六中全会决定要求，"加强对互联网等的应用和管理，理顺管理体制，倡导文明办网、文明上网，使各类新兴媒体成为促进社会和谐的重要阵地"。2007年10月，党的十七大报告强调，要"加强网络文化建设和管理，营造良好网络环境"。党的十七届四中全会和十七届六中全会通过的决议中都分别强调了网络文化建设的重要性。目前，中国初步形成互联网的法律法规、行政监督、公众自律、技术保障等具有中国特色网络文化管理体系，网络文化管理得到进一步加强，网络环境得到有效净化。

二　旅游文化:日益彰显人文关怀的休闲经济①

曾经有一首歌这样唱道:"我想去桂林呀,我想去桂林,可是有时间的时候我却没有钱;我想去桂林呀,我想去桂林,可是有了钱的时候我却没时间。"今天,"有时间"和"有钱"这两个障碍逐渐被消除,"我想去的桂林"的愿望真的实现了。拥有更多的自由休闲时光是人类的梦想,今天这一梦想变得触手可及。近年来,以旅游为主休闲文化成为人们生活的重要内容。旅游休闲活动蕴涵丰富的文化内涵,彰显着人文文化功能,其实质是一种充满人文关怀的产业。发展旅游休闲产业,不仅是一个企业行为或经济行为,而是一种文化行为。

任何一种新的文化形态的产生、发展和完善,都是社会生产力和社会文化发展到相当水平的结果。随着旅游业在经济领域中地位的不断提高,它对社会文化发展的需求和依赖也越加明显。旅游行为的综合性、时间空间的延展性、景观意态的趣味性、旅游内容的丰富性,以及满足游客文化需求多样化的客观规定性,促使旅游业必须具有适合自身发展需要的文化形态,就是旅游文化。或者说,旅游文化实际上是以一般文化的内在价值为依据,以吃、住、游、行、购、娱六大要素为依托,以旅游主体、旅游客体、旅游介体和旅游研究之间的相互关系为基础的,在旅游活动过程中业已形成的观念形态及其外在表现的总和。它既是物质的,也是精神的。旅游文化可以分为传统旅游文化和现代旅游文化,前者主要包括旅游者和旅游景观文化;后者则增加了旅游业文化和文化传播。中国的旅游文化包括中国旅游文化传媒、中国历史文化、中国宗教文化、中国的世界遗产、可移动文物、不可移动文物、中国艺术、中国旅游文学、中国饮食文化、中国历史文人界、中国古代考古界和中国象征文化等。旅游文化建设乃是现代旅游业发挥最大效益效能的新型经营管理思路。与此同时,面对中国经济发展所带来的资源问题、环境问题、生态问题、心理问题等一系列社

---

① 本部分资料主要摘引自:李敏:《论旅游文化建设的意义及其举措》,《吉林广播电视大学学报》2006 年第 1 期;王炳美、陈晓轻:《河北安新:盘活文化资源　繁荣文化旅游业》,《新华每日电讯》2010 年 5 月 26 日第 6 版。

会问题，在科学发展观的正确指导下，突出以人为本，建设可持续发展的旅游业也日渐成为中国人关注的问题，这也是中国旅游文化建设的重点内容。

目前，中国旅游文化发展已逐渐形成自身的特色。一是民俗旅游文化的发展。如民间手工艺品制作与旅游的结合。如河北省安新县传统手工艺品白洋淀苇编工艺画，以芦苇为材料的苇编工艺画因其画面本色天然、色泽朴素淡雅、加工考究精美、风格独树一帜而备受八方游客青睐，成为海内外游客来白洋淀观光的首选纪念品和保定市的第一旅游纪念品。再如传统民俗与旅游的结合。北京城内著名的"胡同游"，让外国旅游者和外地游客，在三轮车夫的带领下体会老北京的胡同文化；北京周边郊区县的"农家乐"旅游、果菜采摘、"乡下有我一分田"等活动，则主要是让北京市民在节假日在"农家乐"体验北京普通农民的生活。二是红色旅游文化的发展。近几年来，全国很多地方都建立了红色旅游文化基地。如革命老区的发展与建设，各个城市的革命展馆的建设，等等，作为爱国主义教育的基地。如河北的白洋淀不但拥有灿烂悠久的历史文化，而且以《小兵张嘎》、《雁翎队》、《荷花淀》等优秀作品为代表的红色文化更是教育了一代人。为更好地弘扬革命传统，河北省安新县将红色历史文化与白洋淀秀美景色有机结合，开发建设了白洋淀文化苑、荷花大观园等精品景点，再配以雁翎队纪念馆、孙犁纪念馆、嘎子村等红色景点，极大地丰富了白洋淀旅游内涵。三是遗产旅游文化的发展。中国的古代遗址数量多、分布广。如洛阳、西安等中国古都以文化遗产为旅游资源，吸引了越来越多的中外旅游者。四是生态旅游文化的发展。如举办中国洪泽湖水上运动会，龙舟竞赛、水上篮球、水上拔河、划船比赛、撑船比赛都展示了湖区人粗犷的力量之美，浮桥竞走、障碍游泳、爬桅杆展示了湖区人豁达的胸怀，撒网捕鱼、渔姑织网、编织虾笼再现了渔家生产劳作的快乐，踩水车、湖泥塑身、钓鱼比赛再现了湖区人劳作之余的怡然。

旅游文化是当代文化的重要组成部分，发展健康的旅游文化，可以促进中国文化的传播和发展。旅游是文化的载体，文化是旅游的灵魂。作为文化资源的传承载体，旅游将无形的文化形象化，精英的文化大众化，推动实现文化产业化，让文化丰富旅游内涵和提升旅游产业的素质。旅游文化能够促进人与自然的共同发展，旅游使人们重新发现自然环境的美，进而亲自参与其中，在实际体验中领会大自然的奥秘，从而更加热爱自然，享受自然。同时这也有利于唤起人们对旅游资源的保护责任，对旅游的可持续发展的责任等，对自然与文化资源的保护。旅游文化还能够促进人的身心健康和人的全面发展。旅游活动本身是充满人文和关怀的活动，进一步增进旅游产业的文化内涵，以独有的地域性、民族性、传承性等特点的旅游资源更好地满足旅游者的文化需求，将是旅游产业发展的方向。因此，中国旅游产业的发展，应深入挖掘旅游产业的文化内涵，营造浓厚的旅游文化氛围，建立一套具有中国特色的旅游文化体系，让旅游文化为中国优秀文化的传播提供平台，成为推动中国社会主义文化大发展大繁荣的重要实践途径。

三　城市文化：塑造城市形象、展示城市魅力①

走进不同的城市，会有不同的感受。这种感受是从城市建筑、市容市貌、市民素质、社会秩序、历史文化等诸多方面流淌出来的无形的东西，这就是这个城市的"文化"。"城市文化"是城市的人格化表现，体现了城市的历史文化、城市的建筑风格、城市的形态格局，反映了城市市民的综合素质、文明程度、价值取向、思想情操和精神风貌。城市文化是一个城市的形象，一个城市的品牌，是一个城市自己独有的文化识别系统，是识别自己身份的城市名片，展示着自己与众不同的"城市魅力"。文化之于一个民族，是精神之根；之于一座城市，则是活力和灵魂。文化融入一座城市的建设，不仅可以提升城市的品位，而且可以使城市品牌内涵独具特色和魅力。城市的文化特征不仅是城市文化的风景和魅力所在，而且是城市的活力和生命力的体现。

城市与文化是密不可分的统一体。城市若没有文化，就等于没有生命、活力与特色，就如同人没有文化、与动物没有区别一样。人们一想到某个城市就会想到某种文化，一想到某种文化就会想到某个城市。就如同

---

① 本部分资料主要摘引自：顾军：《北京文化特征小议》，《北京联合大学学报（自然科学版）》2001 年第 1 期；朱丹枫：《城市化进程中的城市文化》，《四川戏剧》2005 年第 5 期；李小甘：《领略深圳的"城格魅力"——关于深圳的文化特征》，《深圳商报》2005 年 8 月 18 日《文化广场》；张海畅：《用建筑的语言说话》，《中国建筑装饰装修》2009 年第 2 期；《文化的魅力　城市的骄傲》，《石家庄日报》2011 年 11 月 22 日；庞学铨：《试论休闲对于城市发展的文化意义》，《浙江大学学报（人文社会科学版）》2010 年第 2 期；于学权：《对城市文化建设的思考》，《吉林日报》2011 年 1 月 15 日第 1 版。

我们一谈到传统文化就会想起北京，谈现代文化就会想起深圳，谈民族文化就会想起丽江；反过来，我们一谈到北京就会想起传统文化，一谈起深圳就会想起现代文化，一谈起丽江就会想起民族文化……

北京——都城文化，蕴涵着悠久、凝重、尊贵的特征。今天的北京已经注入了太多的现代元素，但"都城文化"这四个字衍生出了诸多只有北京才有的、独一无二的文化现象。中国历史上做过都城的城市有很多，但只有北京，可谓是中国都城文化的范本。它不仅作为都城的时间跨度最长，而且自辽立此为南京后，王脉基本上一直延续至今。北京在中国人民心目中是国家权力的中心，是国家形象的代表，是朝拜的圣地。古代的故宫、天坛、北海、颐和园，现在的天安门广场、人民大会堂、升国旗仪式……都是都城文化的价值所在。因此，外地人到北京，首先要到天安门前留个影，到人民大会堂去转一转，因为这里是祖国的象征。因而，关心时政、参政意识、精英云集、官派作风、强烈的政治责任感、高素质的市民文化等等不能说与这种都市文化有直接关系。

上海——海派文化。呈现出一种"先锋、前卫、时尚"的特征。海派文化根植于中国传统文化基础上，融汇了吴越等地域文化的精华，吸纳了外国、主要是西方文化的要素，创立了新的富有自己独特个性的海派文化，其特点是：吸纳百川、善于扬弃、追求卓越、勇于创新。上海是一个都市化程度高、地域文化特点突出的城市。作为中国内地最现代化的国际性大都市，上海对于西方文化具有天然的吸收能力。正如著名文化学者余秋雨先生指出的，海派文化，或者更进一步，可称作"上海文明"，其最基本的文化心理品性在于"建筑在个体自由基础上的宽容并存"和"对实际效益的精明估算"，反映在文化上，就体现为雅俗文化之间的巧妙平衡——融合了发端于国际交往历史的开放型文化追求和顾及现实可能性的世俗智慧。

深圳——创新文化。呈现创新、智慧、力量的特征。创新是深圳文化的底色。凭借敢为人先的开拓精神、不拘一格的创新实践和以人为本的人文追求，形成了卓尔不群的文化气质。创新、创意和创造，构成了深圳文化的先锋特质，铸就了深圳这座创意之城开放、包容、活泼、多元的城市品格。在深圳，"文化创意＋科技创新"所形成的巨大文化创造力，正是深圳文化打出的一道"组合牌"，成为深圳文化的竞争力所在。深圳文化外显于"移民文化、窗口文化、青春文化、现代文化"，而内在的则是深圳的文化精神，即"创新精神、拼搏精神、崇尚务虚、讲求实效、宽容胸怀"等文化精神。这是最能代表深圳城市文化的核心，是深圳城市文化特征的主流意识和价值取向。

......

一个城市的形象，表现在鳞次栉比的高楼大厦和车水马龙的经济交流，更重要的是表现在深厚的文化底蕴和文化内涵。城市文化的发展水平往往代表了一个地区或一个国家文明程度所能达到的最高水平。城市的发展与城市文化有着非常密切的关系，在现代社会，文化越来越成为城市的内核、实力和形象，成为支撑城市生存、竞争和发展的巨大动力和无形资产。重视文化建设，塑造城市的文化形象，并通过文化氛围来凝聚城市的人心，推动城市的发展，已成为当今城市建设的一项重要内容。先进的城市文化可以优化城市环境，提高城市品位，增强城市的辐射力和吸引力，从而为城市快速健康发展创造良好的环境，不断为城市发展注入新的生机与活力，成为促进快速发展的强大动力。同时，随着城市文化的熏陶，市民的素质也会普遍提高，从而转化为巨大的创新能力。

城市文化在城市形象塑造上具有不可替代的作用。一个城市只有具备丰厚的城市文化内涵，才会有鲜明的城市个性、独特的城市风格，从而获得特殊的魅力和吸引力。可以说，城市文化的形成，既是一个随着社会历史发展而自然形成的过程，也是一个自觉的建设过程。从"物质家园"上升到"精神家园"，已经成为城市价值追求的基本趋势。所谓"城市能让生活更美好"，归结起来，就是既能满足人们日益增长的物质需求，又能满足人们日益增长的精神需求的城市；就是既能为人们身体的幸福栖居提供物质空间，又能为人们心灵的幸福栖息提供文化空间的城市。中国改革开放30多年来城市的巨大变化，充分证明了人文精神、科学精神、创新精神的巨大威力和作用。进入新世纪以来，中国的城市文化建设更加自觉。城市文化以城市历史文化底蕴为基础，把传承和创新结合起来，充分利用自身深厚的文化底蕴创造特色空间，努力打造富有自己特色的城市形象。从注重物质建设上升到注重文化建设，以"文化城市"理念引领城市发展，越来越多的城市对发展作出"文化定位"或者提出"文化城市"目标，城市文化建设充分发挥出保存城市记忆、体现城市特色、提升城市品质、展示城市风貌、塑造城市精神、支撑城市发展的巨大作用，已经成为一些城市的核心竞争力。

第 九 章

缤纷多彩的文化创新实践成果

　　在新的历史时期，在党的文化创新理论的指导下，中国文化实践创新取得了巨大成就。坚持以核心价值体系引领多样文化发展，在实践中探索主旋律与多样化统一的有效模式，文化各领域展现出缤纷多彩、姹紫嫣红、欣欣向荣的喜人景象。实施马克思主义理论研究与建设工程，是繁荣和发展中国哲学社会科学空前的重大举措，是文化大发展大繁荣的重要体现，对于提升中国文化软实力、确保文化安全起到了重要作用。"全国道德模范评选"活动和央视《感动中国》节目等一系列举措，在培育社会主义文明道德风尚中发挥了重要作用。中国艺术节、"五个一工程奖"、"文华奖"、"国家舞台艺术精品工程"等重大活动的举办和奖励的实施，为文艺创作提供了强大的推动力和充分展示的舞台。"村村通"、"农家书屋"、电影"2131"工程等一些重大文化工程项目的实施，推动了文化资源的整合和公共文化服务方式的创新。文化体制改革顺利推进，文化产业发展形势喜人，一批经营性文化单位和艺术表演团体转企改制取得可喜效果。对外文化交流步伐加快，图书出版业进军国际市场，"孔子学院"等机构的建立，"北京国际音乐节"、"中国上海国际艺术节"等国际性文化活动成为中外文化交流的重要舞台。本章选取在文化创新实践中具有代表性的一些典型范例（其中有交叉渗透），从理论与实践相结合的角度，简要阐述文化创新的实践意义。这些成果有的是国家层面的政策或决定，有的是基层文化实践的探索创新；有的侧重于思想理论建设，有的是文化体制改革的具体举措……它们犹如文化创新百花园中盛开的鲜花，展现了新世纪中国文化创新的绚丽风采。

一　实施马克思主义理论研究与建设工程,促进中国哲学社会科学的繁荣和发展①

在我党历史上,党的十七大报告第一次明确提出:"繁荣哲学社会科学,推进学科体系、学术观点、科研方法创新,鼓励哲学社会科学界为党和人民发挥思想库作用,推动我国哲学社会科学成果和优秀人才走向世界。"党的十七届六中全会再次提出:"要坚持正确创作方向,繁荣发展哲学社会科学……"把哲学社会科学摆在推动文化大发展大繁荣的重要地位上,赋予哲学社会科学在实现社会主义文化强国目标中的重要使命。

党的文化创新的实质是思想文化的创新。它强调坚持马克思主义先进文化在社会主义文化中的指导地位,强调文化的意识形态属性。因而,文化创新在实践层面必须体现这一本质要求。哲学社会科学是社会主义文化的重要领域,又是党在意识形态领域的重要战线。重视哲学社会科学是中国共产党的传统和优势。中国共产党自成立以来,始终代表中国先进文化的前进方向,高度重视作为文化核心的哲学社会科学。在党的领导下,中国哲学社会科学取得了辉煌的成就,在中国革命、建设和改革中发挥了极其重要的作用。党的十一届三中全会,开启了建设中国特色社会主义新时期,党中央大力提倡解放思想,恢复了党的实事求是的思想路线,我们党重新强调哲学社会科学的重要地位,并且把科学和教育提到战略的高度,哲学社会科学进入了繁荣发展的新阶段。广大哲学社会科学工作者,围绕中国特色社会主义理论和实践,从经济、政治、思想文化、社会建设等各个方面进行了大量的探讨,同时对各个学科建设问题也进行了深入的研究,发表了大量有价值的理论成果,对中国特色社会主义实践和理论体系形成起了重要作用。

---

① 本部分资料主要引自:唐合俭:《全面、系统研究当代中国史的宏伟事业》,《中国社会科学院院报》2007 年 8 月 9 日第 4 版;靳辉明:《新中国社会科学五十年回顾与反思》,《马克思主义研究》1999 年第 1 期;《新中国社会科学六十年回顾与反思》,2009 年 11 月 26 日,人民网—理论频道（http://theory. people. com. cn/GB/10455595. html）;王伟光:《开创有中国特色的哲学社会科学创新之路》,《中国社会科学报》2011 年 10 月 25 日第 5 版;龚云:《中国共产党新民主主义革命时期领导哲学社会科学的成就与经验》,《中共杭州市委党校学报》2011 年第 3 期;龚云:《中国共产党 90 年领导哲学社会科学的光辉历程与辉煌成就》,2011 年 10 月 28 日,中国共产党新闻网（http://theory. people. com. cn/GB/16061693. html）。

　　面对新世纪国际国内复杂的形势，我们党更加重视学科社会科学的发展。1997 年，在党的十五大报告中，江泽民进一步指出，积极发展哲学社会科学，对于坚持马克思主义在中国意识形态领域的指导地位，对于探索有中国特色社会主义的发展规律，增强我们认识世界、改造世界的能力，具有重要意义。党的十六大以来，以胡锦涛为总书记的党中央从全面贯彻落实科学发展观的高度，赋予哲学社会科学新的定位和使命，要求哲学社会科学充分发挥"认识世界、传承文明、创新理论、咨政育人、服务社会"的重要作用。2004 年中央颁布了《关于进一步繁荣发展哲学社会科学的意见》，明确了新时期繁荣发展哲学社会科学的指导方针、主要任务和总体目标，要求实施马克思主义理论研究和建设工程，推动哲学社会科学管理体制改革，着力发展交叉学科。这是我党历史上第一个以中共中央的名义专门为哲学社会科学工作制定的纲领性文件，具有重要的里程碑意义。组织实施马克思主义理论研究和建设工程，并且提出要鼓励哲学社会科学界为党和人民事业发挥思想库作用，极大地调动了广大哲学社会科学工作者的积极性，有力地推动了哲学社会科学的繁荣发展，中国哲学社会科学迎来了大发展的春天。

　　新世纪是中国哲学社会科学繁荣发展阶段，也是党努力把握哲学社会科学工作规律、改进了领导方式、提高了领导水平时期。特别是实施马克思主义理论研究和建设工程以来，中国哲学社会科学取得了辉煌成就。

　　首先是促进马克思主义先进文化——中国马克思主义的大众化，对于党的指导思想的形成和发展，对于用党的指导思想武装全党、教育干部和人民发挥了重要作用。马克思主义是我们立党立国的根本指导思想，是全党全国各族人民团结奋斗的共同思想基础，也是中国哲学社会科学研究的旗帜和灵魂。中国共产党自成立以来，就一直高度重视马克思主义的研究、传播和发展。马克思主义经典著作的翻译、出版和研究方面成绩卓著，促进马克思主义的中国化、时代化、大众化，是党的文化发展在哲学社会科学中的重要体现。2004 年 1 月，中共中央《关于进一步繁荣发展哲学社会科学的意见》提出实施马克思主义理论研究和建设工程，其主要任务是把邓小平理论、"三个代表"重要思想和科学发展观作为研究重点，以重大现实问题为主攻方向，把马克思主义在中国发展的最新理论成果贯穿到哲学社会科学的学科建设、教材建设中，进一步加强马克思主义理论队伍建设。马克思主义理论研究和建设工程，既是巩固马克思主义在意识形态领域指导地位的基础工程，一项重大的理论创新工程，也是推进马克思主义先进文化大众化的工程。《意见》指出，加强马克思主义基本原理研究是繁荣发展哲学社会科学的一项极为重要的工作。要立足新的实践，加强马克思、恩格斯、列宁经典著作的编译和研究工作，准确阐述经典著作中的基本观点。要深入研究邓小平理论和"三个代表"重要思想在什么是社会主义、怎样建设社会主义和建设什么样的党、怎样建设党的问题上提出的新思想、新观点、新论断。要研究回答干部群众关心的重大理论和实际问题，推动理论武装工作深入开展。要组织编写全面反映邓小平理论和"三个代表"重要思想的哲学、政治经济学、科学社会主义以及政治学、社会学、法学、史学、新闻学和文学等学科的教材，进一步推动邓小平理论和"三个代表"重要思想进教材、进课堂、进学生头脑工作。要增强马克思主义理论课的吸引力和感染力。要抓好马克思主义理论师资队伍建设，着力培养一批中青年马克思主义理论教学骨干。

2005 年 12 月 26 日，中国社会科学院马克思主义研究院成立，这是实施马克思主义理论研究和建设工程的一项重大举措，也是繁荣和发展中国哲学社会科学的一项重大举措，充分体现了以胡锦涛同志为总书记的新一届中央领导集体对马克思主义理论研究工作的高度重视。马克思主义研究院成立以来，坚持用马克思主义的基本原理分析、解决各种理论和实践问题，适应中国特色社会主义事业发展的新要求，在推进马克思主义中国化、时代化、大众化，巩固马克思主义的指导地位，强化马克思主义的指导力，为建设马克思主义坚强阵地、繁荣中国哲学社会科学作出了重要贡献。马克思主义理论研究和建设工程实施以来，中国哲学社会科学呈现出前所未有的繁荣局面。先后召开近百次较大规模的研讨会，在中央主要报刊发表近千篇重点理论文章，为党和政府决策提供重要参考。组织编写哲学社会科学重点骨干课程的专业基础教材，推动构建充分反映马克思主义中国化最新成果的哲学社会科学教材体系，是中央组织实施马克思主义理论研究和建设工程，确定马克思主义学科体系建设的基本目标，马克思主义理论一级、二级学科已经确立；第一批马克思主义基础理论和哲学社会科学重点教材的编写工作已进入初稿撰写和修改阶段，第二、第三批哲学社会科学重点教材的编写规划已经启动，高校思想政治理论课四门教材的编写工作已完成并陆续出版。2011 年初，《马克思主义哲学》、《马克思主义政治经济学概论》、《科学社会主义概论》、《政治学概论》、《法理学》、

《社会学概论》、《新闻学概论》、《文学理论》、《史学概论》等第一批 9 本重点教材已经基本完成编写工作，将陆续在全国高校投入使用。这些重点教材的突出特点，是比较充分地反映了马克思主义中国化的最新成果，反映了中国特色社会主义的新实践，反映了各学科领域研究的新进展，体现了政治性、思想性、学术性的统一。对马克思、恩格斯、列宁的重点著作译文进行重新编译和修订，10 卷本《马克思恩格斯文集》和 5 卷本《列宁专题文集》的译文审核和编译工作基本完成。两部文集是马克思主义理论研究和建设工程的重点项目和重大成果，旨在为深入学习和研究马克思主义理论提供选材更精当、译文更准确、资料更翔实的基础文本，以适应党在新时期用理论体系武装全党、教育人民的需要。它们的出版，对于我们应从巩固马克思主义意识形态指导地位，从建设马克思主义学习型政党从而提高全党马克思主义理论水平，进一步加强马克思主义理论研究的基础性建设以及加强马克思主义理论教育从而推进马克思主义中国化、时代化、大众化都具有十分重要的意义。同时，出版文集的最直接意义还是要为广大党员干部以及广大群众提供一部学习的基础性文本，使广大党员干部以及广大群众既能够从总体上把握马克思主义理论，系统地了解马克思主义理论发展的历程；又能够有重点地学习，把握马克思主义理论的精要和实质。近年来，中宣部理论局每年组织编写《理论热点面对面》系列通俗理论读物，紧密联系当前经济社会发展的新形势，紧密联系广大干部群众的思想实际，深入解读党和国家围绕这些问题的决策部署，科学阐明进一步解决这些问题的政策思路，有利于人们增强对中央精神的了解，增强对未来发展前景的信心。说理透彻、文风清新，图文并茂、可读性强，为广大干部群众的理论学习提供重要辅导材料，也是当代中国马克思主义的大众化的普及读物。

其次是中国哲学社会科学呈现出前所未有的繁荣局面：队伍日益壮大、学科体系不断健全、学术研究取得丰硕成果。哲学社会科学的许多学科经历了从无到有、从小到大的发展过程。我们拥有全世界最大、最齐全的社会科学研究机构——中国社会科学院，各省市自治区和一些地级市建立了地方社会科学院，形成了高等院校、社会科学院、党政部门所属研究机构、党校行政学院、军队院校五大哲学社会科学研究和教学系统。现在从事哲学社会科学教研工作的人员达四十几万人，其中高校哲学社会科学教学和研究人员总数就达到 44 万人。中国哲学社会科学学科门类齐全，基础理论、应用研究、新兴学科和交叉学科，应有尽有，学科体系不断健全。到目前为止，共有 20 个一级学科、400 多个二级学科。马克思主义理论、历史学、考古学、哲学、文学、语言学、经济学、法学、社会学、人口学、民族学与人类学、宗教学、政治学、新闻学、军事学、教育学、艺术学和国际问题研究等学科构成了门类齐全、布局合理的学科体系。学术研究硕果累累，产生了一批有深度、影响广泛的优秀成果。改革开放以后，由全国大批主要学者参与编写的《中国大百科全书》（哲学社会科学各卷）的出版，是中国哲学社会科学各学科的总结之作和奠基之作；由全国数千名社会科学工作者参加编撰的大型史书《当代中国》丛书（150卷），是系统研究新中国近 50 年历史的第一批成果，全方位反映新中国成立以来各行各业、各部门和各地区的基本历程和经验，是国家一项大型图书工程，也是中国哲学社会科学研究一项重要事业，对研究新中国历史具有重要意义；有 3000 多名社会科学工作者参加、历时 11 年编撰完成的《中国国情丛书——百市县经济社会调查》（105 卷），是近 50 年中国社会的变迁史，对了解和研究中国国情具有重大意义。《甲骨文合集》是目前已发现的中国最古老的文字甲骨文的集大成；《殷周金文集》相当齐全地收录了现存的金文资料 1.2 万件，为考古学、古文字和古代史研究提供了条件。在艺术学方面，从 1983 年以来开展的全国《文艺集成志书》普查、搜集、整理和编撰出版工作，有 5 万多名艺术科研人员参加，至今已出版了 200 余卷，全部出齐为 310 卷、4.5 亿字。这是一项带有抢救性的中华民族文化的浩大工程，被誉为"中国文化建设的万里长城"。《中国近代通史》10 卷本，《世界历史》9 卷本，《马克思主义哲学史》8 卷本，《马克思主义文学理论丛书》，《西方哲学史》8 卷本，《西方著名哲学家评传》10 卷本，《宗教学通论》和《中国人权百科全书》等精品力作不胜枚举，共同体现了 60 多年来中华文明和新中国思想文化发展的成果和水平。

同时，对外学术交流与合作领域不断拓展，中国哲学社会科学研究"走出去"步伐进一步加快，在国际学术舞台上的话语权和影响力明显增强。中国自古以来就是四大文明古国之一，先人为世界文明作出过重大贡献。中国共产党自诞生以来，就注意加强对外学术联系。新中国成立初，在当时的历史条件下，仍然开展了对外学术交流。在新的历史时期，国际环境发生重大变化，中国将对外开放确定为基本国策，加强了哲学社会科学工作的对外开放，对外学术交流不断扩大，引进了国外哲学社会科学优秀成果、研究方法和管理经验；大力实施哲学社会科学"走出去"战略，中国不少哲学社会科学的学术著作被译介到国外，许多著名专家学者获得了外国政府和权威学术机构授予的荣誉称号和奖励，增强了国际学术话语权和影响力；国际合作交流不断扩大，学术机构对外学术交流遍及世界大多数的国家和地区。中国哲学社会科学在国际学术界受到重视并产生一定影响。

二　"道德模范"与"感动中国"：
社会主义荣辱观深入人心①

从 2007 年开始，中央文明办、全国总工会、共青团中央、全国妇联联合举办的首届全国道德模范评选表彰活动，是新中国成立以来规模最大、规格最高、选拔最广的一次大型群众活动。2009 年是新中国成立 60 周年，是《公民道德建设实施纲要》颁布实施 8 周年，中央文明委组织评选表彰了第二届全国道德模范。中央电视台新闻中心新闻专题部为本届评选表彰颁奖仪式制作的宣传片——《道德的力量》晚会，于第七个"全国公民道德宣传日"在中央电视台综合频道进行现场直播。2011 年是《公民道德建设实施纲要》颁发十周年，9 月 20 日是第九个"公民道德宣传日"。这一天，第三届全国道德模范评选表彰颁奖典礼——《德耀中华》在北京隆重举行。

2002 年 10 月，中央电视台首次启动"感动中国 2002 年年度人物"评选活动。这也是国内媒体第一次以"感动中国"为主题评选年度人物。"感动中国"的宣传口号是："给前行者力量，为善良者喝彩；汲取心灵养分，传递感动的火炬。"2012 年，中央电视台《感动中国》年度人物评选

---

① 本部分资料引自：刘建明：《新闻学前言——新闻学关注的 11 个焦点》，清华大学出版社 2005 年版，第 19 页；李艳君：《典型人物纪实与虚构的反串——以"感动中国"和"士兵突击"为例》，《法制与社会》2008 年第 8 期，第 289 页；王伟：《榜样的力量是无穷的——论道德模范的引领作用》，《光明日报》2007 年 9 月 18 日第 9 版；张音、颜珂、朱磊：《人民观察：回访第一届道德模范道德力量在传递》，《人民日报》2009 年 8 月 11 日；杨红英：《探索社会主义荣辱观教育的有效模式——基于大众传媒引导和教化功能的思考》，《福建论坛社科教育版》2011 年第 8 期；胡占凡：《给人以力量给人以鼓舞——〈感动中国〉的 10 年回眸与启示》，《人民日报》2012 年 2 月 3 日第 8 版；程立显：《开展社会主义荣辱观教育的科学路径》，《学习时报》2011 年 3 月 28 日第 6 版。

活动举办走过了十个年头，2月3日，"感动中国·2011年度人物评选颁奖典礼"在央视播出。《感动中国》宣传片从2002年面世以来，已经成功举办九届评选与颁奖活动。《感动中国》以评选出当年度具有震撼人心、令人感动的人物为主打内容。在一年一度的颁奖节目中，主持人带领观众回忆和总结一桩桩发生在我们身边的感人肺腑的事迹，很多人都是饱含热泪观赏完节目的。

这项被誉为中国人"精神盛宴"和"年度史诗"的活动，展示着一个个最真实、最普通、最感人的故事，在全国引起了强烈反响。从2002年开始至今，"道德模范"和"感动中国"两项活动共评选出260多位感人至深的人物，是我们社会道德风貌的精华浓缩，是我们社会精神面貌的生动展现。

在经济全球化与市场经济的复杂环境下，社会主义荣辱观教育面临着现实困境。近年来，全国各地都在探索通过典型引路的教育方式，引导人们见贤思齐，向道德模范学习，创造了有利于公民接受社会主义荣辱观教育的传媒环境和良好的舆论氛围，使全社会道德力量不断传递，示范效应逐步扩大；虽然也不可避免存在一些值得思考和需进一步解决的问题，但在当前仍不失为一种探索社会主义荣辱观教育有效模式的生动实践。

社会主义荣辱观教育亟待探索有效的教育模式。公民的道德水平，体现着一个民族的基本素质，反映着一个社会的文明程度。公民道德重在养成，社会风尚重在培育。社会主义荣辱观作为社会主义道德观的核心，继承与发扬了传统美德的精髓，是市场经济条件下社会对基本道德规范的精神追求。社会主义荣辱观教育，有一个从情感到观念的提升过程，就是指人们在依据一定的思想道德标准进行自我评价和社会评价活动中逐渐形成关于荣辱内涵和荣辱标准的比较稳定的思想观念。把社会主义荣辱观由外在的规范内化为人们的坚定信念，进而又体现为人们的道德行为是一个复杂的过程，这一过程的实施和完成离不开学习教育机制。荣辱观的学习教育方式，可以结合生活、工作实际来进行，通过灵活多样的方式来实现，如直接学习教育与间接学习教育相结合、固定学习教育与随时学习教育相结合、正式学习教育与非正式学习教育相结合等。

随着市场经济体制的建立和民主政治的发展，受教育者的自主性、民主性增强，社会化程度提高以后，教育者的权威将会降低，对教育的内容和形式都有了更高的要求。"社会主义荣辱观教育作为全社会之价值观教育的重要方面，一直受到各级各类学校和全社会的高度重视。然而，人们不无遗憾地注意到，多年来大张旗鼓广泛开展的荣辱观教育，远未取得预期的成效，教育效果与教育投入很不成比例。"其原因固然是多方面的，而教育形式尚缺乏有效性是一个重要原因。如何增强社会主义荣辱观教育的有效性，是目前社会主义荣辱观教育亟待解决的问题。目前，社会主义荣辱观教育在形式上尚缺乏创新和灵感，让人感到明显的是为教育而教育，很难打动人感染人。尤其是对某些历史人物的任意塑造不但让人感到不真实，损害爱国主义教育的形象，甚至影响人们对教育主体的信任。另外，以往一些教育不被群众接受的一个关键问题，还在于一些教育活动的教育者缺乏社会公信力和一些表彰中被表彰奖励者缺乏社会的认可性，从而影响了宣传教育的效果；而正是这种宣传的失策，导致我们一些非常有价值的宣传内容，却没有得到群众的拥护和支持。要提高教育模式的有效性，必须改善与被教育者的沟通性，关键是如何调动公众的参与性，引发群众对教育的关心和参与，变被动为主动。荣辱观教育应该有多种形式，最高明的教育是融入生活、融入工作、融入娱乐，实质就是一种人生观价值观的熏陶。社会主义荣辱观教育的路径是多样的，家庭、学校、社会都应担当起教育的职责、形成合力；同时，还应当加强社会主义荣辱观教育重要载体的建设与管理，使之更有现实性、针对性和可操作性。如何依托现代科学技术手段，探索可行性的建设路径，进行长效性模式的实践，深入进行宣传教育，使之具有历史的活性而产生社会功效，成为社会主义荣辱观教育亟待解决的问题。而电视、互联网、手机等新兴媒体在社会主义荣辱观教育中是大有可为的，充分发挥新兴媒体的作用，是当今信息社会进行社会主义荣辱观教育不可不为的事情。

近年来，全国各地都在探索通过典型引路的教育方式，并取得了明显成效。其中，"全国道德模范"评选活动和央视《感动中国》节目具有典型性，可谓是社会主义荣辱观教育有效模式的尝试。广播电视是当今最具影响力的大众传媒之一，电视、网络、音像等成为影响人们思想道德的第一影响源。有统计资料显示，传媒类教育途径由于其直观性、形象性和娱乐性，已成为人们生活、工作、学习、交往、休闲、娱乐的重要组成部分。为适应现代思想道德教育开放性、多样性的要求，我们要重视大众传媒影响的正负效应，着眼于创造有利于公民接受社会主义荣辱观教育的传媒环境并对其进行有效的调控，为加强与改进新时期思想道德建设创造良好的舆论氛围。作为中央电视台主创的专题节目品牌，"全国道德模范"、"感动中国"人物评选表彰、颁奖盛典活动反响强烈，广大干部群众和社会各界踊跃参与，对于全社会营造知荣辱、促和谐的良好道德风尚及提高公民道德素质具有重要推动作用。这种教育模式的有效性突出表现在以下几个方面。

第一，取材源自群众生活，具有较强的社会公信力。评选表彰全国道德模范的目的，是褒扬先进、弘扬正气，示范推动全社会道德建设。做到群众评、评群众，群众学、学群众，推选社会生活中看得见、过得硬、学得到的先进人物，确保评选出的模范可敬、可信、可亲、可学，使群众在参与社会生活中受到教育、得到提高。为了体现公开、公平、公正原则，真正把事迹突出、群众公认的道德模范评选出来，全国评选表彰道德模范活动组委会制定了具体的实施办法，主要分六个步骤进行，一是宣传发动，二是群众推荐，三是组织审核，四是社会公示，五是推荐上报，六是全国公示投票。颁奖晚会分为五个章节，分别为助人为乐、见义勇为、敬业奉献、孝老爱亲、诚实守信。活动评选面向全体中国公民，不分年龄、民族、性别、职业。凡是自觉践行社会主义荣辱观，模范遵守公民基本道德规范，社会形象好、群众认可度高的公民都可以被推荐。

中央电视台这个栏目办得很成功的重要原因，是具有相当的群众基础。这些年来，《感动中国》节目向全国观众推出了数十位人物，每个人物身上都有一种让人感到心灵震撼的精神力量。《感动中国》因此也被媒体誉为"中国人的年度精神史诗"。"感动中国"评选活动树立了一大批具有中华民族优良传统的道德楷模和英雄人物，他们身上体现某一种重要的精神、重要的价值观、重要的理念，直接推动着社会的进步。超越一切阶层、身份差异，把属于一个民族的精神财富以一个单纯的角度聚集在一台节目中，奉献给观众，这正是《感动中国》多年积累下的最为宝贵的经验。《感动中国》讲述发生在身边的故事，在针对重大事件题材时，特别注意甄别整理，选择其中具有可视性，并隐含强烈主旋律精神内容的故事和人物，同时它也深度关注社会生活中出现的具有推广意义的新的精神取向。例如，2010年，玉树地震、上海世博、广州亚运三次重大事件中，我们都能看到志愿者活跃的身影，在这些志愿者身上，都有一种自觉帮助他人、改善社会，不求私利与报酬的宝贵理念，这是一种依据个人自由意志和兴趣自发形成的全新的利他精神。《感动中国》敏锐地发现到这种潮流中正在崛起的公民意识和公益心，并以特别致敬的方式给予肯定和表彰，以感动的名义推动这种志愿者精神影响更多的人，使之成为社会主义精神文明重要的组成方面。

第二，发挥典型的示范作用，具有较高的社会认可度。"榜样的力量是无穷的"，社会树立什么样的典型，意味着这个社会倡导的核心价值观。在中国经济体制深刻变革、社会结构深刻变动、利益格局深刻调整、思想观念深刻变化的新形势下，人们的道德观念也呈现复杂多变的特征。在这种情况下，通过评选表彰，树立一批来自基层、来自群众的道德模范，用他们的先进感人事迹感召群众，有利于把社会主义道德观念传播到千家万户，把公民基本道德规范的要求渗透到人们的工作生活中，有利于在全社会树立起鲜明正确的价值导向，促进社会主义核心价值体系建设。"全国道德模范"与"感动中国"年度人物评选活动中，推选出一大批先进模范人物。这些榜样不仅数量大，而且类型全。既有立足本职工作、热心为民服务，反映时代精神的先进个人，又有开拓进取、艰苦创业、作出突出贡献的优秀群体；既有认真贯彻中央精神，自觉维护大局，服务大局的典型，又有艰苦奋斗、无私奉献，勇于开拓的典型；既有全心全意为人民服务，关心群众生活，为群众办实事的典型，又有见义勇为，助人为乐，扶危济困的典型；既有领导干部，又有工人、农民、解放军、企业管理者、医生、教师、科技工作者。这些典型定位准确、事迹感人，容易得到人们的认同。他们的行业特点突出，时代特点鲜明，宣传他们，既具有典型的形象特征，又抓住了典型的精神实质。安徽省蚌埠市一位中学生在参与推荐时说："李玉兰自己并不富裕，省吃俭用资助失学儿童和孤寡老人，是道德楷模，是我们心中的偶像。"一位高校德育工作者由衷地说："开展道德模范评比活动，是进行德育教育的好方式。身边的道德典型，就是我们德育课的好教材。"而"道德楷模"和《感动中国》节目的最大特点，就是通过广大群众的评比推荐形式，群众参与推荐评选过程也是进行自我教育和自身不断完善提高的过程。在我们的身边，总有一些默默无闻、普普通通的人，他们虽然称不上是"杰出人士"，事迹也算不上是"丰功伟绩"，但他们的品质却感动了中国，撼动了人们的心灵。推崇在基层涌现的"凡人善举"，褒奖群众身边看得见、摸得着、学得到的"平民英雄"，能够有力地引导人们从我做起、从现在做起、从身边小事做起，把社会主义荣辱观融入广大群众的工作生活实践中。可以说，"道德楷模"和"感动中国"，起到了以典型示范带动广大群众，培育社会文明的道德风尚的作用。

第三，引起强烈的社会反响，具有广泛的示范效应。2003 年 3 月，中宣部新闻局阅评组以"中央电视台《感动中国》专题创意新效果好"为题专门撰文，对"感动中国"评选活动及颁奖晚会给予了高度评价，并要求把"感动中国"作为一个品牌持续地坚持下去。许多网友有感于此，对该专栏节目产生的积极社会意义作出充分肯定。2007 年首届全国道德模范评选一开始，社会反响非常热烈，群众十分关注。各地群众推荐自己身边的道德模范候选人上万，首届评选群众选票 3000 多万。第二届全国道德模范评选选票统计部门接收到来自平面媒体、网络、手机的选票超过 1 亿。这说明人民群众中蕴藏着推进道德建设的巨大力量。入选"全国道德模范"的众多社会道德楷模以及各行各业的杰出先进人物，他们以各自的感人事迹唤醒了人们的社会良知，引起大众的共鸣，使道德力量在全社会得到不断传递。由于评选活动是"在熟悉的人群中推举好人，在日常生活中发现好事"，道德模范的示范效应已开始在平常生活中显现。从 2008 年起，由中央文明办主办、中国文明网承办的"我推荐、我评议身边好人"活动如今扩展到每月评选一次，"好人榜"上的名字每天都在递增。2009 年 3 月 4 日，以"助人为乐"模范孙茂芳名字命名的志愿服务岗亭在北京东四奥林匹克社区挂牌，10 名北京联大学生成为服务岗亭首批志愿者。从一个人到一个集体，更多的人接过道德模范的"接力棒"，东四奥林匹克社区已经成为北京的一张名片。2008 年奥运期间，以李素芝、张云泉等道德模范名字命名的志愿服务队伍始终活跃在城市的街头巷尾，如今，像"吴天祥慈善小组"、"许振超群体"、"林秀贞式好人"这样的群体，在各地不断涌现……道德模范的典型效应正转化为群体效应，进而扩散为社会效应。

"道德模范"评选活动与《感动中国》节目，始终以巩固共同思想基础、凝聚民族精神力量、弘扬社会主义核心价值观为己任，坚持鲜明的价值导向，彰显深切的人文关怀，大胆创新，不断进取，在社会上产生了巨大而深远的影响，被中央领导同志赞为一部"给人以力量，给人以鼓舞"的主旋律精神品牌，被广大观众称为是"一部让整个民族为之动容的年度精神史诗"，被专家学者看做"一部记述社会主义核心价值体系建设的年度发展报告"。"道德模范"与"感动中国"评选出的人物和群体，以其催人泪下的故事在广袤的神州大地一次次奏响"感动"的旋律，震撼着人们的心灵，激发起人们向上、向善的力量。

三　国家舞台艺术精品工程：振兴舞台艺术、推进先进文化建设①

2003 年的岁末到 2004 年初，首都北京的北京保利剧院、天桥剧场、长安大戏院、民族文化宫大剧院、中戏实验剧场等剧场正进行着不寻常的演出，演出的剧目有：北京京剧院连台本戏《宰相刘罗锅》、上海京剧院京剧《贞观盛事》、天津市京剧院京剧《华子良》、重庆市川剧院《金子》、福建实验闽剧院闽剧《贬官记》、浙江小百花越剧团的越剧《陆游与唐琬》、上海话剧艺术中心的话剧《商鞅》、辽宁歌剧院歌剧《苍原》、空军政治部歌舞团的舞剧《红梅赞》、遵义杂技团、贵州省歌舞团杂技主题晚会《依依山水情》。这是首届（2002—2003 年度）"国家舞台艺术精品工程"评选出的 10 台精品在北京的展演。自 2002 年启动以来，"国家舞台艺术精品工程"推出了 50 台精品剧目和一批优秀作品。文化部主办的"国家舞台艺术精品工程精品剧目全国演出月"在全国各地同时展开。在社会上产生了强烈反响，引起广泛关注。

在电影、电视、网络等新型媒体竞争下，在市场经济多元文化价值观的冲击下，中国舞台剧艺术面临着挑战。它的崛起既需要自身与时俱进的创新，也需要国家的大力支持、政府的导向和激励作用。由文化部和财政部联合实施的重点文化项目——"国家舞台艺术精品工程"正是这一背景下的重大举措。这一重大工程 2002 年启动，计划从 2002 年至 2006 年，由国家投入 2 亿元人民币，平均每年投入 4000 万元人民币，力争 5 年内推出 50 部具有强烈时代精神和艺术魅力，能够真正"体现民族特色"、"代表国家水准"的优秀舞台艺术作品。2002 年初，评委会从全国各地选报的 166 台剧目中遴选出 30 台作为初步入选剧目，并向剧目生产单位下拨了总

---

① 本部分资料引自：刘玉琴：《国家舞台艺术精品工程看过来》，《人民日报》2003 年 5 月 6 日；《国家舞台艺术精品工程 10 台精品剧目将在京展演》，《人民日报》2003 年 11 月 27 日第 15 版；马盛德：《2006—2007 年度国家舞台艺术精品工程精品剧目点评》，《艺术评论》2008 年第 1 期；杨雪梅：《让人民群众共享文化发展成果——十七大以来文化建设成就综述（下）》，《人民日报》2011 年 10 月 5 日第 1 版。

额达 1800 万元的资助经费，经过加工修改，最终这 10 台剧目脱颖而出，获得 2002—2003 年度精品剧目殊荣。同时，话剧《爱尔纳·突击》、舞剧《大梦敦煌》、儿童剧《一二三，起步走》、粤剧《驼哥的旗》、芭蕾舞剧《大红灯笼高高挂》、京剧《骆驼祥子》、河北梆子《钟馗》等另外 20 台初选剧目获得"精品提名剧目"称号。自 2002 年"国家舞台艺术精品工程"项目实施以来，国家投资 2 个亿，国家舞台艺术精品工程已评选 6 届，推出了 50 台精品剧目和一批"精品提名剧目"，涵盖各大剧目，有京剧、昆曲、地方戏曲、话剧、儿童剧、歌剧、音乐剧、舞剧、大型交响乐、民族音乐作品以及大型歌舞、杂技等，在艺术内容、艺术样式、艺术元素等方面实现了创新，是当代舞台艺术的代表性作品。广大艺术家们为"精品"发挥聪明才智，付出了极大的心血，创作出了一批无愧于时代的高雅艺术作品，这些艺术精品不仅丰富了民族的艺术宝库，而且以其独特的表现方式和艺术特质，感染和打动了无数观众，极大地丰富了人们的文化生活，满足了人们的审美需求。

国家舞台艺术精品工程是新世纪文化创新的重大举措。它使精品走进大众生活，为广大人民群众所喜爱、所接受，以艺术的力量和情感陶冶人的情操，让艺术精品滋养国人的素质和情怀，在提高国民素质和美育教育中发挥更有效的作用。人们的精神生活需要高雅艺术，而高雅艺术并非自然形成，而是需要一种灌输意识。当今时代，文化的交流与碰撞达到了前所未有的程度。中国改革开放的成功不仅使国人在物质生活上得到了实感，而且在精神生活领域也发生了极大的变化。形形色色的外来文化在丰富和满足人们的审美需求的同时，不断充斥并动摇着本土文化的地位，大有不可阻挡之势。这种现象对中国当代舞台艺术的发展具有很大的挑战性。同时，当下的中国是一个以市场经济为主导地位的社会，人们的心态普遍浮躁，急功近利。一些粗制滥造、格调低下、艺术性差的作品，充斥着我们的艺术市场。我们的文化发展和艺术创作将如何面对纷繁复杂的现实社会，我们需要采取哪些举措来应对未来的社会发展和满足人们日益变化的审美需求。对此，在舞台艺术的创作领域，坚持和发扬"精品"意识、精品精神，持之以恒地大力倡导高雅艺术，引领创作导向是至关重要的。对于具体的精品剧目，首先要在广度和深度上进一步深化，加强宣传力度，巩固来之不易的成果；其次要保持一定的演出场次，进一步拓展展演剧目的受众面，精品要最大限度地走近大众的生活，从而改变长期以来在我们的文艺领域存在着的"圈内热,圈外冷"的状况。

国家舞台艺术精品工程是贯彻落实十六大精神和"三个代表"重要思想,大力推进先进文化建设的一项重要举措。作品弘扬时代的主旋律,在构建新时期国家形象以及民众价值规范上起到了很好的导向作用。"国家舞台艺术精品工程"具有历史性和开拓性的意义。从中涌现出了一大批优秀导演、演员等艺术大师,推出了代表当今最高的艺术水平,具有极强的艺术感染力,又具有民族品格、当代气质,代表着国家艺术形象,这些作品风格多样,思想性、艺术性和观赏性达到了有机统一。既坚持艺术本体特色,又努力追求多种舞台艺术手段的综合运用,不论是现代题材还是历史题材,都注重贴近生活,贴近时代,呈现出引人入胜的舞台效果和开拓创新意识。作为中国文化发展的一大创新,"国家舞台艺术精品工程"繁荣了艺术创作,凝聚和培育了一大批艺术人才,为丰富人民群众的精神文化生活发挥了积极作用。

四 高雅艺术进校园:走近艺术,感受经典, 陶冶情操,提高修养①

2011 年早春 4 月,全国"2011 年高雅艺术进校园"活动在宁夏大学拉开序幕。3600 多名师生观看了由中央歌剧院带来的艺术盛宴。演员们以精湛的演技、动情的表演迎来了现场师生的阵阵掌声。

2010 年 6 月,国家京剧院走进大连理工大学等高校,连续演出 5 场,观众近万人次,在大连各高校掀起了京剧热潮。这次演出拉开了国家京剧院 2010 年"高雅艺术进校园"的序幕。国家京剧院先后走进辽宁、江苏、浙江、广西和青海 5 个省(自治区),共演出 32 场。

2009 年 3 月,在高雅艺术进校园活动在北京正式启动。3 月 29 日,《李岚清中国近现代音乐笔谈》首发式暨 2009 年高雅艺术进校园活动开幕式在国家大剧院隆重举行。原中共中央政治局常委、国务院副总理李岚清出席首发式并作了关于"音乐、艺术、人生"的专题讲座。中央音乐学院

① 本部分资料引自:周伟川、李燕芳:《对高职院校开展高雅校园文化活动的思考》,《科教导刊》2010 年第 3 期;郑文慧:《建设高雅、和谐的高校校园文化》,《华中师范大学研究生学报》2007 年第 3 期;赵娜:《高雅艺术在高校文化建设中的作用》,《艺术教育》2010 年第 3 期;高晓欧:《高雅艺术进校园在校园文化建设中的作用研究》,《成功(教育)》2010 年第 10 期。

和中国音乐学院在开幕式上演出了《李岚清中国近现代音乐笔谈》中评介的部分曲目，由此正式拉开了 2009 年高雅艺术进校园活动的序幕。

2008 年盛夏，"2008 年高雅艺术进校园活动"在北京交通大学开幕。活动除组织国家京剧院、国家话剧院等国家级艺术团体和高校学生乐团、地方艺术院团演出京剧、昆曲、话剧、交响乐、民族音乐等经典剧目外，还组织"全国普通高等学校艺术教育专家讲学团"赴中西部地区高校举办艺术教育专题讲座共 150 场，由专家结合所演剧目进行现场讲解和欣赏辅导，帮助听众、观众提高艺术修养。

……

为进一步推进高雅艺术进校园活动，丰富校园文化生活，营造青少年学生健康成长的良好文化环境，引领广大学生弘扬优秀民族文化，提高艺术修养和文化素质，自 2005 年开始，教育部、文化部、财政部组织开展了"高雅艺术进校园活动"。活动坚持先进文化导向，坚持以育人为本，坚持面向全体学生，以"走近大师，感受经典，陶冶情操，提高修养"为主题，通过政府购买文化院团服务为大学生提供免费欣赏高雅艺术的形式，组织国家级艺术院团和优秀地方艺术院团赴高校演出，组建全国普通高校艺术教育专家讲学团赴中西部高校讲学，以及开展全国普通高校和中学普及高雅艺术活动。旨在引领青年学生提高审美修养、提升精神境界，满足精神文化生活的需求，以建设"向真、向善、向美、向上"的校园文化。

从 2005 年开始至今，国家财政为其累计投入 5600 万元，各地方财政共投入 2600 万元，每年 10 多家国家级艺术院团赴全国各地高校进行 100 多场演出，取得了十分显著的效果，受到了大学生的热烈欢迎。据不完全统计，自高雅艺术进校园活动开展以来，累计受众人数已达 500 多万人。根据教育部在 17 个省份 115 所高校中进行的问卷调查结果显示，大学生对这一活动表示"非常喜欢"和"喜欢"的占 92.5%，89.6% 以上的大学生表示"震撼心灵"、"提高了艺术修养"、"获得艺术享受"、"学到有益的知识"、"开阔了眼界"。活动为学生提供免费欣赏高雅艺术的盛宴，从中国的国粹到西方的经典，京剧、昆曲、话剧、交响乐、歌剧、芭蕾舞、民族民间音乐歌舞等经典节目和优秀节目，学生们不仅零距离地享受了艺术大师的精湛表演，从中体验和感受到了高雅艺术的独特魅力，而且通过聆听讲座，提高了艺术修养和文化素质，丰富了他们的业余文化生活。

"高雅艺术进校园活动"有其现实背景。高雅艺术是高雅文化的重要组成部分，是校园文化的重要组成部分，对学生思想观念、价值取向和行为方式有着潜移默化的影响。而校园文化是与社会文化相通的，是整个社会文化的一个支流或组成部分。随着经济全球化纵深发展和中国改革的不断深化，各种思想文化相互激荡，各种错误、浮躁和低俗文化也进入校园，加之当代大学生思想活动的独立性、选择性、多变性、差异性的明显增强，给校园文化建设带来了前所未有的挑战。如何准确把握当前大学生的思想和审美特征，引导他们坚定中国特色社会主义信念，吸收人类优秀文明成果成为高校面临的新课题，具有紧迫性。

校园文化活动可分为三大类：一是知识性活动，包括学术竞赛和科技创新活动等；二是娱乐性活动，包括各类文娱晚会、体育竞赛等；三是实践性活动，包括各类社会公益活动、社会服务活动等。目前，高校校园文化活动主要是娱乐性活动，学术型活动较少，社会实践型活动的实效性和计划性则有待提高。而多数娱乐性活动比较通俗、浅层次。诸如游戏、游玩等，就算是学校的传统活动或大型晚会，也充斥着港台流行音乐、无厘头搞笑小品或街舞、的士高舞蹈等通俗文化。这类活动起点较低，内容贫乏，在计划性和实效性上也需要提高。同时，网络文化引导监控力度不够，对大学生造成了不小的负面影响。种种现状均提出了进行建设高雅、和谐的高校校园文化的要求。为此，《中共中央国务院关于进一步加强和改进大学生思想政治教育的意见》提出："进一步推进高雅文化进校园活动，丰富校园文化生活，提高学生艺术修养，引领大学生弘扬优秀民族文化，吸纳人类先进文化的成果，提高艺术修养和文化素质，促进大、中学生全面发展。""高雅艺术进校园"活动，无疑为当今贫乏、通俗、浮躁的校园文化带去了一股清新之风，在加强美育，培养学生良好的审美情趣和艺术素养，在校园中形成良好的艺术氛围，为大学生的健康成长营造良好的文化环境中发挥了重要作用。

"文化的创造在于立人，文化的发展在于发展人。"大学生的健康成长，迫切要求高雅文化走进校园。高雅文化进校园，可以为学生提供良好的成长土壤和氛围，有益于促进大学生形成健全人格、促进其全面发展；欣赏高雅文化能给人一种无形的推动和鼓舞的力量，有益于大学生吸取古今中外人类创造的文化营养，保持昂扬向上的精神状态。例如，通过阅读中外文学名著、欣赏歌剧、交响乐、戏曲等文化艺术，其中展现的高尚的思想境界、精神境界、政治品德、道德情操，体现的对真、善、美的追求，都会对大学生产生巨大的影响，起到陶冶情操、提高素养、开发智力之作用。通过欣赏作为国粹的京剧、被列入世界非物质文化遗产的昆曲等国家传统剧种以及民族乐团精湛演出，可以让学生在感受经典艺术魅力的同时，充分地认识及了解中国几千年来流传下来的文化精髓，从而源源不断地产生爱国主义情结及民族自豪感。欣赏外国歌剧、芭蕾舞能够开阔学生的视野，让学生"走出国门"，充分了解国外文化背景，吸收国外文化的闪光点，进而可以尝试性地将传统的民族文化与异国文化相比较，从多个文化视角增强对文化的涉猎，提升个人的人文素质。"高雅文化进校园"活动，还有助于大学重新回归宁静。学生多接触一些高雅的文学文化作品，使他们的内心得到震撼，思想得到启迪，有助于使他们自觉抵制庸俗，追求心灵的纯真、平静，追求高雅、高尚。高雅文化是先进文化的组成部分，蕴涵深厚文化思想内涵，蕴藏其创作时代社会、自然以及人际交流所必需的各种形象化感性知识，能够陶冶人、教育人、培养人，传承世界各民族文化精髓。高雅文化所包含的这些内容对于培养正确的大学精神，树立大学生正确的世界观、人生观和价值观，以及培养大学生的综合素质来说是极其重要的。高雅文化走进校园能提高学生的审美意识，能使学生经常处于一种良好的氛围中，潜移默化地影响着他们的生活习惯和行为品格，使学生分享优秀的文化成果的同时，带动学校自身的校园文化建设，促进丰富多彩的业余文化活动，从而形成良好的校园文化氛围。

五　"农家书屋"：点亮农民新生活，引领农村新风尚①

这是吉林省长春市绿园区岳家村的农家书屋：30 多平方米的书屋里，一侧 10 个大书柜里整齐摆放着科技、文化、生活等各类图书；一旁还有

① 本部分资料主要引自：李苑：《"送金山银山，不如送一座书山"》，《光明日报》2011 年 9 月 26 日《文化新闻》；王保纯：《各地农家书屋人气旺》，《光明日报》2011 年 8 月 22 日《文化新闻》；常亦殊、黄小希、王宁：《农家书屋帮农民"富了脑袋富口袋"》，《中国青年报》2011 年 9 月 26 日第 6 版；张莎：《暖到心头的农家书屋》，《重庆日报》2011 年 11 月 2 日；张韬：《背篓书屋》，《恩施日报》2010 年 4 月 1 日；惠程华：《我的书屋我的家》，《甘肃日报》2010 年 8 月 2 日。

杂志栏和报刊栏，放有 10 余种最新的报纸、期刊；在另一侧则放着电视和电脑。书屋中间的阅览席，三五个农民正在读书，大家看的多为科技、法律和休闲类图书。

2010 年 8 月 1 日，山东省诸城市辛兴社区的李敏在社区农家书屋翻看书籍。山东省诸城市依托农村社区服务中心这个有效平台，在全市 208 个农村社区服务中心建成农家书屋 233 家，藏书 120 多万册。2010 年以来，全市农家书屋借阅量达到 30 多万人次，其中借阅科技书籍的 20 多万人次。

一大早，巴南区界石镇桂花村大学生"村官"何沛洋背着装满各种儿童读物的背篓，从村办公室出发，赶往白羊岗社 5 岁的留守儿童孙嘉怡和周思羽的家中。半小时后，何沛洋背着背篓走进孙嘉怡家的院坝里，还没来得及抹一把头上的汗，两个小娃娃就笑着冲了过来。《智慧学画》、《蘑菇洞》、《和我一起动动脑》、《少儿百科全书》……何沛洋"献宝"似地将书一本一本拿出来，立刻被两个孩子"瓜分"了。一本本精挑细选的好书就这样被装进背篓里，"坐"在大学生"村官"的肩上走进农家，被村民亲切地称为"背到肩上、送到家门、暖到心头的农家书屋"。

2011 年初春，冒着绵绵细雨，湖北省鹤峰县燕子乡桃山村有一位农家书屋管理员张柏街背着书走了近 1 公里山路，把村民刘春兰所需要的几本养殖技术书籍送到她手中，稍事休息后，张柏街又踏上了送书之路，因为还有好几位村民等着他去送书。由于山大人稀，交通不便，村民到书屋看书不很方便。为了让村民能及时看到自己所需要的书，他利用农闲时间，背着背篓，挨家挨户送书。大家都称他的农家书屋为"背篓书屋"。

作为西部地区的甘肃省，自 2005 年试点启动农家书屋工程以来，全省的 17609 个行政村，至今建成 14930 个农家书屋，已覆盖全省 85% 的行政村。辽宁省农家书屋从 2007 年开始试点建设，至 2010 年底，全省累计投入建设资金 20460 万元，建成农家书屋 11762 个，采购图书 2058.71 万册，配齐了书柜和供阅读使用的桌椅等设施，实现了全省行政村 100% 全覆盖，提前实现中央提出的村村都有农家书屋的工作目标。新疆维吾尔自治区把农家书屋建设列为 2011 年自治区"民生建设年"80 件重点民生实事工程之一。江苏省的星级示范农家书屋评选活动、黄山市的十佳农家书屋示范点评选活动、辽宁省的"读书状元"和"读书示范户"评选活动、安徽六安市的优秀"农家书屋"评选活动、全国农家书屋阅读讲演活动评选活动……

"农家书屋工程"是为深入贯彻落实中共中央、国务院《关于推进社会主义新农村建设的若干意见》和《关于进一步加强农村文化建设的意见》，切实解决广大农民群众"买书难、借书难、看书难"的问题，由新闻出版总署会同中央文明办、国家发展改革委、科技部、民政部、财政部、农业部、国家人口计生委，于 2007 年 3 月联合发起在全国范围内实施的一项重大民生工程。"农家书屋工程"按照"政府组织建设，鼓励社会捐助，农民自主管理，创新机制发展"的思路组织实施，具有一定数量的图书、报刊、电子音像制品和相应阅读、播放条件。每个"农家书屋"的图书一般不少于 1500 册，品种不少于 1200 种，报刊 20—30 种，电子音像制品不少于 100 种（张）。

"农家书屋"工程是国家公共文化服务体系建设的五项重点工程之一，中央财政已投入专项资金 46.9 亿元，地方投入资金达到了 30 多亿元。从 2007 年开始、2008 年底全面推开，该工程建设取得了显著成效，各地掀起农家书屋建设热潮，全国已建成农家书屋 40 万家，惠及亿万农民。为充分体现公共文化服务项目的公益性、基本性、均等性、便利性，在"十二五"开局之年，针对农村人口占全国总人口的比重仍然很大的实际情况，政府计划加快建设步伐，"农家书屋"工程于 2012 年全面竣工，基本覆盖全国所有行政村。

农家书屋正全方位地影响和改变着农村和农民的生活方式。"不打麻将不打牌，农家书屋转一转，富了口袋富脑袋，净了环境净思想。""打竹板，响连天，今天不把别的谈。农家书屋进了村，乡里故事真新鲜。农家书屋真是好，借书看书由你选。书屋藏书千万册，报刊影像样样全。农家书屋真是好，农民书中把金淘。书中自有百般理，科技书刊是个宝。实用技术装满腹，医学知识助体健。致富书籍更不少，电工钳工和运输。种植养殖和劳务，科技致富走在前。翻阅资料实在全，头脑充实理念新。发家致富精神足，学习务农两不误。书屋好比自己家，免费借来免费读。我的书屋我的家，欢迎大家常光顾。"甘肃省农民自编的顺口溜和快板词，生动而又真实地道出农家书屋给生活带来的新变化。

"农家书屋"工程为广大农民普及科技知识，学习先进文化，提供精神食粮，以科学知识武装头脑、以文明甘露滋润心灵。"知识改变命运"的观念在广大农村深入人心，各种读书、培训、文化等活动的开展，极大扩展了它的服务功能，有效提升了农村文化建设的基本水平。如今，"农家书屋，我的书屋，我的家！""走，到书屋看书去！"成了村民们说得最多，听得最多的一句话。农家书屋，成为村民们学习、活动的场所，也是闲暇时间经常光顾的场所。农家书屋不仅仅是致富的功能性平台更是农民的精神家园。在这里人们交流各种技术，寻求问题的答案，寻找生活的快乐。天天泡"书吧"已成为人们的新时尚。中国的农民告别了几千年来以"日出而作，日落而息"的生活方式，也告别了落后的思想观念和不文明的生活习惯，用科学改变愚昧，让闲暇时间在获取知识中变得有意义，生活方式更加健康文明。让书香飘溢山乡村落，真正在广阔农村建起了丰实的"文化粮仓"，悄然浸润和丰富着农民的精神世界、文化生活，其意义和影响深远。蓬勃发展的"农家书屋"已日益成为农民精神文化生活的"新阵地"，学习知识、提高素质的"良师益友"，增收致富的"好顾问"，也成为新农村建设的"加油站"。

六　幸福蓝海影视文化集团：打造发现幸福、创造幸福的产业链[①]

为发挥典型示范作用，推动文化体制改革深入发展，2009 年 8 月，由中宣部、文化部、国家广电总局、新闻出版总署对率先完成改革任务的 12 个试点地区和积极推进体制机制改革的 58 个文化企业予以表彰，其中，"江苏幸福蓝海影视文化集团有限公司"榜上有名。"幸福蓝海影视文化集团"正如它的名字一样，将以发现幸福、创造幸福、分享幸福为理念，生产更多影视精品，满足人们的精神文化需求。

自 2005 年成立以来，幸福蓝海影视文化集团股份有限公司，实现了市场领域从江苏迈向全国、从国内迈向世界的"三级跳"，共投资拍摄、发行百余部影视产品。公司戮力电视剧精品生产：《人间正道是沧桑》荣获全国"五个一工程奖"、"亚洲电视剧大奖"、第二十八届中国电视剧"飞天奖"、长篇电视剧一等奖。《老大的幸福》影响力美誉度俱佳；

---

① 本部分资料主要引自：《我国改革开放三十年来文化建设取得巨大成就》，《光明日报》2008 年 10 月 9 日；周玮等：《党的十六大以来我国文化体制改革成就综述》，《中国联合商报》2011 年 10 月 31 日第 C01 版；周玮、黄小希、白瀛：《探索文化发展新道路、开创文化建设新局面》，《解放军报》2011 年 10 月 13 日；张红生、黄斌：《幸福蓝海集团的产业链建设》，《视听界》2009 年第 5 期；沈培峰等：《〈南京！南京！〉的项目运作与思考》，《视听界》2009 年第 5 期。

《我们的法兰西岁月》入选中宣部推荐的 10 部主旋律新剧；《人活一张脸》、《山楂树之恋》、《生死之恋三部曲》、《战地浪漫曲》等一大批作品各具特色，异彩纷呈。公司积极跻身电影制作：《南京！南京！》获多项国际大奖，并进入英国主流院线；《建国大业》大陆票房4.7亿元，《秋之白华》获华表奖优秀故事片奖，《十月围城》被赞誉为"年度最佳"，并获香港电影金像奖 8 项大奖；《让子弹飞》票房超过 7 亿元，《建党伟业》影响深远，《辛亥革命》题材重大。公司投资影城分布全国，南京新街口国际影城连续几年进入国内影城票房排行前十名。2010 年，集团公司产值近 10 亿元，年均增长 30% 以上，已发展成为国内知名的影视内容提供商和集成商。

在短短的几年里，幸福蓝海影视文化集团能够成为国内知名影视内容供应商和集成商，是新的理念和新体制带来的新发展，其成功的特点，在于重视产业链的建设。

2004 年 2 月，国家广电总局出台《关于促进广播影视产业发展的意见》，对中国广播影视行业产业化首次进行全面阐述。江苏广播电视总台停止电视剧部、专题部等部门事业模式运作，成立天地纵横影视和众望影视等文化公司，将电视剧、纪录片等制作资源按市场要求进行配置，整体转制改企，以市场主体的身份参与竞争，在国内省级台中较早实现改制和市场化、产业化运作。随后，又陆续成立了多家影视内容制作公司。从竞争角度看，这些企业虽然在业务上有关联，并各自形成了一定的生产能力，但总体上是各自为政，分散经营，既难以产生协同效应，也无法形成较强的竞争优势。几年来，虽也生产制作了一些影视作品，但在业内并未获取持续的影响，甚至还存在资源和价值活动的重复、浪费。

2005 年江苏广播电视总台将影视制作部分剥离转制，组建成立了一家影视娱乐内容提供商——幸福蓝海影视文化集团股份有限公司，在经营内容上涵盖电影、电视、娱乐，在产业链条上横跨创意、制作、发行、放映、播出。为了成为国内规模一流、利润一流、影响力一流、品牌一流的影视制作公司，幸福蓝海影视文化集团通过整合、聚焦、链接、创新等措施，整合各种影视制作能力，逐步优化产业链体系，做大企业规模，获取竞争优势。幸福蓝海影视文化集团的组建适时地在这些分散的制作能力、价值活动之间建立链接，使原本就存在的关联业务实现耦合，相邻产业、相邻价值活动实现衔接，企业资源得到共享，竞争力大幅提升。2009 年上半年，幸福蓝海影视文化集团完成的经济指标与往年同期相比，各业务板块都有较大幅度增长。

　　幸福蓝海影视文化集团成立后，通过品牌、资金、项目、渠道等内容的聚焦，逐步实现了品牌共享、资源融通、项目优化。其中最为突出的变化包括：一是市场规模迅速扩大。通过业务积聚，每年有 10 部或更多由幸福蓝海影视文化集团主投的作品面市，在市场上的冲击力、影响力远远大于每年面市两三部的小公司。幸福蓝海影视文化集团在规模上迅速成为行业内重要的竞争者，尤其是在省级广电影视内容提供商中占据了有利位置。二是取得战略协同效应。过去各个业务板块各有自身发展战略，彼此间缺乏呼应。现在，各业务板块都将精品大片作为自身战略，目标趋同，大大提升了大片精品的出产概率和成功概率。特别是 2008 年以来，江苏广电总台和幸福蓝海影视文化集团已先后出品《人间正道是沧桑》、《人活一张脸》、《战地浪漫曲》、《老大的幸福生活》、《结发夫妻》等优秀作品，以"集群"规模引起业内关注。三是资源互补。幸福蓝海影视文化集团通过制度性安排，使各业务单元彼此资源共享，大大提升了各自价值活动的效率。影视业务积聚，大大提升了江苏广电总台和幸福蓝海影视文化公司影视内容的竞争实力。在影城的开发上，幸福蓝海的产业运作策略是制定标准、市场扩张。幸福蓝海所辖的幸福蓝海亚细亚院线是全国广电系统唯一的院线，辖下主要有南京新街口德基等影城、蓝海江宁影城、蓝海苏州影城等项目。按照产业规律，只有当企业具有一定规模、占据一定市场份额的时候，才具备与上下游讨价还价的能力，影城拓展的目的正是成为市场上具有竞争优势和话语权的区域强势企业。

　　价值链的优劣，除了价值活动的规模、协同等因素外，还取决于价值活动的质量和效率。要实现有限资源利用效率的最大化，必须提升创意策划、生产制作、发行放映的效率。为此，江苏广电总台和幸福蓝海影视文化集团对影视内容的创意策划、生产制作、发行放映等核心经营活动在管理方式、目标考核、项目评估、组织方式等方面都制定了相应的流程、制度，从而提升项目运行质量，打造核心竞争力。为此，集团采取了加强对项目的管理，对所有拟投资的项目，幸福蓝海影视文化集团都单独对待，以项目为单位纳入管理体系，按项目管理、运作、评估，以经济回报、社会影响、观众美誉作为主要评估依据，对项目事前签订责任、事中监督、事后评估考核的标准。

"幸福蓝海影视文化集团",只是中国文化体制改革的一个典范。随着改革开放的不断深化,中国文化体制改革顺利推进。文化体制改革从局部到整体,从机制改革到体制创新,逐步实现由行政管理为主向综合运用法律、经济、行政、技术等多种管理手段的转变,经过了一个不断深化的过程。目前,北京、上海、重庆3个直辖市,沈阳、西安、深圳、杭州、宁波、广州、南京、成都8个副省级城市和其他37个地级市,都已经组建了统一高效的文化市场综合执法机构,执法效率和依法行政能力明显提高。一批经营性文化单位和艺术表演团体转企改制取得可喜效果,中国对外演出展览中心整体转制,效益提高,竞争力增强,北京儿艺、江苏演艺、丽江歌舞团、吉林歌舞剧院等转制为企业,为艺术表演团体改革探索了一条新路。文化体制改革大大解放了文化生产力,促进了文化产业的发展。一批新兴的具有较高技术含量的文化产业迅速崛起,动漫、网络游戏等新的文化业态发展迅速,一批有较强实力和自主创新能力的大型文化企业和企业集团成长起来,一批具有民族特色、自主知识产权和原创性的知名文化品牌崭露头角。如今,在中国的文化产业领域,众多的"幸福蓝海影视文化集团"正以其超凡的创造力打造"梦工厂",为人们创造幸福。

七　北京798:中国当代艺术形象的新地标①

就在以"文化"为主题的党的十七届六中全会在京召开期间,历时近一个月的"2011北京798艺术节"于10月16日在798艺术区798创意广场金属库闭幕。这是受到各方瞩目的一届艺术盛会。据不完全统计,艺术节期间国内外游客75万余人次,外国游客占到40%,创造了798艺术节

---

① 本部分资料主要引自:胡兆燕:《北京798:文化创新的标本》,《中国财经报》2011年10月27日第6版;新华网北京2011年11月3日电:《北京798艺术区扫描:拓展文化产业》;链徐琛:《追问艺术扎根乡野的意义》,《新京报》2007年2月28日"北京地理"文化版;万一、刘敏:《北京798艺术区调查:文化产业改革"基层范本"》,《中国改革报》2010年10月9日第6版;张英等:《就是一个体制问题——吴冠中谈中国美术现状》,《南方周末》2008年1月10日;张永恒:《文化产业如何成为支柱》,《人民日报(海外版)》2011年1月21日;吴冠中:《"奖"与"养"——艺术大师吴冠中谈文化体制改革》,《文汇报》2007年8月19日;中国社会科学院:《文化蓝皮书:2011年中国文化产业发展报告》,社会科学文献出版社2011年版;戴群:《谈谈图书出版业如何转型》,《出版发行研究》2011年第8期。

游客史上的新高。

近年来，"艺术区"作为中国文化体制改革和文化创新的重要形式，在各地特别是重要城市如雨后春笋般的发展起来。仅在北京市，就有"798艺术区"、"宋庄艺术群落"、"大稿国际艺术区"、"草场地"、"酒厂艺术区"、"东村"、"观音文化道"、"韩国画廊"、"环铁艺术区"、"左右艺术园区"、"费家村"和"索家村"等规模大小不等的艺术区。这些"艺术区"大多"采用一种独立的扎根农村乡野的方式，在租金极便宜的乡村地带自然聚合。这种特别的方式区别于CBD的声色犬马，也区别于中关村的人声鼎沸。似乎远离尘嚣，似乎遗世独立，也似乎遥不可及，就像一个个似乎诗意的栖居地，似乎是与红尘滚滚的尘世隔绝的'桃花源'"。

在北京众多的"艺术区"中，"798艺术区"尤为引人注目。如今，"登长城、看故宫、逛798"，已成为中外游客在北京的新旅行路线。正如英国当代艺术中心总监飞利浦·道德所说："从伦敦，到纽约，到巴黎，每个关心艺术的人都在谈论北京的798。"如今798已经引起了国内外媒体和大众的广泛关注，并已成为北京都市文化的新地标。2004年以来，瑞典首相、瑞士首相、德国总理（施罗德）、奥地利总理、欧盟主席（巴罗佐）、比利时王妃、安南夫人、法国总统希拉克夫人、挪威总理夫人、比利时王储、法国总统（萨科齐）、国际奥委会主席罗格等都先后参观访问过798艺术区。2003年北京798艺术区被美国《时代周刊》评为全球最有文化标志性的22个城市艺术中心之一。同年，美国《新闻周刊》将这里评选为年度世界TOP 12，首次把中国北京列入其中，原因之一就是798艺术区的存在和发展，证明了北京作为世界之都的能力和未来潜力。2004年北京被列入美国《财富》杂志一年一度评选世界有发展性12个城市之一，入选理由之一是798。798建筑改造方案是威尼斯12个中国优秀建筑展之一，是2004年北京双十年优秀建筑展重要展品。

地上本没有路，走的人多了，也便成了路。当年艺术大师可能的无心插柳，却成就了今天著名的艺术集聚地。工厂斑驳的红砖瓦墙，错落有致的工业厂房，纵横交错的管道，墙壁的标语，巨型机器……仍然依稀可见。历史与现实、工业与艺术在这里完美的契合在了一起。798艺术区坐落在北京的东北角，位于北京朝阳区酒仙桥街道大山子地区，故又称大山子艺术区（英文简称DAD——Dashanzi Art District）。它原是20世纪50年代由前民主德国援建的一家国营工厂，后经整合重组为北京七星华电科技集团有限责任公司，后来该公司将大量闲置的厂房以较低的价格对外出租。90年代末，为进行抗战群雕的艺术创作，中央美术学院隋建国等最先租下部分厂房。2002年美国人罗伯特租用798厂区内一座120平方米的食堂，改建为艺术书店，标志着798艺术区第一个境外租户的落地。

人们之所以选择此地，除了租金便宜，还是这里存在着与艺术之间的联系。798联合厂是由德国德绍一家建筑机构负责建筑设计、施工，具有典型的包豪斯风格，是实用和简洁完美结合的典范，人们以艺术家独有的眼光发现了此处对从事艺术工作的独特优势，充分利用原有厂房的德国包豪斯建筑风格，稍作装修和修饰，一变而成为富有特色的艺术展示和创作空间。园区有序的规划、便利的交通、风格独特的包豪斯建筑等多方面的优势，吸引了众多艺术机构及艺术家前来租用闲置厂房并进行改造。如今，入驻北京798艺术区的各类文化机构400余家，分别来自法国、意大利、英国、荷兰、比利时、德国、日本、澳大利亚、韩国、中国、中国台湾、中国香港等国家和地区。在这面积23万平方米的大院里，逐渐形成了集艺术中心、艺术空间、画廊、个人工作室、文化公司、时尚店铺、休闲酒吧以及各种与艺术相关的机构，还有《世界都市》、《乐》杂志社、各种服务业、文化娱乐业多种形式的文化艺术区。从2002年开始至今，这里已经举行了40多次风格多样的展览，内容主要涉及摄影、行为、音乐、地景等各方面。除大型的展览活动之外，艺术区几乎每天都有不同类型的展览展示活动，多为开放性的，观众可免费参观。操着各种语言的老外、留长须戴耳钉的艺术家以及身着蓝制服的工人，在路边锈迹斑斑的锅炉旁或驻足拍照或匆匆走过。798艺术区中大部分艺术中心和画廊供游客免费参观，在这里能直接和世界同步的艺术表达方式、艺术主题甚至是知名艺术人士对话。对每年200万人次的游客量来说，这是中国最大的艺术课堂。

北京798艺术区是文化与市场的有效对接，文化产业改革的有益探索。文化与市场对接、商业与艺术混淆，成为798艺术区的一个重要的特色，中外许多著名的商业画廊进军此地。如著名的UCCA私人艺廊，也被用来展示明星推销时装。资本的逻辑同样可以适用于文化市场，文化（当然公益性的文化事业除外）走向市场，实行产业化，这是必然的趋势，是人类文明的必然逻辑。中国有数千年的文物古迹，法国的卢浮宫里有举世称羡的文化遗产，但其文化影响力远远小于仅有几百年历史的美国。而打造出美国之文化大国的主要动力则来自文化消费市场，如好莱坞。加快文化管理体制改革，就是要通过市场化、品牌化运作，完善的市场准入和竞争机制。文化产品经过市场"优胜劣汰"，生命力更旺盛，更有助于深层开发和品牌运作。

北京 798 艺术区是在市场化运作中成长壮大起来的，可谓是文化体制改革的一个成功标本。798 是中国当代艺术的展示交易中心，在这里面展示和交易的是来源于当下中国正在发生的原创的艺术作品，出现在 798 的这一现象，牵涉都市发展、生产和消费模式等广泛的层面。经过 10 年发展，目前 798 艺术区已经吸纳文化艺术、影视传媒、设计咨询、旅游服务共四大类 400 余家机构入驻，从业人员 1 万余人，签约艺术家超过 2000 人。画廊、影视传媒、环境设计、精品家具设计、时装、书屋等园区内的业态，使 798 艺术区逐步形成以现当代艺术展示、交易为核心，多业态齐聚的集聚区。艺术区每年举办各类文化交流展示活动超过 2000 场次，每年艺术品的交易金额达 3 亿元。

2008 年 3 月，一位年届九旬的老人——吴冠中也走进 798，举办个人画展。吴老放下身段走进开放现代的 798，与他 2007 年以来发表的美术体系亟待改革的一系列言论是相呼应的，此次展览意义大于内容，是吴冠中对自己观点的实践。在 2007 年的一次谈话中，吴老提出要取消文联、美协等一些看似极端的观点，在当时引起了许多争议。他指出，美国国家并不供养画家，法国也只是给一些贫苦的画家提供廉价画室，而中国古代就有御用画院，今天也有无数养画家的画院。从今天的社会发展和经济情况看，画院的体制必须改革，探索符合艺术创作规律的发展道理。艺术家是社会这个严酷的大环境中成长出来的，其淘汰率特别大，是沃土里未必能成长的一种特异生命品种。她必备才华（或曰艺术细胞）、功力、学养、品位、经历、苦难、见闻……将养"作者"、"协会"的皇粮收回，转用于奖，奖作品，奖杰出的作者，奖杰出的某个展览或作出了成绩的某个协会，收购作品，多建美术馆，让真正优秀作品必有出路，作者只需为创作奋斗，流血，付出身家性命，无须向协会、画院寻求之阶。祖国改革开放后遍地开花，铁饭碗式的画院及霸权式的协会，其体制早该改革了。在平等的基础上，所有的艺术工作者，在不违背国家文艺导向的前提下，可自由组合协会，当出现更为灿烂的繁荣，高质量的繁荣，而非泡沫式的繁荣。

如今，当年艺术家们无心的插柳已成荫，星星之火，已成燎原之势。"798 艺术区"已成为艺术家从事艺术创作的空间和展示、交流、交易的平台。然而，艺术区的快速发展，也引发了一些需要我们深思的问题。

"艺术区"是一个文化符号，应拒绝文化"GDP"，彰显一种文化理念。北京文化创意产业促进中心副主任吴锡俊指出："2010 年，文化创意产业占北京地区生产总值的 12%，是全国最高的。可以说已经成为北京市的支柱产业。"北京市朝阳区委宣传部副部长、文化创意产业促进中心负责人丰春秋认为："在朝阳区，文化创意产业占本地区生产总值的 14%，更是支柱中的支柱。按照市领导的说法，北京市有四个世界知名的集聚区，除海淀区的中关村园区外，奥运功能区、798 国际艺术区、CBD—定福庄国际传媒产业集聚区都在朝阳。"目前，我们一提到深化文化体制改革，解放和发展文化生产力，就是诸如："电影产业票房价值多少"，"去年票房出现井喷奇迹，中国市场跨入百亿时代"；"我国图书出版品种与出版总量居世界第一，年生产图书 30 多万种、70 多亿册"……似乎发展文化产业只是为了促进经济发展，衡量文化产业发展只能看经济效益。这实际上是"唯 GDP 观"在这里的反映。片面追求经济效益，也是导致"三俗"产品出现的重要原因。其实，我们的政策是"始终把社会效益放在首位，实现经济效益和社会效益有机统一"，但舆论宣传的导向和实际衡量的标准，却客观上引导人们注重追求经济效益。因此，尽管经过 20 多年的文化体制改革，中国文化生产力得到解放和发展，文化产品和文化服务无论从数量还是质量上大大提高。但是最主要的问题是，人们实际的文化需求与有效的文化供给之间存在着严重的不对称：我们的电影的精神内涵和价值还尚待提升，图书市场应亟待改变重复出版和靠教材及考试辅导资料维持的局面；大量的资金投入并未取得预期的圆满效应，丰富的文化资源并未完全带来市场的繁荣，曾经有数千亿资金与数万个文化项目灰飞烟灭……如今 GDP 观已经受到质疑，具有特殊意义的文化产业，如果只追求数量增长，更是有失偏颇。无疑，追求利润是市场经济天经地义的规律。但同时也不能违背文化自身的本质和发展规律。

如今的 798 已成为北京的"城市名片"，北京市几个自发形成的创意产业集聚区之一，正在形成日臻活跃的文化经济市场。"798"现象体现了一种不可阻挡的必然趋势，但也不能任其自由发展。要做的是引导和规范，使其健康地发展。2006 年，北京 798 艺术区分别被朝阳区、北京市政府列为首批文化创意产业集聚区之一；被中关村管委会评为中关村电子城文化创意产业基地，798 作为"创意地区、文化名园"的氛围正在形成。为了加快推动艺术区繁荣、发展，朝阳区政府与七星集团共同成立了北京798 艺术区建设管理办公室，以"协调、服务、引导、管理"为宗旨，推进艺术区当代艺术与文化创意产业的发展。北京 798 艺术区管委会副主任张国华在接受记者采访时说，党的十七届六中全会精神和《决定》是新形势下推进文化改革发展的指导性文件，将再一次吹响推动社会主义文化大发展大繁荣的进军号。他对成功举办了 10 届的 798 艺术节做了总结："798 的发展过程，可归纳为三个阶段：自发，规范，提升。古今中外许多事例证明，艺术这东西，往往是管死容易管活难。我们的党和政府管了，管的结果是，798 越管越繁荣了，管得在国外享有盛名了。"

八　马未都的第一家私人博物馆：
中国文博事业异军突起[①]

"观复博物馆"——新中国第一家私立博物馆。它从 1997 年诞生到今天享誉海内外，期间经历了 14 个春秋的不平凡过程……

1996 年 10 月，在马未都的努力和有关部门的大力支持下，"观复古典艺术博物馆"终于获准成立了。1997 年 1 月 18 日，"观复古典艺术博物馆"正式对公众开放。1999 年为配合世界建筑大会，"观复古典艺术博物馆"同《建筑报》合作，举办了中国古建筑门窗及陈设展，精美的展品和独特的展览设计给 20 万来自全世界的参观者留下了深刻的印象，李瑞环主席在开幕时也参观了展览，并给予了高度评价。2003 年 10 月，远赴巴黎展出中国古代门窗，受到各界好评，当地的《欧洲时报》并以大幅文章报道展出盛况。2004 年，"观复古典艺术博物馆"迁至朝阳区大山子张万坟金南路 18 号。2007 年，"观复古典艺术博物馆"正式更名为"观复博

---

① 本部分资料主要引自：金杭婷：《杭州私立博物馆异军突起》，《杭州日报》2004 年 5 月 23 日；邓芬：《探索文博事业与旅游业的合作途径》，《中国博物馆》2003 年第 1 期；陈勇：《精心打造文博事业努力构筑和谐社会》，《上海文博论丛》2005 年第 2 期；龚良：《时代发展了文博事业也要创新发展》，《东南文化》2007 年第 1 期；刘婷：《"观复"成立基金会》，马未都：《让博物馆成为"公物"》，《北京晨报》2010 年 6 月 11 日；张文平：《浅谈文博事业在构建和谐社会中的文化责任》，《文史博览（理论）》2011 年 3 月。

物馆",正式实行理事会制。观复博物馆在浙江杭州、福建厦门、哈尔滨设有地方馆。2002 年,马未都创办了全国首家博物馆分馆——观复博物馆杭州馆,2005 年创办观复博物馆厦门馆,2010 年创办观复博物馆哈尔滨馆。2008 年 1 月 1 日,马未都登上中央电视台王牌节目——《百家讲坛》,讲授中国文物及其背后的历史、文化知识。这是《百家讲坛》首次推出此类节目,也反映了当今国家重视文化、重视历史的潮流。2009 年 9 月,在馆长马未都的策划下,"观复博物馆"隆重举办两个特展:《座上宾——中国古代坐具展》、《百盒　千合　万和——中国古代盒具展》,以自己的方式为国庆 60 周年献上独特礼物。2010 年 6 月,"观复文化基金会"正式成立。基金会致力于传播中国传统文化,支持中国博物馆事业的发展,资助文物研究与保护项目,倡导"与文化共同远行"的宗旨。基金的主要用途是建立观复博物馆新馆,新馆目前正在选址中,新馆建成之时,马未都将把名下所有文物捐献出来,希望博物馆成为社会"公物","我将远离、下车"。

　　……

　　"观复"出自老子《道德经》第十六章,原文是:"致虚极,守静笃,万物并作,吾以观复,夫物芸芸,各复归其根,归根曰静,静曰复命。"意思是说:达到虚空的极点,安住于甚深的禅定之中;宇宙万物相互运作生长,我们得以观察到它们的本根源头。不论万物如何变化多端,终会回归根本。回归根本称作静,就是所谓的回归其本来自性。"观"即看,"复"即一遍又一遍。世间万物你只有静下心来一遍又一遍反复仔细观察,才能认清它的本质。"观复"博物馆由此得名。馆内设有:瓷器馆、家具馆、油画馆、工艺馆、影像馆、门窗馆和多功能厅。常年举办各类展览及讲座,开展鉴定和咨询业务。展览侧重开放形式,强调人与历史的沟通,突出传统文化的亲和力。观复博物馆为公益性独立法人,接受社会各界的捐赠。

　　近年来,随着社会经济的发展和国民素质的提高,中国文博业的发展成为一种必然趋势。目前,中国文博事业的发展模式和特点是文博业与旅游业的有机结合,主要走一条依托文物资源优势,与旅游业紧密结合的发展思路。随着文化产业的兴起,全国各地纷纷把博物馆作为旅游资源开发利用。文物的保护、利用与旅游事业的发展相得益彰,走上了良性发展的轨道。如:坐落在广东省南海市丹灶镇苏村,自然景观十分优越,古树、鱼塘、农作物等放眼可见，加之是近代中国维新变法领袖康有为的故居，被建成康有为纪念馆，成为一处集人文、历史、文化为一体的旅游景观，成为爱国主义教育的基地。上海市的中共"一大"会址纪念馆、龙华革命烈士纪念地等"红色之旅"景点。以历史文物建筑为主线，串联起上海丰厚、灿烂的历史文化。中山市中心形成的以中山市博物馆、中山·中国收音机博物馆、香山商业文化博物馆、筹建中的华侨历史博物馆、中山漫画馆等博物馆群，彰显中山博物馆文化特色。江苏既是文化大省，也是文物大省，是近代中国博物馆事业的发祥地之一。100 年前，状元出身的张謇先生创办了南通博物苑，并逐步营建南通城的社会事业。70 年前，教育家蔡元培创议建立了中国第一个国立博物馆——南京博物院的前身中央博物院。这是江苏文博事业的开始、中国博物馆事业的开始，也是构建协调发展的人文江苏的开始。近年来全省博物馆呈数量不断增加、规模不断扩大、服务不断提高的趋势，目前博物馆已达 180 余座，形成了博物馆、纪念馆发展的整体优势。

私人博物馆将成为中国文博业发展的生力军。在国际社会上，私立博物馆是发展的主流。比如美国现有博物馆 8200 多座，其中私立博物馆就占了 60%。西方国家许多著名博物馆的前身都是私立博物馆，比如英国大英博物馆、美国大都会博物馆等等最早都是在私人捐赠的基础上建立起来的。观复博物馆是中国文化体制改革的产物。从成立到发展，经历了曲折过程，如今在海内外产生影响，代表着现代文博事业发展的一种趋势。作为新中国第一家私人博物馆，从成立至今，观复博物馆已经有 14 年了，许多次面临生存难题，但自 2008 年起进入良性生存状态，而 2009 年、2010 年，财政状态良好。"观复文化基金会"的成立，则有望使博物馆处于一种"有序生存"状态。博物馆创办人马未都指出，对大学、博物馆的捐赠，是慈善的重要组成部分。他希望捐助人有一种心态，那就是"居下临高"向文化捐赠，尊重文化。"观复文化基金会"将借鉴国外同类艺术基金会的管理模式，开创适合中国博物馆的运营模式。

包括私人博物馆在内的文博业，是中国特色社会主义文化建设的重要组成部分，具有收藏保护文物、科学研究、陈列展览、宣传教育四项基本功能，在精神文明建设和未成年人思想道德建设中发挥着重要作用。文博业是文化产业的重要组成部分，它使文化资源向经济资源的转化成为现实，在增加财政收入、优化经济结构、创造就业机会和繁荣区域经济等方面与经济的关联度越来越大。但是，发展文博业的根本宗旨是提高人文素质。博物馆是一个国家或地区文明发展程度的重要标志，是青少年教育的第二课堂，是成年人的终生学校，是衡量一个地区发展水平的窗口。大力发展文博业，能够在继承、展示、传播、交流中传承中华文明、弘扬民族优秀文化、振奋民族精神、促进先进文化发展、凝聚民族力量。文博业不仅是人类文化传承与创新的重要阵地，而且是各种文化的汇聚，所标志的是历史传统和艺术成就，代表着一个国家、一个民族或一个地方的形象，在传承文明、延续文化的多样性。文博业是精神财富的宝库，是陶冶情操、提高素质、培养民族自信心和自豪感的最佳方式，担负着人类内在精神的传播，潜移默化地培养了人们正确的世界观、人生观、价值观，对于提高全民文化素质，增强热爱祖国的自觉性，对于一座城市或一个地区的形象以及所标志的历史传统和艺术成就的极富影响的潜力方面，对于建设文化城市来说都是必不可少的。随着人民物质生活水平的提高，人们精神文化需求日益增长，实现自身全面发展的意识更加自觉。文博业作为物质文明与精神文明财富和人类文化的展示、收藏、研究、宣传基地，具有引领思想、和谐社会的教育作用。

九　孔子学院：中国文化"走出去"，提升中国文化软实力①

2011 年 10 月党的十七届六中全会召开，作为开展汉语教学、传播中国文化的全球品牌，"孔子学院"一词写进了全会通过的《中共中央关于深化文化体制改革，推动社会主义文化大发展大繁荣若干重大问题的决定》中。

---

① 本部分资料主要引自：王宁宁：《关于海外"孔子学院"的全面认识》，《科教文汇》2007 年第 6 期；张举良：《文化输出成热门、中国文化产品加快走出国门》，《人民日报（海外版）》2008 年 1 月 28 日；洪晓楠、林丹：《孔子学院的发展历程与文化意蕴》，《文化学刊》2011 年 9 月第 5 期；［美］约瑟夫·奈：《软力量——世界政坛成功之道》，吴晓辉、钱程译，东方出版社 2005 年版，第 3 页；刘妍、张英伟：《教育国际化背景下的孔子学院与高校发展》，《中国成人教育》2010 年第 21 期；陈平：《孔子学院，中国文化使者》，《国际公关》2011 年第 2 期；刘汉俊、翁淮南：《孔子学院：中国文化"走出去"的成功范例——访国务院参事、国家汉办主任、孔子学院总部总干事许琳》，《党建》2011 年第 11 期；李松林等：《试析孔子学院文化软实力作用》，《思想教育研究》2010 年第 4 期。

　　文化交流要"请进来"，更要"走出去"。进入新世纪以来，特别是党的十七大明确提出"提升中国软实力"，中国文化对外交流进入新的发展时期。进入新世纪以来，中国文化"走出去"的话题越来越热。从孔子学院到"中法文化年"；从《茉莉花》、《云南·映象》走出国门，到动画片《中华小子》热播法国并摘得法国动画大奖；从解读中国传统文化典籍的《品三国》、《于丹〈论语〉心得》版权被韩国人抢购，到上海城市舞蹈公司的作品在世界各地卷起强劲的"中国风"……中国文化走出去正呈现出影响力越来越大、效益越来越好的局面。无论是在政府主导的文化交流上，还是在通过产品出口提升在全球文化产业中的"话语权"和市场份额上，都亮点纷呈，取得了令人瞩目的成绩，文化大步走出国门，让世界越来越多地了解了中国，并大大提升了国家的"软实力"。

　　"软实力"作为国家综合国力的重要组成部分，特指一个国家依靠政治制度的吸引力、文化价值的感召力和国民形象的亲和力等释放出来的无形影响力。"文化软实力"是"软实力"的核心要素之一，包括文化的吸引力和感染力、意识形态和政治价值观的吸引力，等等，它通过图书报刊等出版物、电影电视网络等信息产品，甚至是语言表达等多种方式产生特有的一种魅力、实力和影响力。文化软实力的影响更具渗透性、持久性、广泛性。因此，提高国家的"软实力"，关键是发展文化软实力。

　　进入 21 世纪后，随着中国综合国力的不断提升，中国的国际地位也不断的提高。这使得世界各国对汉语与中华文化的学习形成时尚和潮流。世界许多国家的人民对中国独特文化的兴趣的不断提高，为汉语的国际推广提供了难得的战略机遇，促使中国对外文化交流的方式呈现多样性。例如：儒家文明、道家文明、京剧、剪纸艺术、少林武术、中医中药、传统美食，等等。在日本"汉语热"直追"英语热"，成为继英语之后的第二大外语，学习汉语的人多达 200 万左右。据悉，美国公立中小学学习汉语的学生在 2004 年有 2 万多名，到 2006 年则猛增到 5 万多人。2003 年，美国有 200 所中小学校开设中文课，2006 年增长了 3 倍。据国家汉办统计，2004 年，中国派出 69 名对外汉语教师，2006 年派出 1000 名志愿者和 1000 名教师；2005 年，海外有近 3 万人参加汉语考试，2006 年则翻了一番。目前全球学习汉语者超过了 3000 万人。

　　从 2004 年开始，中国在借鉴英、法、德、西等国推广本民族语言经验的基础上，探索在海外设立以教授汉语和传播中国文化为宗旨的非营利性公益机构，取名为"孔子学院"。孔子学院是由国家对外汉语教学领导小组办公室（简称"国家汉办"）承办，其并不是一般意义上的大学，而是用以满足海外汉语学习者的需求、向其他国家的汉语学习者提供优秀的学习资料、推广汉语文化的教育和文化交流机构。孔子学院总部设在北京，2007 年 4 月 9 日挂牌。境外的孔子学院都是其分支机构，主要采用中外合作的形式开办。孔子是中国传统文化的代表人物，选择孔子作为汉语教学品牌是中国孔子学院的标志。作为汉语言文化教育"走出国门"的第一品牌，孔子学院在全球的发展和壮大掀起了新一轮"中国文化热"。2004 年 11 月 21 日，全球第一所"孔子学院"在韩国首都首尔挂牌。截至2011 年 8 月，全球已建立 338 所孔子学院和 276 个孔子课堂，共计 614所，分布在 94 个国家（地区）。孔子学院设在 90 国共 338 所，其中，亚洲 30 国 93 所，非洲 16 国 24 所，欧洲 31 国 106 所，美洲 11 国 103 所，大洋洲 2 国 12 所。孔子课堂设在 28 国共 276 个，其中，亚洲 10 国 27 个，非洲 4 国 4 个，欧洲 7 国 38 个，美洲 6 国 205 个，大洋洲 1 国 2 个。目前，仍有 50 多个国家的近 300 所机构提出开办申请，差不多每隔不到 4天，世界上就会多 1 所孔子学院或孔子课堂。孔子学院的建设始终是世界舆论广泛关注的焦点。《华尔街日报》发表评论说："中国政府的汉语推广战略的高明之处在于，推广教育和语言有助于加深外部世界对国家的了解，是扩大一国影响力的最有效途径。战舰能让别国人民暂时臣服，而让他们理解你的语言却能使大家成为朋友。"新加坡《联合早报》指出："孔子学院的推广，有助于外界了解中国，消除外界对中国和平崛起的误解。"2006 年 1 月，美国《纽约时报》发表了一篇题为《中国的又一热门出口产品：汉语》的评论，其中引用当地一所汉语研究机构负责人的话说："中国正在用汉语文化来创建一个更加温暖和更加积极的中国社会形象。"美国《纽约时报》、英国《金融日报》、CNN、BBC 等海外媒体多次评论称，孔子学院在推进世界对中国文化的了解方面很成功，是迄今为止中国出口的一个最好最妙的产品。中国前外交部长李肇星说，孔子学院为未来开展公共外交，奠定了良好民意基础。

孔子学院在世界推广普及汉语的过程中，把汉字中所包含的中华传统文化及其价值观念传播到世界各地，塑造了良好的中国国际形象，大大提升中国文化和中国价值观的影响力。孔子学院除开展汉语教学外，还搭建了一个外国普通民众了解中国的平台。孔子学院通过和普通民众的直接对话，释放中国的善意，使其更加了解真实的中国，从而在一定程度上塑造了中国积极的负责任的大国形象。孔子学院除了开展汉语教学外，中国京剧、中华武术、中华医学、中国艺术、中华烹饪等也是孔子学院的教学内容。这些有着浓厚中华文化气息的文化符号极大地引起了外国民众的兴趣和吸引力，从而使中国的文化吸引力得到进一步提升。世界各地孔子学院还开设中国文化课，举办丰富多彩的中国文化活动，如中国文化周、文化月、文化年等，对国内各种形式的传统文化活动兴起起到了一定的促进作用。2004 年以来，随着孔子学院雨后春笋般遍及世界各地，一股传统文化的热潮也随之在中国大地涌动。从易中天登上《百家讲坛》评讲《三国》吸引数亿观众到于丹《论语心得》引发民众"孔子热"，从古装影视剧热播到历史题材图书流行畅销，从中国人民大学成立国学院到北京大学、清华大学等高校开设"国学班"，从各地恢复祭孔到中华标志城的酝酿，从私塾重现到儿童读经……这一切都表明，曾经渐行渐远的中国传统文化正在回归。孔子学院的普及有利于调整世界文化传播格局中的"文化赤字"和文化交流不对称现象，进一步增强了中华儿女的文化自信。在经济全球化、政治多极化、文化多元化的背景下，孔子学院回应了西方社会对中国的"他者言说"，以在场的方式，把握有利的话语，积极主动地进行自我表达，使中国的声望和地位得到了提升，中国软实力进一步增强。

参 考 文 献

《马克思恩格斯选集》第1—4卷，人民出版社1995年版。

《马克思恩格斯全集》第42卷，人民出版社1979年版。

《建国以来重要文献选编》，中央文献出版社1987—1997年版。

《十二大以来重要文献选编》，人民出版社1986年版。

《十三大以来重要文献选编》，人民出版社1993年版。

《十四大以来重要文献选编》，人民出版社1997年版。

《十五大以来重要文献选编》，人民出版社2000年版。

《十六大以来重要文献选编》，中央文献出版社2008年版。

《十七大以来重要文献选编》，中央文献出版社2009年版。

《毛泽东选集》第1—4卷，人民出版社1991年版。

《邓小平文选》第2—3卷，人民出版社1994年版。

《江泽民文选》第1—3卷，人民出版社2006年版

江泽民：《论"三个代表"》，中央文献出版社2001年版。

程恩富：《文化经济学》，中国经济出版社1993年版。

李鹏程：《当代中国文化哲学沉思》，人民出版社1994年版。

陈筠泉、刘奔：《哲学与文化》，中国社会科学出版社1996年版。

黄楠森、龚书铎、陈先达：《有中国特色社会主义文化研究》，山东人民出版社1999年版。

于幼军：《社会主义初级阶段文化论》，人民出版社1999年版。

李文成：《精神的让渡——论精神商品及其生产》，河南大学出版社2000年版。

洪晓楠：《文化哲学思潮简论》，生活·读书·新知三联书店2000年版。

黄力之：《先进文化论》，生活·读书·新知三联书店2002年版。

胡潇：《文化的形上之思》，湖南人民出版社 2002 年版。

司马云杰：《文化价值论》，陕西人民出版社 2003 年版。

杨善民：《文化哲学》，山东大学出版社 2002 年版。

蔡俊生、陈荷清：《文化论》，人民出版社 2003 年版。

衣俊卿：《文化哲学十五讲》，北京大学出版社 2004 年版。

邹广文：《社会发展的文化诉求》，河北大学出版社 2004 年版。

夏东民：《江泽民创新思想研究》，甘肃人民出版社 2004 年版。

刘文江：《中国共产党文化研究》，中共党史出版社 2005 年版。

俞思念：《社会主义现代化与文化创新》，人民出版社 2006 年版。

肖桂清等：《中国特色社会主义文化论》，中共党史出版社 2006 年版。

周熙明、李文堂：《中国共产党的文化使命》，江苏人民出版社 2006
年版。

郭金平、宋屹等：《建设社会主义先进文化的重大问题研究》，河北人
民出版社 2006 年版。

方伟：《文化生产力：一种社会文明驱动源流的个人观》，河北教育出
版社 2006 年版。

李文成：《追寻精神的家园——人类精神生产活动研究》，北京师范大
学出版社 2007 年版。

韩震：《社会主义核心价值体系研究》，人民出版社 2007 年版。

郑师渠：《中国共产党文化思想史研究》，中共中央党校出版社 2007
年版。

黄凯峰：《建设社会主义核心价值体系》，上海人民出版社 2007 年版。

俞思念：《社会主义文化建设的历史、理论与实践》，中国社会科学出
版 2008 年版。

李方祥：《中国共产党的传统文化观研究》，中共党史出版社 2008
年版。

陶国相：《科学发展观与新时期文化建设》，人民出版社 2008 年版。

王建润：《建设中华民族共有精神家园》，人民出版社 2008 年版。

周一平：《新时期创新思想论》，社会科学文献出版社 2008 年版。

沈壮海：《软文化、真实力》，人民出版社 2008 年版。

孟繁华：《众神狂欢——新世纪的中国文化现象》，中国人民大学出版
2009 年版。

钱中文：《理论创新时代：中国当代文论与审美文化的转型》，知识产权出版社 2009 年版。

徐岿然：《思辨理性的符号迷失与文化创新的大实践境遇》，吉林大学出版社 2009 年版。

干春松：《超越激进与保守——张岱年与综合创新文化观》，中州古籍出版社 2009 年版。

侯惠勤：《马克思意识形态理论与当代中国》，中国社会科学出版 2010 年版。

胡显章、曹莉：《艺术、科学与文化创新》，清华大学出版社 2010 年版。

王列生：《文化制度创新论稿》，中国电影出版社 2011 年版。

李冉：《启蒙·濡化·创新——中国共产党与文化现代化》，东方出版中心 2011 年版。

胡光宇：《中国共产党文化建设》，人民出版社 2011 年版。

曹泳鑫：《中国共产党人文化使命研究》，上海人民出版社 2011 年版。

张国祚：《中国文化软实力研究报告（2010）》，社会科学文献出版社 2011 年版。

［德］恩斯特·卡西尔：《人论》，甘阳译，上海译文出版社 1985 年版。

［苏］尼·瓦·贡恰连科：《精神文化》，戴世吉等译，求实出版社 1988 年版。

［美］弗雷德里克·杰姆逊：《后现代主义与文化理论》，唐小兵译，北京大学出版社 1997 年版。

［英］安吉拉·默克罗比：《后现代主义与大众文化》，田晓菲译，中央编译出版社 2001 年版。

［美］塞缪尔·亨廷顿：《文明的冲突与世界秩序的重建》，周琪等译，新华出版社 2002 年版。

［英］约翰·B. 汤普森：《意识形态与现代文化》，高铦等译，译林出版社 2005 年版。

［英］C. W. 沃特森：《多元文化主义》，叶兴艺译，吉林人民出版社 2005 年版。

［英］马克·J. 史密斯：《文化——再造社会科学》，张美川译，吉林

人民出版社 2005 年版。

　　［日］石川祯浩：《中国共产党成立史》，袁广泉译，中国社会科学出版社 2006 年版。

　　［美］大卫·赫斯蒙德夫：《文化产业》，张菲娜译，中国人民大学出版 2007 年版。

　　［美］塞缪尔·亨廷顿：《文化的重要作用：价值观如何影响人类进步》，程克雄译，新华出版社 2010 年版。

后 记

改革开放以来，我们党明确提出文化建设是在党的十五大之后。在此之前我们党一直是讲精神文明建设。本书以党的十五大以来的思想文化发展为基本线索，主要回顾党的十五大、十六大、十七大期间，我们党提出的文化建设与发展的重要观点和重要思想并研究其创新意义。在研究过程中，没有采用以"文化概念、文化地位、文化作用、文化发展"为框架的教科书式研究模式，而是着重分析几个重要问题的创新意义，尝试回答"究竟什么是文化创新"、"文化创新应遵循怎样的原则"等文化创新的一般问题（元问题），试图深入探讨我们党提出的几个重要文化思想和观点，究竟在哪些方面具有创新意义。

2011 年秋，党的十七届六中全会召开。这是我党历史上一次专门以文化改革发展为主题的全会，具有重大历史意义和现实意义。这无疑使正在修改书稿的我备受鼓舞。全会不仅为我的研究提供了大好机遇，也使我深深感到研究文化问题的责任。虽然本书即将出版，但我会继续深入研究这一问题。

在本书的写作过程中，中国社会科学院马克思主义研究院院长程恩富教授在百忙之中给予关心与指导；中国社会科学院国家文化安全与意识形态建设研究中心主任侯惠勤教授在百忙之中为本书作序；天津工业大学人文学院研究生彭浒同学参与查阅资料和校对工作；中国社会科学出版社马克思主义理论出版中心副主任田文副编审给予大力支持；责任编辑陈琳和责任校对付出辛苦劳动……在此一并致以衷心的感谢！

最后，特别对本书所借鉴的研究成果的作者表示深深的敬意和诚挚的谢意！

李春华

2012 年春·北京·润千秋